Es ist

FRÜH GENUG!

Herausgeber

Prof. Dr. Felix Chun
Prof. Dr. Derya Tilki
Prof. Dr. Christian Gratzke

Interviews und Texte von Peter Feierabend
Texte von Matthias Grenda

FRÜH GENUG!

JA! zum Leben mit Prostatakrebs

BERG & FEIERABEND

Inhalt

Die Männer

Vorwort

Prostatakrebs – eine Diagnose, die viele Männer erschreckt und verunsichert. Doch diese Krankheit ist längst nicht mehr nur ein Schreckgespenst, sondern ein Bereich, in dem die medizinischen Fortschritte der letzten Jahre enorme Hoffnung und neue Perspektiven bieten. Unser Buch soll Betroffenen, Patienten wie auch deren Familien und Freunden, Orientierung geben in den meist herausfordernden Zeiten nach der Diagnose und aufzeigen, dass man – inmitten der vielen Fragen und Ängste – berechtigterweise Zuversicht haben darf: Jede in diesem Buch dargestellte „Patientenreise" ist gleichzeitig eine persönliche Erfolgsgeschichte der Männer und ihrer Familien, die mit dieser besonderen „Lebens-Herausforderung" umgehen mussten und sie gemeistert haben.

Die Diagnose „Prostatakrebs" ist nicht immer gleich, sie steht vielmehr als Oberbegriff für ein Spektrum einer Erkrankung. Dieses Spektrum möchte dieses Buch näher beleuchten und dabei unterstreichen, dass es sowohl jeden Menschen als auch jede Erkrankung individuell zu betrachten gilt. In medizinischen Artikeln werden die häufigsten Patientenfragen beantwortet und es wird erläutert, wie das Organ Prostata aufgebaut ist, wo es anatomisch aufzufinden ist und welche Funktionen es hat.

Häufig teilen uns Betroffene unter dem Eindruck der Diagnose auch mit, dass sie das Gefühl haben, etwas „falsch gemacht" zu haben. Grundsätzlich gilt es jedoch zu verstehen, dass die Entwicklung dieser Erkrankung tatsächlich „nicht-vermeidbar" ist. Welche beeinflussbaren und nicht-beeinflussbaren Faktoren es gibt, aber natürlich auch das Thema Früherkennung wird thematisiert, genau wie der Ablauf einer Prostatabiopsie nach heutigem Standard und die Rolle der Pathologie beim Befund. Weitere Themen, die für Betroffene relevant sind, wie die Umfelddiagnostik, der optimale Therapiezeitpunkt – die Entscheidung, welche Therapie die richtige ist, ist für jeden einzelnen Fall individuell und sollte nie „übers Knie gebrochen" werden –, die Aktive Überwachungsstrategie, die fokale Therapie, die radikale Prostatektomie sowie die Strahlentherapie, die Behandlung von Rezidiven und nicht zuletzt die strukturierte Nachsorge werden von Experten ihres jeweiligen Fachgebiets verständlich skizziert.

Unser Buch zeigt, dass auf unterschiedlichsten Ebenen Unterstützung geboten werden kann, um die eigene Patientenreise erfolgreich zu meistern, nicht zuletzt dank der zertifizierten Prostatakrebszentren der Deutschen Krebsgesellschaft. Die Diagnose „Prostatakrebs“ ist eine Herausforderung, die nicht nur den Körper, sondern auch die Seele fordert. Doch wie bei vielen schwierigen Wegen im Leben gibt es auch hier Chancen auf Heilung, Hoffnung und Lebensfreude.

Dieses Buch ist kein medizinischer Ratgeber, sondern ein Mutmacher auf dem Weg durch diese herausfordernde Zeit. Es erzählt Geschichten von Hoffnung und Stärke, von schwierigen Phasen und den kleinen Siegen des Alltags. Möge es Ihnen helfen, nicht nur die Herausforderungen zu erkennen, sondern auch die Kraft und die damit verbundenen Lösungen, die in Ihnen selbst stecken.

Mit den besten Wünschen, die Herausgeber

Prof. Dr. Felix Chun

Urologe und Klinikdirektor, Klinik für Urologie, Universitätsklinikum Frankfurt

Prof. Dr. Derya Tilki

Urologin und Leitende Ärztin, Martini-Klinik, Prostatakrebszentrum, Universitätsklinikum Hamburg-Eppendorf

Prof. Dr. Christian Gratzke

Urologe und Klinikdirektor, Klinik für Urologie, Universitätsklinikum Freiburg

Diagnosestellung Prostatakrebs

Prostatakrebs ist nach Hautkrebs die Krebsart, die bei Männern in Deutschland am häufigsten auftritt: Etwa einer von sieben Männern ist im Laufe seines Lebens davon betroffen. Allerdings ist das Risiko, an Prostatakrebs zu sterben, heutzutage deutlich geringer als noch vor einigen Jahren – dank moderner Behandlungsmethoden, langsamen Tumorwachstums und Früherkennungsuntersuchungen. Darum die gute Nachricht zuerst: Statistisch gesehen überleben 29 von 30 Männern den Prostatakrebs.

Die Diagnose hinterlässt dennoch häufig ein schwerwiegendes Trauma und trifft einen wie ein Blitz. Gerade noch fühlt „Mann" sich kerngesund und steht in der Mitte des Lebens. Und natürlich wurde man im Vorfeld bereits herangeführt an die Möglichkeit einer solchen Diagnose: „Der PSA-Wert ist auffällig, wir müssen weitere Untersuchungen machen." Doch es ist und bleibt ein Schock, wenn die Ergebnisse der weiteren Untersuchungen nicht gut sind und eine Biopsie gemacht werden muss. Das Kopfkino geht an, man malt sich aus, wie es sein muss, vielleicht sogar an den Folgen der Erkrankung sterben zu müssen. Die Angst nimmt einen unerbittlich in die Zange: Angst vor einer Chemotherapie, vor Inkontinenz und vor Impotenz – und auch vor dem möglichen Tod.

An den Tag der Diagnose wird sich vermutlich jeder Patient erinnern. Daran, wie damals das Wetter war, wie die Situation genau ablief und an denjenigen, der es ausgesprochen hat. All das brennt sich in das Gedächtnis ein. Eine Welt bricht zusammen. Es entsteht ein Vakuum, man kommt ins Grübeln.

Viele Männer lenken sich ab, indem sie sehr viel arbeiten, andere ziehen sich nach der Diagnose erst einmal zurück, um sich darüber klar zu werden, wie sie damit umgehen können. Dann beginnt häufig das Informieren über die Erkrankung. Vor allem Warten bestimmt die kommenden Tage. Eine Umfelddiagnostik wird gemacht, um zu prüfen, ob der Krebs gestreut hat, und mit Bangen wartet man auf das Ergebnis. Wer Vertraute in seinem Umfeld hat, die eine ehrliche emotionale oder inhaltliche Hilfestellung geben können, und sich diesen öffnen kann, findet in dieser Zeit wertvolle Unterstützung.

Häufig sind das die schlimmsten Wochen der Erkrankung. Dann kommt das Arztgespräch mit der Erklärung der Situation, der möglichen weiteren Vorgehensweise und den Vor- und Nachteilen/Chancen und Risiken der vorgeschlagenen Behandlung. Fühlt man sich in diesen Gesprächen nicht gut aufgehoben, sollte man eine zweite Meinung einholen, auch wenn dies häufig noch eine weitere Wartezeit bedeutet. Der psychische Druck bleibt bestehen: Man schläft mit dem Krebs und den Ängsten im Kopf ein und wacht damit auf, ist gerädert und kann kaum noch klar denken. Falsche Informationen aus eigenen Recherchen können zusätzlich verunsichern. Doch man kann sich Unterstützung holen: Es gibt den Krebsinformationsdienst und viele Selbsthilfegruppen. Auch das Hinzuziehen einer psychoonkologischen Beratung ist gewiss sinnvoll und hilfreich. Wichtig ist es, sich mit der anstehenden Therapie, möglichen Alternativbehandlungen und der Prognose für das eigene Krankheitsbild auseinanderzusetzen. Derart unterstützt wird man klug und richtig entscheiden können, wie es nun weitergeht.

Wer seine Geschichte in all der Zeit und auch nach der Überwindung der Krankheit nicht für sich behält, kann dabei helfen, über dieses wichtige Thema aufzuklären und dafür zu sorgen, noch mehr Bewusstsein für die Krankheit, aber auch für die vielversprechenden Therapiemöglichkeiten zu schaffen.

Dieses Ziel verfolgt auch dieses Buch mit seinen fachlichen Beiträgen, die dabei helfen, die Vorgänge im Körper und die Therapien zu verstehen, und mit den Geschichten echter Männer, die sich eines Tages mit Prostatakrebs konfrontiert sahen und von denen jeder einen ganz eigenen Weg gefunden hat, damit umzugehen.

Prof. Dr. Maximilian Burger

Generalsekretär und Sprecher des Vorstandes der Deutschen Gesellschaft für Urologie, Urologe und Klinikdirektor, Klinik für Urologie des Caritas-Krankenhauses St. Josef Regensburg, Lehrstuhl für Urologie, Universität Regensburg

Prof. Dr. Maurice Stephan Michel

2. Vizepräsident der Deutschen Gesellschaft für Urologie, der Deutschen Gesellschaft für Urologie, Urologe und Klinikdirektor, Klinik für Urologie und Urochirurgie, Universitätsmedizin Mannheim

Prostatakrebs-Früherkennung und der Weg zur Heilung

*Dr. med. Eva Hellmis**

Wir als Fachärzte für Urologie müssen unglücklicherweise warten, bis der Mann uns aufsucht bzw. unsere Praxen besucht, um sich einer sogenannten Prostatakrebs-Früherkennungsuntersuchung zu unterziehen. Leider nehmen dieses Angebot derzeit nur ca. 18–20% der Männer zwischen 45 und 65 Jahren wahr.

Die Gründe für diese zurückhaltende Inanspruchnahme liegen wahrscheinlich – neben der Angst vor der möglichen Diagnosestellung und deren Folgen – zunächst in der Erwartung einer unangenehmen Rektaluntersuchung. Neueste Untersuchungsergebnisse (namentlich aus der PROBASE-Studie) haben allerdings zeigen können, dass sich die „gefürchtete Rektaluntersuchung" für die Früherkennung einer Prostatakrebserkrankung per se gar nicht eignet.

Was ist die wichtigste Früherkennungsmaßnahme?

Die wichtigste Früherkennungsmaßnahme ist die Bestimmung des PSA-Wertes in Abhängigkeit vom Lebensalter und der persönlichen sowie familiären Vorgeschichte. Dies geschieht durch Blutabnehmen und eine Laboruntersuchung. Die Wertigkeit des Ergebnisses wird deutlich gesteigert, wenn über die Zeit wiederholte Bestimmungen erfolgen und die Werte miteinander verglichen werden können. Der PSA-Wert ist ein sogenannter organspezifischer Tumormarker, der

- nur von Prostatazellen gebildet wird,
- im Blut bestimmt werden kann und
- bei Vorliegen eines Prostatakrebses rascher und bis über den Schwellenwert von 4ng/ml ansteigt.

**Urologin, Urologicum Duisburg*

Es wird grundsätzlich empfohlen, ab dem 45. Lebensjahr die Früherkennungsuntersuchung regelmäßig wahrzunehmen. Gibt es Prostatakrebs bei nahen Verwandten in der Familie, so empfiehlt die Deutsche Gesellschaft für Urologie in ihrer S3-Leitlinie die Untersuchung schon ab dem 40. Lebensjahr.

Warum ist Früherkennung wichtig?

- Weil damit in mehr als 95% der Fälle der Krebs in der Regel geheilt werden kann.
- Weil unter Umständen ein Krebs entdeckt wird, der im Frühstadium, d.h. noch sehr klein und wenig aggressiv ist und in diesem Fall engmaschig beobachtet werden kann (man spricht hier vom Konzept der „Aktiven Überwachung", s. S.132).
- Weil die Therapie weniger eingreifend in die körperliche Integrität sein muss und gegebenenfalls sogar eine minimal-invasive Methode genutzt werden kann, wodurch sich eine erheblich bessere Kontrolle von Blasenschließmuskel und Blasenentleerung sowie deutlich weniger gefürchtete Potenzstörungen erreichen lassen.

Wie läuft die Diagnosestellung ab und was passiert danach?

Bei Verdacht auf Prostatakrebs, d.h. einem erhöhten PSA-Wert und/oder einem auffälligen Tastbefund und/oder einem auffälligem Ultraschallbefund, ist der nächste Schritt eine feingewebliche Untersuchung (Biopsie, s. S.135) und Sicherung der Diagnose durch den Pathologen. Hilfreich ist dabei das sogenannte multiparametrische MRT (Magnetresonanz-/Kernspintomografie) der Prostata und der umgebenden Beckenstrukturen. Der Radiologe kann hier auffällige Areale lokalisieren, Hinweise auf die Aggressivität geben sowie Lymphknoten und Knochenstrukturen im Becken beurteilen.

Durch Fusion des MRT und des Ultraschallbilds (Sonografiebilds) wird eine genauere Ortung der verdächtigen Areale möglich und die Gewebeproben für die Biopsie können gezielter entnommen werden. Dies geschieht meistens ambulant in der Praxis oder in einer Klinikambulanz unter örtlicher Betäubung oder Kurznarkose.

Nach ca. 1 Woche liegt dann der feingewebliche Befund vor und das Ergebnis wird besprochen.

Ich habe Krebs: Welche Therapie wähle ich und wie entscheide ich mich richtig?

Die individuelle Beratung und Entscheidungsfindung, welche Therapie die beste Heilungsaussicht bietet und welche Konsequenzen sich daraus ergeben werden, erfolgt in einem ausführlichen Beratungsgespräch mit dem behandelnden Urologen. Der Befund wird an das nationale Krebsregister weitergeleitet und eine Aufnahme in das zuständige Prostatakarzinomzentrum wird angeboten.

In einigen Fällen ist eine zusätzliche Ausbreitungsdiagnostik notwendig. Diese besteht aus einer CT-Untersuchung von Bauch, Becken und Brustraum und einem Knochenszintigramm oder ggf. sogar einem PSMA-PET/CT des gesamten Körpers (s. S. 258).

In den meisten Fällen wird der Befund in der Tumorkonferenz des örtlichen Prostatakarzinomzentrums besprochen, wonach eine Empfehlung in schriftlicher Form ausgesprochen wird. Bei diesen Konferenzen diskutieren Pathologen, Urologen, Strahlentherapeuten und Onkologen das optimale Vorgehen für jeden einzelnen Patienten.

Wo kann ich Unterstützung oder eine Bestätigung für meine Entscheidung finden?

In vielen Fällen fällt es dem Betroffenen und seiner Familie schwer, sich für eine Behandlung zu entscheiden. Für die weitere Selbstinformation findet der Patient mehrere digitale und analoge Angebote von verschiedenen Einrichtungen:

- **„Entscheidungshilfe Prostatakrebs“:** Dieses Online–Portal der Deutschen Gesellschaft für Urologie bündelt objektive Informationen zu den verschiedenen Therapieoptionen.

- **„Die blauen Bücher“:** Die Informationsbroschüren werden von der Deutschen Krebsgesellschaft herausgegeben und liegen in urologischen Praxen zur kostenlosen Mitnahme aus.

- **„Patientenleitlinie Prostatakrebs“:** Die laienverständliche Übersetzung der „S3-Leitlinie Prostatakarzinom“ liegt sowohl online als auch in Printform vor. Herausgeber ist das „Leitlinienprogramm Onkologie“ der Arbeitsgemeinschaft der

Wissenschaftlichen Medizinischen Fachgesellschaften e. V., der Deutschen Krebsgesellschaft e. V. und der Stiftung Deutsche Krebshilfe.

Zudem ist natürlich jederzeit das Einholen einer Zweitmeinung z. B. in einer Universitätsklinik möglich, und es gibt Selbsthilfegruppen auf lokaler oder überregionaler Ebene, die ebenfalls wertvolle Unterstützung anbieten.

Welche Therapiemöglichkeiten gibt es?

Neben der Aktiven Überwachung im Fall von niedrig aggressiven, sehr kleinen Tumoren, die nicht behandlungsbedürftig sind, gibt es folgende Therapiemöglichkeiten mit dem Ziel der Heilung:

- **Die radikale Prostatektomie** (s. S. 159), also die operative Entfernung von Prostata, Samenblasen und ortsständigen Lymphknoten im kleinen Becken, entweder durch ein minimal-invasives roboterunterstütztes Verfahren (daVinci) oder per klassischer Schnittoperation über einen Bauchschnitt.

- **Die Strahlentherapie** (s. S. 182), entweder perkutan durch die Bauchdecke oder über Strahlenquellen, die in die Prostata eingebracht werden (Afterloading, Seeds, s. S. 147). Meistens ist eine begleitende, zeitlich begrenzte Hormontherapie erforderlich.

- **Eine Hormontherapie** (s. S. 268) in den Fällen, die weder eine Operation noch eine Strahlentherapie ermöglichen.

Was tun, wenn der Tumor nicht mehr in einem frühen Stadium, sondern bereits fortgeschritten ist?

Wenn schon Metastasen vorhanden sind oder der Tumor bereits sehr ausgedehnt gewachsen ist, wird zusammen mit dem Patienten und seiner Familie sowie in Absprache mit der Tumorkonferenz eine individuelle Behandlungsstrategie entwickelt. In solchen sogenannten multimodalen Konzepten werden oft verschiedene Therapieverfahren miteinander kombiniert, beispielsweise medikamentöse Behandlung, Operation und Strahlentherapie.

Wie läuft die Nachsorge ab?

Die Nachsorge erfolgt überwiegend durch den Urologen in der Praxis. Regelmäßig wird der PSA-Wert bestimmt, um ggf. eine erneute Tumoraktivität feststellen zu können. Zudem werden eine körperliche Untersuchung, eine Sonografie, Blutuntersuchungen, Urinkontrollen und ggf. auch bildgebende Untersuchungen (CT) durchgeführt.

Je nach Tumorstadium besteht eine individuelle Rückfallgefahr, die in den nachfolgenden Jahren immer weiter abnimmt. Solche Rezidive können in der Regel sehr gut behandelt werden, wenn sie früh erkannt werden. Daher werden entsprechend engmaschig Nachsorgetermine vereinbart.

Liebe Männer, bitte lasst uns einen Pakt schließen!

Die Behandlung oder Nachsorge eines Prostatakarzinoms kann eine lange Reise mit sehr vielen unterschiedlichen Optionen bedeuten. Dies kann zunächst verwirrend wirken, ja, vielleicht sogar beängstigend. Doch Sie sind nicht allein: Ihr behandelnder Uro-Onkologe ist an Ihrer Seite, um Sie zu begleiten und zu unterstützen.

- **Vertrauen:** Ihr Uro-Onkologe ist nicht nur ein Experte in der medizinischen Behandlung, sondern auch ein Mensch mit Empathie. Bitte öffnen Sie sich und teilen Sie Ihre Ängste, Sorgen und Fragen. Wir werden Ihnen zuhören und gemeinsam Lösungen finden.

- **Offene Kommunikation:** Die Behandlung eines Prostatakarzinoms erfordert klare Kommunikation. Bitte sprechen Sie über Ihre Symptome, Nebenwirkungen und Ängste: Je offener Sie sind, desto besser können wir auf Ihre individuellen Bedürfnisse eingehen.

- **Gemeinsame Entscheidungen:** Sie sind Teil des Teams. Gemeinsam mit Ihrem Uro-Onkologen können Sie die besten Entscheidungen für Ihre Behandlung treffen. Informieren Sie sich über die verschiedenen Therapieoptionen und wählen Sie gemeinsam aus.

- **Psychologische Unterstützung:** Ein Prostatakarzinom kann nicht nur den Körper, sondern auch die Seele belasten. Ihr Uro-Onkologe kann Sie bei der Bewältigung unterstützen und ggf. psychologische Hilfe vermitteln.

- **Lebensqualität im Fokus:** Neben der medizinischen Behandlung ist Ihre Lebensqualität wichtig. Bitte sprechen Sie über Ihre Wünsche und Ziele – sei es im Beruf, im Alltag oder im Intimleben. Ihr Uro-Onkologe wird individuelle Lösungen finden.

Sie sind stark, und gemeinsam mit Ihrem Uro-Onkologen können Sie den Weg der Heilung und Behandlung meistern. Vertrauen Sie auf die Kraft der Offenheit und lassen Sie sich von Hoffnung und Zuversicht leiten.

Alles Gute auf Ihrem Weg!

Helmut Stobba

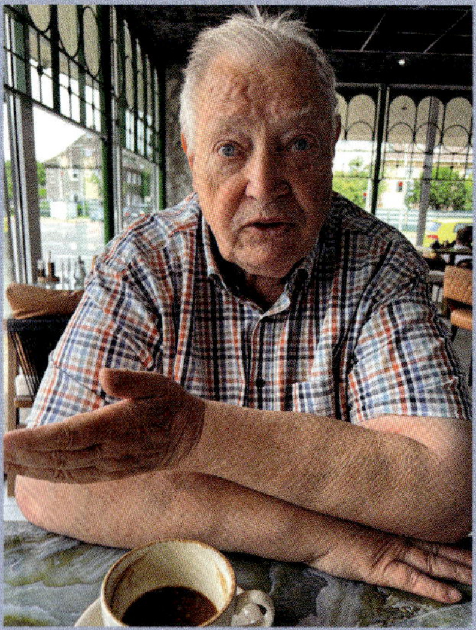

„Heulen hilft!“

Helmut Stobba, Jahrgang 1950, lebt in Duisburg. Alle nennen ihn „Helle“ und er ist zweifellos ein Mann aus dem Pott mit dieser charakteristischen Färbung in der Stimme. Der ehemalige IT-Mann ist ein echter Kumpel, ein Herzensmensch, passend zu allen Klischees, die man mit dieser ehemaligen Zechenlandschaft so verbindet: Bergbau, Hochöfen, harte Maloche, Schrebergärten, Trinkhallen, Fußball und Multikulti. Helle ist bodenständig, hilfsbereit und ehrlich. Seine Wohnung ist sein Paradies, quasi seine Laube, doch noch lieber sitzt er in der letzten verbliebenen Kneipe des Viertels ohne orientalische Begleitmusik, weil sich hier alles abspielt, was heute wichtig ist und früher wichtig war. Es geht darum, sich bei ein paar Bierchen über den „üblichen Kokolores zu beömmeln“ – auch wenn dir gerade nicht nach Lachen zumute ist, weil dich der Krebs erwischt hat, is klar.

Ich sage es mal so, als es um Krankheiten ging, habe ich wohl zu laut Hier und Hurra geschrien. Ich habe Fußball und Tennis auf gutem Vereinsniveau gespielt und mich dabei regelmäßig verletzt, mir beim Skifahren sogar das Genick gebrochen; außerdem habe ich 15 Stents im Herzen. Und 2017 kam die Diagnose Prostatakrebs dazu. Danach bin ich wie in Trance rüber in die Kneipe, die keine 100 Meter von der Praxis entfernt ist, bevor ich zu Hause mit meiner Frau und meinem Sohn eine Runde geheult habe. Heulen hilft. Aber nach zehn Minuten geht es weiter. Ich bin halt ein Kämpfer.

Beim Tennis und beim Fußball habe ich es sofort allen gesagt. „Ich werde ab heute keinen Schläger mehr anfassen. Ich habe Krebs und muss mich jetzt um meine Gesundheit kümmern. Ihr könnt mit mir normal umgehen. Ich komm weiterhin vorbei und trink mit euch ein Bierchen.“ Das ging auch immer, und heute wieder genau wie früher; nur während der Chemo, da hat es nicht mehr geschmeckt.

Ich bin immer zur Vorsorge gegangen, anders als viele meiner Kumpels. Mein Tenniskollege Helmut, der war Steiger auf dem Pütt, ist erst nach der Rente hin, weil er das von mir mitbekam, und hatte es auch. Er hätte noch zehn Jahre, hieß es, aber er war bereits voller Metastasen und hat nur noch ein halbes Jahr gelebt. Das hat mich schwer getroffen. Ich hoffe, dass ich selbst hier noch ein bisschen rumturnen kann. Ich konnte ja nicht operiert werden, weil die Lymphknoten vollsitzen, zum Teil direkt an der Aorta. Da wollten die nicht ran. Also gab es eine Hormontherapie. Ich habe erst einmal alles geregelt und für den Fall der Fälle auf den Weg gebracht, nicht zuletzt für meine Frau, die COPD hat, diese Atemwegserkrankung, und nachts an einen Apparat angeschlossen und mit Maske schlafen muss.

Bis heute sitzen wir in unserer Wohnung, die echt schön ist mit ihren 95 Quadratmetern im 2. Stock, immer auf gepackten Koffern, einer im Schlafzimmer, einer im Wohnzimmer, weil es für meine Frau jederzeit in die Reha gehen könnte und für mich ins Krankenhaus. Bei mir ging es immer auf und ab mit dem Krebs, der PSA-Wert ging hoch, dann wieder runter, je nach Behandlung. Irgendwann bin ich bei Frau Dr. Hellmis gelandet, die mich in eine Studie für ein Medikament aufnahm, das sehr teuer ist, aber ohne große Nebenwirkungen auskommt. Das hat vier Jahre lang meinen PSA-Wert niedrig gehalten. Die Pillen waren aber teuer. Frau Doktor sagte immer: „Verlieren Sie die Medikamente nicht, die kosten 12.000 Euro." Kein Ding, ich habe meinen Sohn dabei, der ist Polizist, war meine Antwort.

Wir waren sogar Gast auf einem Pharmareferentenkongress vor großem Publikum, weil ich so gut, offen und flüssig über meine Krankheit reden kann. Es gab sogar Standing Ovations. War mir das peinlich. Die haben mich danach für Selbsthilfegruppen haben wollen, aber da wäre ich ständig unterwegs gewesen. Nichts für mich, ich bin einfach gerne zu Hause.

Plötzlich dann ging der PSA-Wert wieder auf 30 und es hieß, jetzt müssen wir eine Chemo machen. Diese neun Monate bis letzten August waren die härteste Zeit meines Lebens. Ich bin Sportler, ein tougher Typ, habe einen Genickbruch überlebt, aber das hat mich echt umgehauen. Ich bin bestimmt zehn Mal ohnmächtig geworden in dieser Zeit, konnte nach den Chemo-Einheiten kaum noch Treppen steigen. Da ging gar nichts mehr.

Auch für meine Frau und meinen Sohn war und ist das hart. Meine Frau und er tuscheln häufig in der Küche, aber mein Sohn, nach außen ein harter Bulle, fragt nie genauer nach. Der hat Schiss vorm Arzt. Ich habe nur Angst vor der Darmvorsorge. Da kommt

„Meine Tipps sind ganz einfach: Unbedingt zur Vorsorge gehen. Nicht verzweifeln."

mir keiner rein, nicht mal mein guter Freund, der Arzt ist. Ansonsten bin ich da ja anders geeicht. Ich kann es eh nicht ändern, also mache ich das Beste draus. Ich bringe meinen Ärzten zu Weihnachten lieber eine Kiste guten Sekt vorbei. Diese 100 Euro machen den Kohl nicht fett. Da strahlen sie dann alle.

Nun fange ich am Montag eine neue Strahlentherapie an, die PSMA-Ligandentherapie. Sechs Zyklen – Spritze und Medikamente. Nach jeder Spritze werde ich mich 48 Stunden isolieren müssen und sieben Tage lang nur reduzierte Kontakte haben dürfen. Der Herstellungsprozess ist komplex. Alles ziemlich beachtlich, was die Spezialisten da heutzutage entwickeln.

Apropos Spezialisten, was ich noch loswerden will, weil alle immer über Sex und Maneskraft reden bei der Krankheit. Mein Hoden und mein Penis sind ziemlich klein geworden. Aber wer ist denn schon mit über 70 noch sexuell aktiv? Ich bin ja nicht Charlie Chaplin oder Bernie Ecclestone. Mit Strahlentherapie geht da nichts mehr, das ist einfach so. Ende der Geschichte.

Meine Tipps sind ganz einfach: Unbedingt zur Vorsorge gehen. Nicht verzweifeln. Baut Vertrauen zu den Ärzten auf. Und hört auf mit dem Kopfkino, ihr könnt es eh nicht ändern.

Dr. Martin Wachtel

„Es gibt schlimmere Krebsarten."

Martin Wachtel, Jahrgang 1951, ist ein pensionierter Hochschullehrer, studierter Germanist und Sozialwissenschaftler mit vielen fachlichen Veröffentlichungen. Er kennt sich insbesondere in Fragen massenmedialer Kommunikation wie z. B. dem Internet, aber auch bei Public Relations, also der Öffentlichkeitsarbeit, gut aus, ein Mann des Wortes. Aber auch jemand, der begriffen hat, dass der äußere Dialog nur funktionieren kann, wenn vorher eine innere Auseinandersetzung stattgefunden hat. Die Analyse persönlicher und gesellschaftlicher Herausforderungen ist ihm bestens bekannt. Die Konsequenzen seines Lebens mit Krebs meisterte er jedoch nicht im akademischen Elfenbeinturm, sondern auf dem Tennisplatz und im Wohnmobil.

Es war schon skurril, wie ich von meiner Prostatakrebserkrankung erfahren habe. Ich hatte die Diagnose per Brief bekommen, noch bevor der behandelnde Arzt sie hatte. Wenn es dann schwarz auf weiß gedruckt steht, muss man damit erst einmal klarkommen. Ich hatte aber aufgrund meiner Vorerkrankung und der Anzeichen im Grunde bereits damit gerechnet.

Die Psyche hält sich immer so ein paar kleine Auswege bereit, man könnte sie auch Hoffnungskanäle nennen, die aber meistens zu Sackgassen werden. Ich habe sofort mit meiner Frau gesprochen und einen Freund angerufen, der Allgemeinmediziner ist.

»Als junger Kerl denkt man sich ja immer, das wird schon.«

Als ich in den 1980er-Jahren als Lektor in China tätig war, bekam ich eine Entzündung der Harnröhre, die nicht behandelt wurde. Das hat mich jahrzehntelang belastet, führte später zu zahlreichen Operationen. Als junger Kerl denkt man sich ja immer, das wird schon. Auch mein PSA-Wert war dadurch ab und an mal erhöht, doch diverse Untersuchungen gaben immer wieder Entwarnung. So ein Anstieg kann auch andere Ursachen haben. Dann jedoch stieg der Wert auf einmal dramatisch an.

Da ich den Urologen bereits kannte, fühlte ich mich gut aufgehoben. Aufgrund meiner Vorgeschichte mit der Harnröhre lehnten die Ärzte eine Operation zunächst ab und entschieden sich dafür, erst eine Bestrahlung und danach eine Hormontherapie zu machen. Letztere habe ich Anfang 2022 beendet, nachdem ich ehrlicherweise zu Anfang ein wenig naiv dort hineingelaufen war. Auf einmal kämpfte ich mit Hitzewellen und schwitzte ständig. Doch ich gewöhnte mich daran und die Rückkehr schließlich war noch schöner.

Viele ziehen sich mit einer schweren Krankheit ja in sich selbst zurück. Ich kannte eher einen offenen Umgang mit dem Thema, sozusagen die kommunikative Variante, auch aus meinem Freundes- und Bekanntenkreis. Das Gespräch mit meiner Familie fand sofort statt, und ich hatte auch hier Glück. Meine Frau und meine Tochter waren nicht verzweifelt, sondern fragten proaktiv, sehr klar und organisiert: „Was machen wir jetzt?" Ich hatte auch keine Todesangst, denn ich wusste, bei diesem Krebs ist nichts von heute auf morgen vorbei. Und ich habe mich nicht versteckt. Wer es wissen wollte, dem habe ich es erzählt, ohne es aber vor mir herzutragen.

Nach der Diagnose war mir bereits klar, dass ich mit Experten sprechen, aber nicht Dr. Google fragen werde. Ich nutze das Internet viel für meine Arbeit und ja, man kann damit auch ein wenig über den Tellerrand schauen. Aber alles, was man dort liest, ist für den Laien deutungsnotwendig. Und ich wollte auch in keine Selbsthilfegruppe; ich wollte Fakten, keine Emotionen. Zudem habe ich nur ein einziges Mal in meinem Leben eine Reha gemacht, in den Semesterferien – und auch das war eine seltsame Erfahrung, weil da alles extrem auf die Krankheit fokussiert ist. Das ist einerseits richtig, doch mental kann es zum Problem werden, jedenfalls sehe ich das so: Wer die Krankheit zum Leben erhöht, hat ein noch größeres Problem.

Interessant waren auch die Erfahrungen, die ich in meinem Tennisclub gemacht habe, in dem ich lange als Spieler und auch als Clubpräsident aktiv war. Tennisclubs sind voll von alten Männern, aber es hat mich doch überrascht, wer es noch alles hat. Und dann ging es los mit dem Vergleichen, jeder meinte, bei ihm sei es aber anders, spezieller. Da kamen vielleicht die Tennisspieler durch und damit der Wettbewerb.

Für mich war der entscheidende Punkt damals, dass ich in die Behandlung komme, endlich etwas tue. Ich bin jemand, der für alles Auswege findet. Bei der Bestrahlung zum Beispiel. Ich musste da zwei Monate lang jeden Tag hin; jeden Tag 25 Minuten Behandlung; jeden Tag die Blase füllen, was schon eine Herausforderung ist, und in die Röhre. 25 Minuten Nichtstun kann eine sehr lange Zeit sein. Ich habe angefangen, zu Artikeln, die ich in der Zeitung gelesen habe, Leserbriefe zu schreiben, oder besser, in Gedanken zu formulieren. Das hat es spannender gemacht und ich war schon immer der Meinung, dass man Herausforderungen in den Alltag integrieren sollte, damit man sie besser handhaben kann.

In Sachen Inkontinenz und Impotenz bin ich einigermaßen ungeschoren davongekommen. Meine Testosteronwerte sind nach der Hormontherapie wieder angesprungen. Man staunt, was man so alles wegsteckt. Während der Hormontherapie war die Situation natürlich nicht normal, da habe ich mich schon etwas aus der Welt gefühlt. Inkontinenz war für mich ohnehin ein größeres Thema, weil ich das ja aufgrund meiner defekten Harnröhre schon einmal erlebt habe. Das wollte ich unbedingt vermeiden.

„Keiner würde so eine Krankheit wählen, wenn er wählen könnte. Man kann aber ganz vernünftig mit der Sache umgehen."

Mir geht es gut heute. Ich gehe alle drei Monate zur Blutabnahme, anfangs war das aufregend und erstaunlich berührend für mich, doch heute ist es Routine. Als meine Frau und ich pensioniert wurden, haben wir uns ein Wohnmobil gekauft; seitdem fahren wir jedes Jahr drei Monate durch die Welt. So eine Entscheidung hätte ich früher nicht getroffen; das kam eindeutig durch meine Erkrankungen. Es geht um Ablenkung und darum, sich von so einem Schlag ins Kontor zu erholen. Das wird „übergroß", wenn man nichts tut. Und ich weiß auch um das Risiko, dass der Krebs zurückkommt. Fast würde ich sagen, dass das sicher passieren wird. Aber an irgendwas stirbt man.

Natürlich ist es keine schöne Geschichte. Keiner würde so eine Krankheit wählen, wenn er wählen könnte. Man kann aber ganz vernünftig mit der Sache umgehen. Man kann sie nicht wegdrücken, man muss sich aber auch nicht davon auffressen lassen. Das ist so ein Mittelweg, den man gehen muss, und das muss man sich klar machen. Mein Leben ist heute nicht wesentlich schlechter. Es gibt eine Ecke in mir, da sitzt jetzt eine Sorge mehr. Aber ich will nicht zum Grübler werden. Ich nutze die Zeit, um schöne Momente zu produzieren. Ein bisschen Grauschleier gab es schon auch mal zwischendurch, aber das habe ich gemerkt und konnte gegensteuern. Depressionen kenne ich zum Glück nicht.

Irgendwann kommt etwas. Und wenn es schon Krebs sein muss, dann sollte es wenigstens dieser sein. Denn Prostatakrebs stellt dein Leben zumindest nicht zu 100% auf den Kopf.

Die Anatomie der Prostata

Prof. Dr. Jens Rassweiler[1], Sara Sander[1] und Dr. med. Jochen Walz[2]

Die Anatomie der Prostata (auch Vorsteherdrüse genannt) und der ableitenden Samenwege zu kennen, ist entscheidend für den Patienten, um die Hintergründe für die verschiedenen Behandlungsmethoden von Prostatakrebs verstehen zu können, sowie für die Mediziner, um die Behandlungsmethoden immer weiter zu optimieren.

Stets geht es dabei darum, möglichst viele der natürlichen Funktionen zu erhalten und die Nebenwirkungen möglichst gering zu halten – also vor allem um den Erhalt von Potenz und Kontinenz.

Zahlreiche anatomische Studien in den vergangenen 30 Jahren haben zu einem umfassenden Verständnis des Aufbaus der Prostata geführt. Für alle Strukturen, die hierbei identifiziert und lokalisiert werden konnten, gibt es – wie in der Medizin nicht unüblich – mehrere Bezeichnungen; in Tabelle 1 sind die wichtigsten dieser Begriffe übersichtlich zusammengestellt.

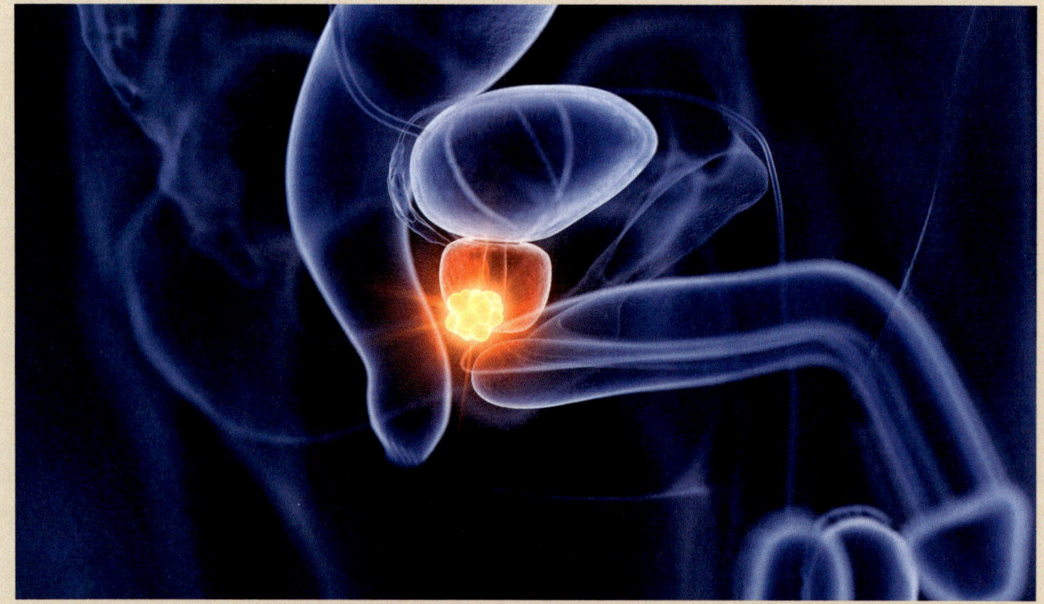

Die Lage der Prostata im männlichen Körper, Form und Größe einer Kastanie, ca. 70g schwer.

[1]Lehrstuhl für Urologie und Andrologie, Private Danube University, Krems Österreich
[2] Klinik für Urologie Institute Paoli-Calmettes Cancer Centre, Marseille, Frankreich

Tabelle 1: Übersicht über die anatomischen Beschreibungen der relevaten Strukturen im Rahmen der radikalen Prostatektomie

Chirurgische Beschreibung	Anatomische Beschreibung	Eponymische Beschreibung	Andere Nomenklaturen
Pelvine Faszie	Fascia pelvis parietalis	Endopelvine Faszie	-
Levator Faszie	Fascia M. levatoris ani	Außenschicht der Walsh'schen lateralen pelvinen Faszie	Periprostatische Faszie Parapelvine Faszie
Prostatische Faszie	Fascia prostatica	Innenschicht der Walsh'schen lateralen pelvinen Faszie	-
Posteriore viszerale prostatische Faszie	Septum recto-vesicale	Denonvillers'sche Faszie	Prostato-seminal vesikuläre Faszie
Vesico-prostatischer Muskel	Musculus vesico-prostaticus	-	Vorderschicht der Denonvillers'schen Faszie
Rektale Faszie	Fascia propria rectalis	Hinterschicht der Denonvillers'schen Faszie	-
Dorsaler Venenplexus	Plexus venosus dorsalis penis	Plexus Santorini	Dorsaler vaskulärer Komplex
Puboprostatische Ligamente	Ligamenta puboprostatica	-	Pubovesikale Ligamente
Faszialer Sehnenbogen des Beckens	Arcus tendineus fasciae pelvis	-	Puboprostatischer Kragen
Puboperinealer levator ani	Musculus levator urethrae	Quick-Stop Muskel von Gosling	Puboperinealer Muskel
Rhabdo-sphinkter der Harnröhre	Sphincter urethrae externus	-	-
Lisso-sphinkter der Harnröhre	Sphincter urethrae internus	-	Intrinsischer Sphinkter
Posteriore Raphe	Musculus anoperinealis	-	Recto-urethraler Muskel

Wie ist die Prostata aufgebaut und welche Funktionen hat sie?

Die Prostata ist eine kleine, kastanienförmige Drüse im männlichen Fortpflanzungssystem, die wiederum selbst aus zahlreichen Drüsen besteht. Diese sind in eine dichte Muskelkapsel, die Prostatakapsel, eingebettet. Sie liegt anatomisch unter der Harnblase und vor dem Rektum und wird von der Harnröhre durchzogen.

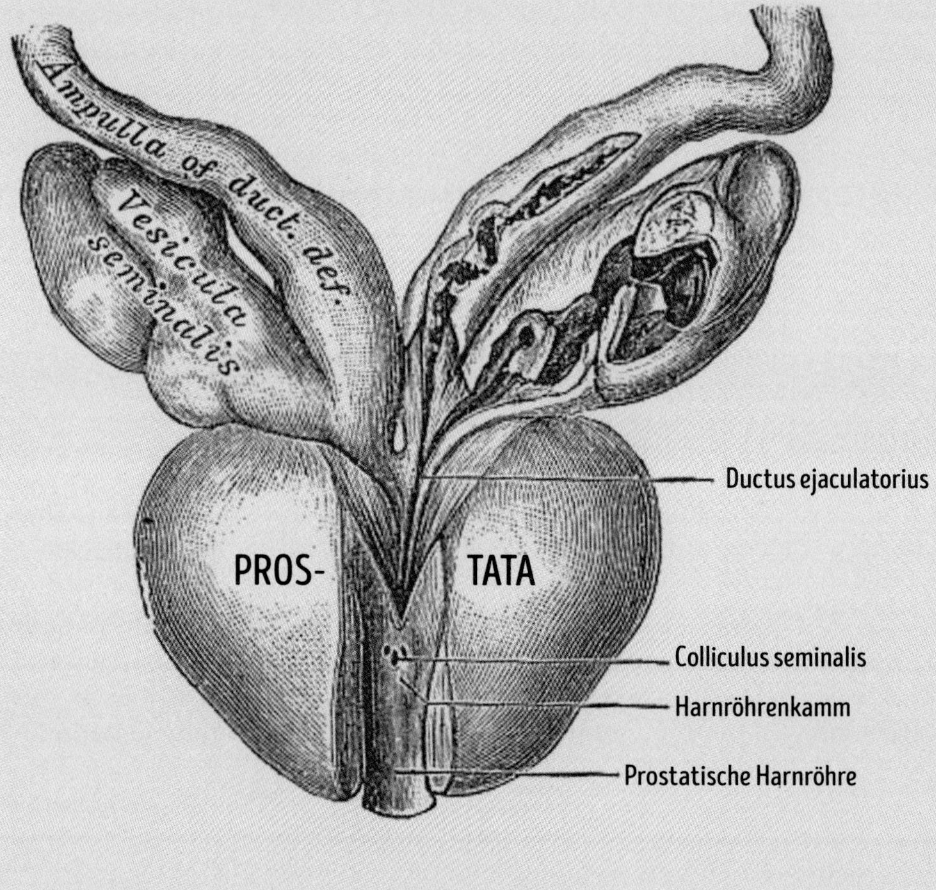

Abb. 1: Anatomie der Prostata und der Samenblasen (modifiziert nach Walsh)

Sie kann in verschiedene Zonen unterteilt werden (siehe Abb. 2). Die periphere Zone ist am häufigsten von Prostatakrebs betroffen, während die Übergangszone und die zentrale Zone häufig von einer benignen Prostatahyperplasie (BPH), also der gutartigen Vergrößerung der Prostata, betroffen sind.

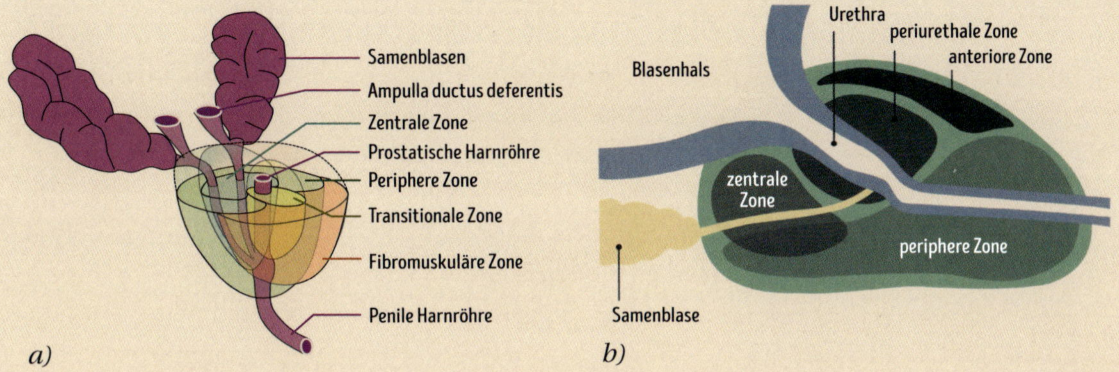

Abb. 2: Zonale Anatomie der Prostata (modifiziert nach Rassweiler); a) Querschnitt; b) Längsschnitt

Die Drüsen der Prostata produzieren die prostatische Flüssigkeit, die Teil der Samenflüssigkeit (Ejakulat) ist, welches während des Orgasmus über die Harnröhre ausgeschieden wird. Die Oberfläche (Epithel) der Drüsen besteht aus zwei Zelltypen:

- sekretorische Zellen, die die prostatische Flüssigkeit produzieren, und
- basale Zellen, die eine Reservezellpopulation darstellen und die Drüsenstruktur unterstützen.

An der Vorderseite der Prostata findet sich zudem fibromuskuläres Gewebe (Stroma), das für die Kontraktion der Drüse während der Ejakulation sorgt.

Die Prostata produziert etwa 20–30% des Volumens der Samenflüssigkeit. Diese Flüssigkeit enthält Fructose, Enzyme, Zink und Zitronensäure, die die Spermienbeweglichkeit und -lebensfähigkeit unterstützen. Der Anteil der Samenflüssigkeit aus der Prostata ist milchig und leicht alkalisch, um den sauren pH-Wert der weiblichen Scheide zu neutralisieren und eine günstige Umgebung für die Spermien zu schaffen.

Im unteren Teil der prostatischen Harnröhre münden im Colliculus seminalis die beiden Ausscheidungskanäle der Samenwege (Ejakulationsgänge) sowie die Ausscheidungskanäle der Prostatadrüsen. Der Colliculus seminalis ist umgeben von der Urethralleiste (Crista urethralis), einer länglichen Erhebung in der Harnröhre. Er dient als Ventil, das den Fluss des Spermas nach außen lenkt und verhindert, dass dieses zurück in die Blase gelangt. Die Schonung des Gewebes um den Colliculus seminalis bei Eingriffen im Bereich der Prostata dient also dem Erhalt der Fähigkeit zu einer normalen Ejakulation.

Wie funktioniert die Blut- und Nervenversorgung der Prostata?

Die Blutversorgung der Prostata erfolgt hauptsächlich durch die untere Blasenarterie (Arteria vesicalis inferior) und die mittlere Enddarmarterie (Arteria rectalis media) sowie über das prostatische Venengeflecht (Plexus venosus prostaticus). Die Nerven, die die Prostata versorgen, stammen aus dem unteren Nervengeflecht des Beckens (Plexus hypogastricus inferior). Diese Nerven unterstützen die Versteifung des männlichen Glieds (Erektion), die Sekretionsfunktion der Drüse sowie die Kontraktion der Prostata und damit die Ejakulation.

Der externe Schließmuskel wird von den Beckenästen des Nervus Pudendus versorgt, der somit die Kontinenz unterstützt.

Welche Faszienstrukturen finden sich und was sind ihre Funktionen?

Die Prostata ist von mehreren Gewebsstrukturen (Faszien) umgeben, die ihre Position und Struktur unterstützen und zur Funktionalität beitragen.

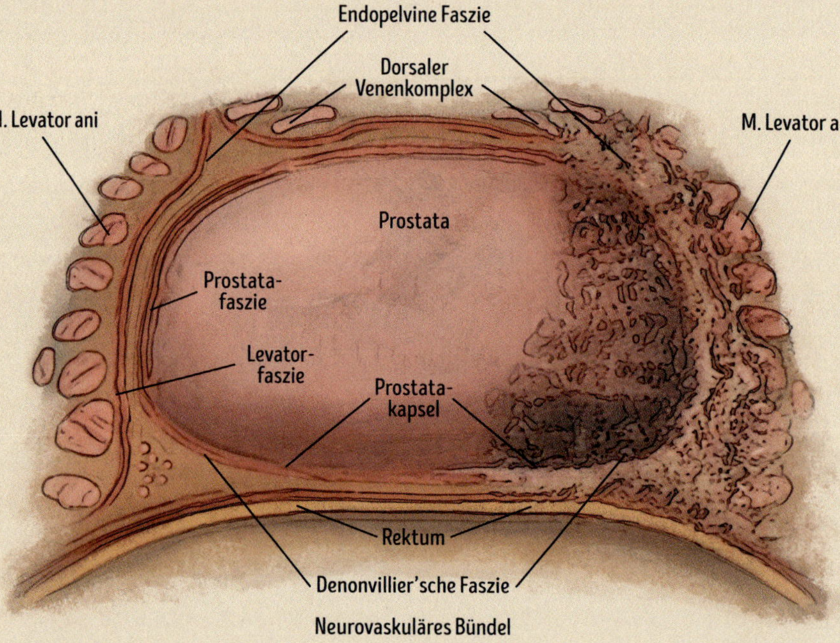

Abb. 3: Faszienanatomie der Prostata und des kleinen Beckens

Endopelvine Faszie

Die endopelvine Faszie ist eine zweiteilige Bindegewebsschicht, die die Prostata und die Blase umgibt und beide vom umgebenden Gewebe trennt. Man unterteilt sie in eine äußere wandseitige (parietale) Schicht, die mit der Beckenwand verbunden ist, und eine innere organseitige (viszerale) Schicht, welche die Prostata umhüllt.

Prostatakapsel

Die Prostatakapsel ist eine dichte, fibröse und muskuläre Struktur, die die Prostata umhüllt und schützt und ihre Struktur aufrechterhält. Auf der Kapsel verlaufen zahlreiche Nerven und Blutgefäße. Im vorderen Bereich, wo das Venengeflecht (dorsaler Venenkomplex) zum Blasenhals mündet, findet sich kein Kapselgewebe.

Faszie am Musculus Levator ani

Die Levatorfaszie bedeckt den Musculus Levator ani, einen wichtigen Beckenbodenmuskel. Sie ist eng mit der wandseitigen Schicht der endopelvinen Faszie verbunden. Der Erhalt der Levatorfaszie schont die auf dem Musculus Levator ani verlaufenden beckenseitigen Äste des Nervus Pudendus, der den externen Schließmuskel steuert.

Denonvillers'sche Faszie

Die Denonvillers'sche Faszie trennt die Prostata vom Enddarm. Sie ist eine dichte Bindegewebsplatte, die als Widerlager bei der Ejakulation bedeutsam ist.

Neurovaskuläres Bündel

Das neurovaskuläre Bündel besteht aus Nerven und Blutgefäßen. Seine Äste verlaufen seitlich an der Prostata, genauer zwischen der Prostatafaszie und der Levatorfaszie. Das Bündel ist für die Erektionsfunktion und die Blasenfunktion verantwortlich.

Puboprostatische Ligamente und weitere fasziale Verbindungen

Bänder und weitere Faszienstrukturen halten die Prostata mechanisch in ihrer Position im Körper und unterstützen ihre Funktionen. Die puboprostatischen Ligamente (Bänder) verbinden die Prostata und den Blasenhals mit dem Schambein (Os pubis), weitere Faszienstrukturen verbinden sie mit der Basis der Harnblase und mit dem Beckenboden.

Wie ist der Blasenhals aufgebaut?

Der Blasenhals ist der Auslass der Blase und verbindet die Harnblase mit der prostatischen Harnröhre. Er spielt eine zentrale Rolle bei der Harnspeicherung und -entleerung. Der Blasenhals besteht aus glatter Muskulatur, die von einer dichten Bindegewebsstruktur umgeben ist.

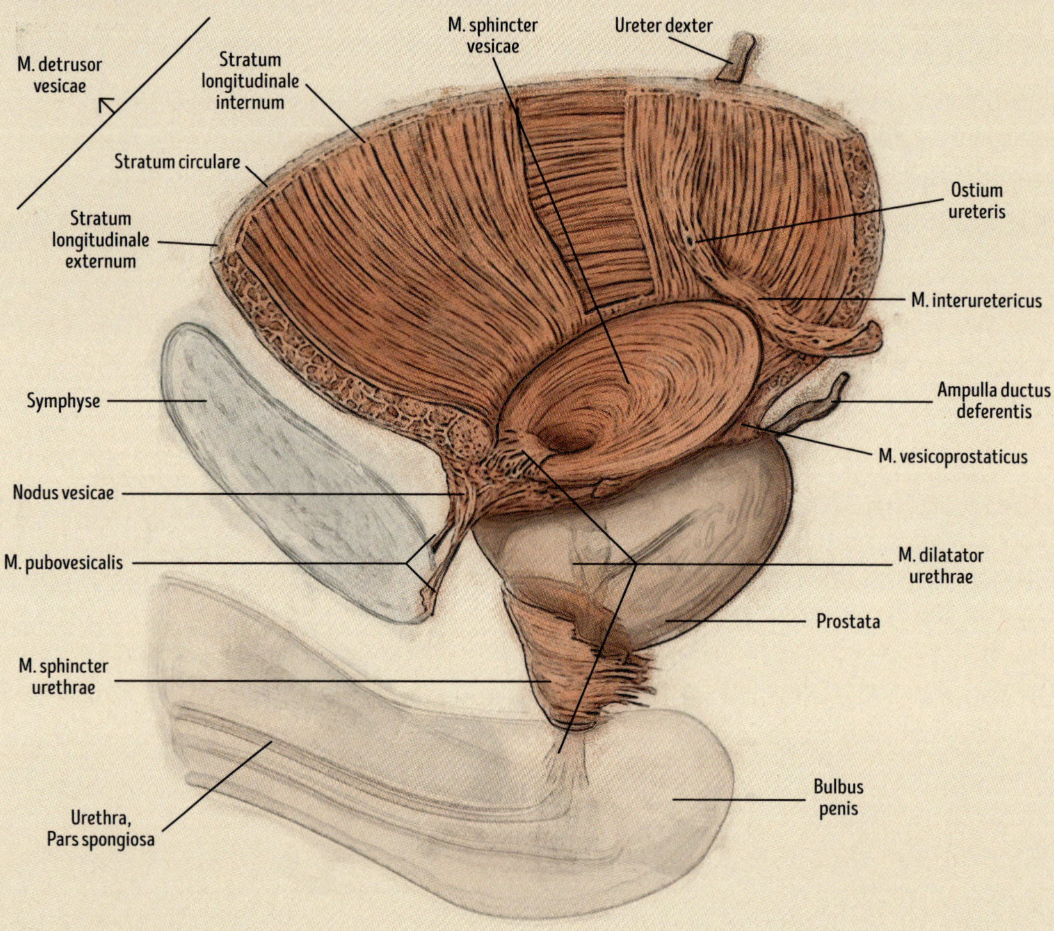

Abb. 4: Anatomie des Blasenhalses (modifiziert nach Dorschner et al. 2001; Schünke et al. 2015)

Diese Muskulatur ist wesentlich für die Funktion des Blasenhalses als Schließmuskel. Der innere Blasenschließmuskel (Musculus sphincter vesicae internus) besteht aus glatter Muskulatur, ist unwillkürlich und wird vom autonomen Nervensystem kontrolliert. Zieht sich die glatte Muskulatur des Blasenhalses zusammen, wird der Harnfluss gestoppt, bei ihrer Entspannung geschieht das Gegenteil. Die Kontraktion erfolgt über

Alpha-1-Rezeptoren des sympathischen Nervensystems, sodass Medikamente, die als Alphablocker wirken, bei Harnflussstörungen Abhilfe schaffen können. Die Entspannung erfolgt über das parasympathische Nervensystem. Schädigungen der involvierten Nerven können dementsprechend zu vorübergehender oder dauerhafter Inkontinenz führen. Die Heilung und Wiederherstellung der Nervenfunktion kann einige Zeit in Anspruch nehmen und die Erholungsdauer ist individuell unterschiedlich.

Der Blasen-Prostata-Muskel (Musculus vesicoprostaticus) ist ein glatter Muskel, der die Harnblase mit der Prostata verbindet. Er liegt im Bereich des Blasenhalses direkt hinter dem Blasenmuskel (Musculus detrusor vesicae) und hilft dabei, die Position und Stabilität der Prostata in der Nähe der Harnblase zu sichern. Während der Ejakulation hilft der Muskel, den Harnfluss zu kontrollieren und das Sperma durch die Harnröhre zu transportieren.

Wie sind Samenblasen und Samenleiter aufgebaut?

Hinter der Prostata befinden sich die Samenleiter (Vasa deferentia) und die Samenblasen (Vesiculae seminales; Abb. 1, S. 28). Die Samenblasen sind paarige Drüsen im männlichen Fortpflanzungssystem, die eine wichtige Rolle bei der Produktion und Abgabe von Spermien und Samenflüssigkeit spielen. Die Samenleiter verlaufen von den Hoden durch den Leistenkanal und die Beckenhöhle, bevor sie sich mit den Ausführgängen der Samenblasen vereinen, um die Ejakulationsgänge (Ductus ejaculatorii) zu bilden. Diese verlaufen durch die Prostata und münden in die Harnröhre im Bereich des Colliculus seminalis. In der Prostata laufen also Samen- und Harnwege zusammen.

Wie ist der Schließmuskelapparat aufgebaut?

Der Schließmuskelapparat der Harnröhre, auch als Harnröhrensphinkter bezeichnet, ist ein komplexes System von Muskeln, die die Harnentleerung kontrollieren (Abb. 5, S. 34). Man unterscheidet den inneren und den äußeren Harnröhrenschließmuskel.

Im Normalzustand ist die Koordination zwischen dem inneren und äußeren Schließmuskel entscheidend für eine normale Blasenfunktion. Während der Füllungsphase der Blase sorgt der innere Schließmuskel für den Verschluss der Harnröhre, und der äußere Schließmuskel kann zusätzlich zur Kontrolle beitragen. Wenn sich beide Schließmuskel entspannen, wird der Urinfluss ermöglicht (Miktion).

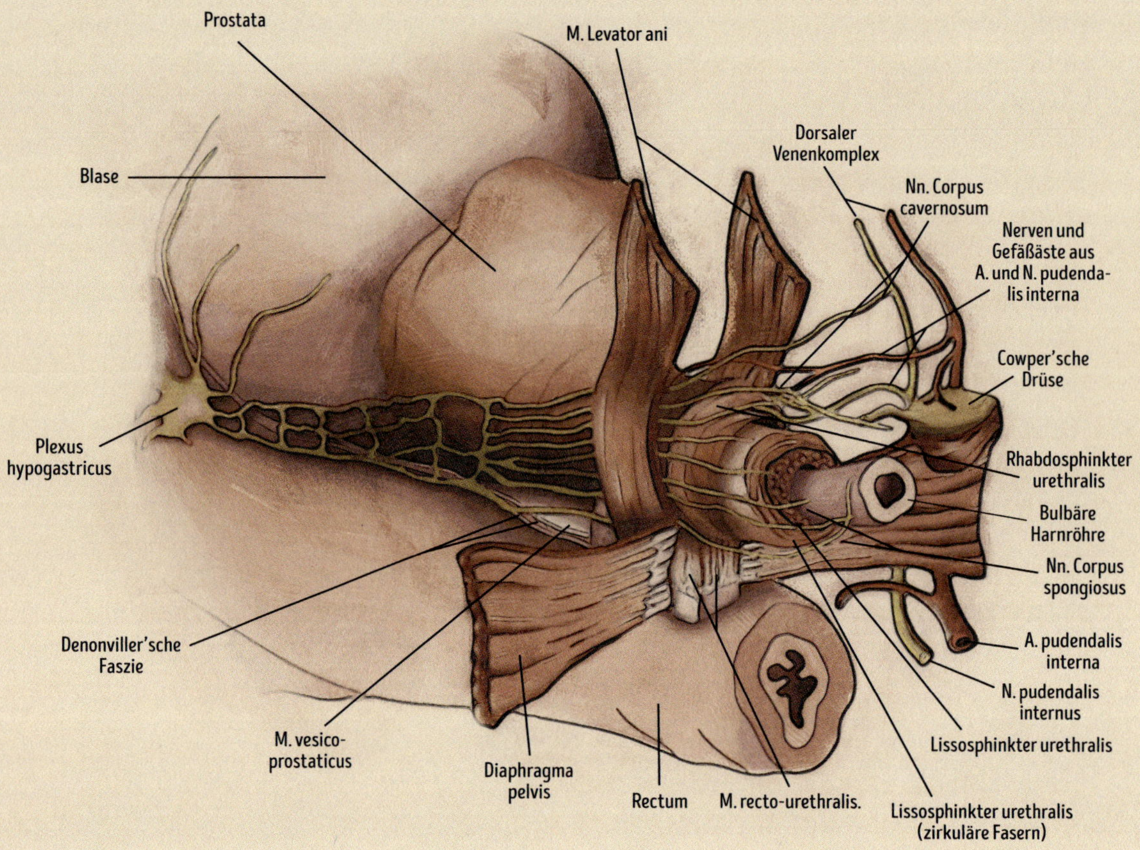

Abb. 5: Anatomische Details des Harnröhrensphinkterapparates (modifiziert nach Katsimperis et al. 2023)

Der innere Harnröhrenschließmuskel (Musculus sphincter urethrae internus) befindet sich am Blasenhals, wo die Harnblase in die prostatische Harnröhre übergeht. Seine glatte Muskulatur sorgt dafür, dass Urin in der Blase gehalten wird, bis eine bewusste Entscheidung zum Wasserlassen getroffen wird. Er ist jedoch nicht essenziell notwendig für die Kontinenz.

Das äußere Harnröhrenschließmuskelsystem ermöglicht die bewusste Kontrolle über die Harnentleerung. Der äußere Harnröhrenschließmuskel (Musculus sphincter urethrae externus oder Rhabdosphinkter urethralis) umgibt die Harnröhre hufeisenförmig im Bereich des Beckenbodens unterhalb der Prostata. Seine quergestreifte Muskulatur wird willkürlich gesteuert. Dorsal gehört der Harnröhren-Enddarm-Muskel (Musculus recto-urethralis) zu diesem Muskelkomplex dazu, ein glattmuskuläres Widerlager. Er trägt zur Unterstützung und Stabilisierung der Prostata und der Harnröhre bei, indem er diese mit dem Rektum verbindet. Und zentral in der Harnröhre, unterhalb der Prostata und vom quergestreiften Schließmuskel überdeckt, liegt ein weiterer glattmuskulärer Schließmuskel (Lissosphinkter), der für die unwillkürliche Kontinenz verantwortlich ist.

Nach Entfernung der Prostata (z. B. nach radikaler Prostatektomie) oder einer Verletzung des inneren Schließmuskels übernimmt der Lissosphinkter die Funktion des Blasenschließmuskels. Dann muss der äußere Harnröhrenschließmuskel, der sich im Bereich des Beckenbodens befindet, eine größere Rolle bei der Kontrolle des Urinflusses übernehmen. Patienten müssen häufig gezielt die Beckenbodenmuskulatur trainieren, um dessen Funktion zu stärken.

Insbesondere die folgenden anatomischen Strukturen sind für den Erhalt der Kontinenz essenziell:

- Levatorfaszie, da ihr Erhalt die Beckenäste des Nervus Pudendus schont
- langer Harnröhrenstumpf, da dieser den Lissosphinkter erhält
- Neurovaskuläres Bündel, da es die Sensibilität des Beckenbodens gewährleistet
- Puboprostatische Ligamente und dorsaler Venenkomplex
- Vesiko-prostatischer Muskel mit der hinteren Harnröhre

Kai Ressel

„Das ist wie ein Unfall in deinem Körper."

Kai Ressel, Jahrgang 1964, ist es gewohnt, Verantwortung zu übernehmen: Als Ingenieur für Wasser- und Umwelttechnik plant, leitet und realisiert er komplexe internationale Projekte und genießt dafür hohes Ansehen in seiner Firma. Kai lebt seit 1995 in einer Beziehung. Mit 55 Jahren bekam er die Diagnose Prostatakrebs; unheilbar, mit einer Lebenserwartung von maximal fünf Jahren. Die fünf Jahre sind mittlerweile vorbei und Kai sagt, es gehe ihm ganz gut. Er hat Hoffnung und für ihn ist das Glas halb voll – noch immer.

Wir waren in Thailand im Urlaub und ich bekam unerträgliche, wellenförmig auftretende Schmerzen. Dann gingen zwei Nierensteine ab. Zurück in Deutschland ging ein weiterer ab, und weil jener zunächst oberhalb der Blase festgesessen hatte, wurde ein CT gemacht. Dabei kam das weitaus größere Problem zum Vorschein: ein „Loch" im Becken.

So etwas entstünde durch ossäre Metastasen (Knochenmetastasen), also Krebs, mutmaßte der untersuchende Arzt, und dass man nun den „Mutterkrebs" finden müsste. Da das alles aber nur im Arztbrief für meinen Urologen stand und mit mir selbst noch nicht darüber gesprochen worden war, machte ich mich zunächst bei Dr. Google schlau. Das klang alles gar nicht gut, und weil mein Vater auch schon wegen Krebs behandelt worden war, war ich natürlich sehr beunruhigt.

Innerhalb einer Woche waren MRT, Biopsie und PET-CT über die Bühne gebracht. Bei letzterer Untersuchung wird mit Hilfe von Farbstoffen festgestellt, wo im Körper Metastasen sind. Das Bild von meinem Körper war komplett bunt. Es folgte dementsprechend die Schockdiagnose: metastasierender Prostatakrebs der aggressivsten Sorte,

„Das ging mir an die Psyche. Ich hatte doch nichts, keine Schmerzen, keine Einschränkungen!?“

Gleason Score 9. Ich hatte mich wegen meiner familiären Vorgeschichte in den letzten Jahren regelmäßig auf alle möglichen Krebsarten untersuchen lassen – aber nie habe ich den PSA-Wert kontrollieren lassen, weil der Arzt der Meinung war, dass die Aussagekraft dieses Tests zu ungenau wäre. Also wurde bei den Vorsorgeuntersuchungen immer nur getastet und man hatte bislang nichts gefunden.

Die folgende Tumorkonferenz in der Charité in Berlin empfahl mir eine Hormon- oder Chemotherapie, weil mein Krebs nur noch palliativ zu behandeln wäre. Eine Operation wäre zwecklos, hieß es, denn eine Chance auf Heilung bestünde nicht mehr. Von einer Sekunde auf die andere von gefühlt kerngesund zu unheilbar krank – ich war geschockt und auch fassungslos darüber, dass man eine derart schwere Krankheit bislang nicht bemerkt hatte. Wirklich realisiert habe ich die Diagnose aber eigentlich erst ein paar Wochen später, als ich den auf Empfehlung der Ärzte beantragten und innerhalb weniger Tage bewilligten Schwerbehindertenausweis in den Händen hielt. 100% Behinderung. Das ging mir an die Psyche. Ich hatte doch nichts, keine Schmerzen, keine Einschränkungen!?

Natürlich gab es in der Zeit nach der Diagnose viele schwere und auch schmerzvolle Momente, aber ich hatte auch gute Augenblicke. Als Ingenieur und Projektleiter war ich es ja gewohnt, lösungsorientiert zu denken und zu agieren. Ich hatte von Anfang an keine Schwierigkeiten damit, meine unheilbare Krankheit zu akzeptieren. Meine Partnerin tat und tut sich auch heute noch zeitweise schwer damit. Sie sitzt dann schon mal weinend auf der Bettkante und sagt: „Jetzt haust du einfach ab und lässt mich hier sitzen! So war das nicht geplant.“ Sie ist der eher pessimistische Mensch von uns beiden. Doch wir versuchen gemeinsam, das Beste aus allem zu machen. Momentan leben wir nach der Devise: Du musst das Positive sehen, musst gucken, was Spaß im Leben macht. Dann erst lebt man doch!

Für mich war zu Anfang vor allem wichtig zu erfahren, was mir da passiert war und was ich tun kann, um mir die verbleibende Zeit so angenehm wie möglich zu gestalten. Je

mehr ich mich in das Thema hineinarbeitete, desto klarer wurde mir, dass das Ganze wie ein Unfall in meinem Körper war, den ich weder verhindern noch beeinflussen konnte. Ich musste einfach lernen, mit den Konsequenzen umzugehen.

Ich sammelte also im Eiltempo Informationen darüber, was nun zu tun war und woher ich Hilfe bekommen könnte. Dabei habe ich auch einige Entscheidungen zu schnell getroffen, mich recht blind auf die Empfehlungen der Ärzte verlassen und mich andererseits häufig von all den unterschiedlichen Möglichkeiten, von denen man so hört, verunsichern lassen. Die Entscheidung zwischen Hormon- und Chemotherapie überforderte mich, denn der Gedanke an eine Chemo machte mir vor allem Angst.

Mir war anfangs auch nicht klar, wie sehr das Thema Gesundheit eben auch ein Geschäftsmodell ist und dass Therapien potenziell nicht nur dem Patienten helfen sollen, sondern zugleich ein System finanzieren, das weitere Ziele verfolgt. Es gibt die sogenannte S3-Leitlinie Prostatakrebs, die Behandlungsabläufe vorgibt. Viele Ärzte halten sich strikt daran und man bekommt den Eindruck, dass die in der Leitlinie aufgeführten Therapien die Gesamtheit aller Therapiemöglichkeiten darstellen. Dabei fasst die Leitlinie lediglich zusammen, was von den Krankenkassen bezahlt wird. Beispielsweise werden aber selbst preiswerte Nahrungsergänzungsmittel wie Vitamin D3 und K2, die bei Krebs unterstützend wirken sollen, dort nicht erwähnt und werden deshalb auch nicht erstattet. Und neuere Therapien kommen erst mit einer jahrelangen Verzögerung in diese Leitlinien, weil die Überarbeitung so lange dauert.

Kurz nach der deprimierenden Diagnose hat die Charité eine vermutlich eher unnötige Genanalyse bei mir gemacht – Kostenpunkt: rund 11.000 Euro – und mich für eine Studie vorgeschlagen, an der ich letztlich aber nicht teilnehmen wollte, weil ich aufgrund der Therapie nicht mehr Auto fahren durfte. Außerdem handelte es sich um eine sogenannte Doppelbildstudie, bei der weder der Patient noch die Klinik wissen, ob man ein Placebo oder das neue Medikament bekommt. Mit 50%-iger Wahrscheinlichkeit hätte ich also gar keine Behandlung erhalten. Untragbar.

Danach ging ich auf die Suche nach einer geeigneten Selbsthilfegruppe. In Berlin allein fand ich vier Gruppen. Diese Erfahrung war jedoch nicht so positiv, wie ich es mir erhofft hatte, weil die Teilnehmer entweder sehr viel älter waren als ich oder einen wesentlich harmloseren Verlauf hatten, also früh genug behandelt oder operiert worden waren; viele hatten auch einen viel niedrigeren PSA-Wert (meiner lag bei 124) und niemand litt

„Offene Kommunikation ist wichtig.“

ebenfalls an metastasierendem Prostatakrebs. Dadurch hatte ich auch in diesem Rahmen ständig das Gefühl, mit meinem schweren Schicksal allein dazustehen. Trotz dieser Startschwierigkeiten bin ich mittlerweile zweiter Vorsitzender der Selbsthilfegruppe Berlin Nord, halte Vorträge und kläre auf. Vor allem leiste ich Hilfe bei Erstdiagnostizierten, deren Situation ich persönlich am allerbesten nachvollziehen kann. Ich bin weit vernetzt, viele Betroffene haben meine Telefonnummer, und wenn jemand mit Problemen oder Zweifeln auftaucht, biete ich mich als Gesprächspartner an und versuche, ihm mit meiner eigenen Geschichte Hoffnung zu geben. Das ist etwas, was ich gelernt habe von meiner Krankheit: Offene Kommunikation ist wichtig. Nicht nur mit anderen Betroffenen, sondern vor allem auch mit den eigenen Angehörigen (auch wenn ich meine weit entfernt lebenden Eltern bis heute nicht über meine Diagnose informiert habe, weil sie nichts daran ändern könnten und ich sie damit nicht belasten möchte), mit den Kollegen, mit den Freunden. Sie sind alle Mitbetroffene. Niemand soll glauben müssen, er müsse allein mit so einer Diagnose klarkommen.

Auch ich fand zu Anfang zum Glück doch noch Betroffene, mit denen mir der Austausch guttut. In einem Online-Diskussionsforum des Bundesverbands der Prostatakrebshilfe lernte ich Günther kennen, der einen vergleichbar schweren Befund hatte und mir sagte, er wäre durch eine Behandlung mit Lu-177-PSMA-Liganden alle Metastasen losgeworden. Günther war zwar älter als ich, aber er sah sehr gesund aus. Ich war begeistert. Wie ich herausfand, finden die bei Günther angewendeten PSMA-Liganden gezielt die Metastasen und die Lu-177-Ionen zerstören durch ihre Strahlung die Metastasen. Nach meiner Frage, ob das auch für mich eine Behandlungsmethode sein könnte, klärte mich der Nuklearmediziner Prof. Dr. Dresel in Buch darüber auf, dass das der Fall wäre, die Behandlung allerdings auch sehr teuer wäre. Und damit war ich bei der Auseinandersetzung mit unserem Gesundheitswesen gelandet, denn die bereits erwähnte S3-Leitlinie sieht eine solche Behandlung nicht vor und dementsprechend muss die Krankenkasse dafür auch nicht bezahlen – zumindest nicht per se.

Die Radioliganden-Therapie wird nämlich nur unter besonderen Voraussetzungen finanziert, etwa nach absolvierten Strahlen-, Chemo- und Hormontherapien und bei ganz schlimmen Verläufen. Da ich mich bereits gegen eine Chemotherapie entschieden hatte, wusste ich, dass das mit der Finanzierung durch die Kasse länger dauern würde – doch der Tod wartet nicht, auch das war mir klar. Also entschloss ich mich, die Therapie erst einmal selbst zu finanzieren, meldete meiner Krankenkasse allerdings meine Entscheidung und fragte formlos nach der Bewilligung. Acht Tage später war ich in der Klinik und erhielt den ersten Zyklus, und alles ging gut.

Fünf Monate nach Beginn der Behandlung meldete sich die Krankenkasse zurück. Sie hätten zwei Rechnungen bezahlt, deren Forderungen ich – unwissentlich, wohl mit dem Papierkram zu Anfang – an das Krankenhaus abgetreten hatte. Im nächsten Brief wurde mir erklärt, dass ich noch nicht hätte anfangen dürfen und dass die Krankenkasse ihre Zustimmung zur Behandlung aufgrund meines Befunds nicht geben könnte. Doch das konnte meine aktuelle Stimmung kaum trüben: Mein PSA-Wert war im Laufe der Behandlung von 124 auf 0,5 gesunken.

Die Krankenkasse wollte dann Vergleichszahlen, Chemotherapie vs. Radioligandentherapie, die ICH beschaffen sollte. Dabei fand ich heraus: Allein schon der Behandlungsablauf ist günstiger, denn bei einer Chemo wird der Patient ca. sechs Monate krankgeschrieben und die Kasse muss den Lohn fortzahlen. Ich hingegen war pro Zyklus eine Woche krankgeschrieben und habe ansonsten normal gearbeitet. Lohnfortzahlungen kamen damit überhaupt nicht zum Tragen.

Nachdem mir die Diskussion schließlich zu bunt wurde und ich mit meiner Rechtsschutzversicherung drohte, stimmte die Krankenkasse unter Vorbehalt dann doch noch zu und bezahlte am Ende auch tatsächlich alles.

Noch lebe ich und es geht mir gut, wenngleich auch ich natürlich immer wieder mit Einschränkungen kämpfe. Im November letzten Jahres beispielsweise hatte ich eine Metastase am Hypoglossus-Nerv, der die Zunge steuert. Im Dezember habe ich daraufhin eine Strahlentherapie gemacht mit dem Ergebnis, dass die Zunge nach 15 Bestrahlungen frei beweglich war und ich wieder störungsfrei reden kann, ich allerdings nun auch nichts mehr schmecke – und das als begeisterter Hobbykoch und Gourmet … Und beim Thema Sexualität bin ich auch nicht verschont geblieben. In meiner Beziehung war das zwar auch vorher schon weitestgehend abgeschlossen, aber man fühlt sich dennoch „entwertet" als Mann. Im Alter von 55 Jahren ist das einfach zu früh. Aber ich habe auch das für mich akzeptiert. Mit fortschreitendem Lebensalter muss man eben Einschnitte in Kauf nehmen, ob Krebspatient oder nicht.

Verzweifelt bin ich eher bei der Auseinandersetzung mit dem Tod. Ich hatte einige Zeit Gedanken an einen Suizid für den Fall, dass Schmerzen auftreten und keine Aussicht auf Besserung besteht. Die Frage, wie ich sicher aus dem Leben treten könnte, ohne das Risiko, einen solchen Versuch doch zu überleben, hat mich lange sehr unruhig gemacht. Bis ich auf die national anerkannte Deutsche Gesellschaft für Humanes Sterben (DGHS) gestoßen bin. Diese Einrichtung hat rund 25.000 Mitglieder, die grundsätzlich

„Noch lebe ich und es geht mir gut, wenngleich auch ich natürlich immer wieder mit Einschränkungen kämpfe."

willens sind, sich das Leben zu nehmen, und beschäftigt Psychiater, Notare und Ärzte, die bei jedem Einzelnen, der sterben möchte, überprüfen, ob es tatsächlich der eigene Wille der betroffenen Person ist. Wenn dies als gesichert gilt, wird der Tod auf sichere Weise ermöglicht. Das Wissen um diese Möglichkeit hat mich sehr erleichtert. Ich weiß nun, wenn es mir zu schlecht geht, lasse ich mich dort begutachten und wenige Wochen später kann es soweit sein.

Aber so weit ist es noch lange nicht. Nach der dauerhaften Hormontherapie, einer Strahlentherapie und einer Radioligandentherapie sah die Welt zwar wieder rosig aus, aber die stabilsten der Metastasen konnten ihren Stoffwechsel umstellen und nahmen ihr Wachstum wieder auf. Und nur eine Option blieb offen: die so gefürchtete Chemotherapie mit Docetaxel. Mittlerweile habe ich zwei Infusionen erhalten und erstaunlicherweise geht es mir sogar gut damit. Keine Übelkeit trat auf und Schmerzen habe ich auch keine. Nur die Haare verabschieden sich langsam. Aber die sollen ja nach der Therapie wieder wachsen.

Meinen 60. Geburtstag konnte ich groß feiern und ich empfinde jedes weitere Jahr, in dem ich schmerzfrei mit dem Krebs leben kann, als Bonusjahr, für das ich dankbar bin. Vielleicht wird in dieser Zeit noch ein entscheidendes Medikament gefunden, das mir weitere Jahre ermöglicht.

Früherkennungsstrategien für Prostatakrebs

Dr. Rouvier Al-Monajjed[1], Dr. Jale Lakes[2] und Prof. Dr. Peter Albers[3]

Die Früherkennung zielt darauf ab, Krankheiten zu entdecken, bevor Symptome auftreten, und zwar so frühzeitig, dass sie noch heilbar sind. Das PSA-basierte Prostatakrebs-Screening ist eine organisierte Form der Früherkennung bei asymptomatischen jungen Männern und soll Prostatakrebs frühzeitig identifizieren und damit die Sterblichkeit (Mortalität) senken. Die Früherkennung resultiert idealerweise in einer effektiveren und weniger belastenden Behandlung, verhindert das Auftreten von Metastasen und steigert damit insgesamt die Lebensqualität.

Jedoch kann dieses PSA-basierte Screening auch dazu führen, dass viele „harmlose" Karzinome entdeckt und behandelt werden, was wiederum zu Überdiagnose und Überbehandlung führt. Die Rolle des PSA-Wertes in diesem Screening-Setting ist umstritten, da es durch seine geringe Spezifität sowie eine hohe Rate an falsch-positiven Ergebnissen eine psychische Belastung und die Risiken der weiteren Diagnostik mit sich bringen kann.

Die wissenschaftliche Grundlage für das Prostatakrebs-Screening stammt aus den 1990er-Jahren. Studien wie die europäische, randomisierte Studie zum Prostatakrebs-Screening (ERSPC-Studie) zeigten nach heutiger Auswertung einen fast 30%-igen Rückgang der prostatakrebsbedingten Mortalität und Senkung der Metastasenrate in der Screening-Gruppe.

[1]Urologe und Oberarzt, Klink für Urologie, Universitätsklinikum Düsseldorf, [2]Urologin und Oberärztin, Klink für Urologie, Universitätsklinikum Düsseldorf, [3]Urologe und Ärztlicher Direktor, Klinik für Urologie, Universitätsklinikum Düsseldorf, sowie Abteilungsleiter „Personalisierte Früherkennung des Prostatakarzinoms", Deutsches Krebsforschungszentrum (DKFZ) Heidelberg

Welche Vor- und Nachteile hat das PSA-basierte Screening?

In vielen wohlhabenden Ländern, darunter Deutschland, wird ein nationales, organisiertes Prostatakrebs-Screening-Programm von den Gesundheitsbehörden nicht unterstützt. Stattdessen wird oft eine individuelle, nicht von Krankenkassen abgedeckte PSA-Testung auf Grundlage eines „informed consent" (dt. informierte Einwilligung) zwischen Patient und Ärzt:innen angeboten. Diese opportunistische Vorgehensweise – d.h., PSA-Tests werden willkürlich vorgenommen und nicht jeder Mann bekommt die Gelegenheit dazu – hat keinen nachgewiesenen Überlebensvorteil, führt jedoch zu Ungerechtigkeiten und Überdiagnosen.

Gerechtigkeit im Screening bedeutet gleiche Chancen für alle. PSA-Tests sollten also geordnet durchgeführt werden, sprich, alle Männer ab einem bestimmten Alter – unabhängig von Auffälligkeiten im Gesundheitszustand – sollten in definierten Zeitabständen PSA-Tests unterzogen werden und bei auffälligen Ergebnissen sollten klar definierte weiterführende Maßnahmen folgen. Durch dieses Vorgehen könnte effektiv erreicht werden, dass weniger Männer an zu spät entdecktem Prostatakrebs versterben.

Die Daten aus einer großen schwedischen Studie (Göteborg-Studie) zeigen, dass es in der Studien-Kontrollgruppe, in der nur opportunistische PSA-Tests erfolgten, zu einer geringen Reduktion der prostatakrebsbedingten Mortalität (12%) kam. Es entstand aber eine verdoppelte Zunahme von Prostatakrebs-Diagnosen. So kann in dieser Konstellation von sog. Überdiagnosen gesprochen werden.

Das unregulierte Angebot von PSA-Tests führt zu häufiger, aber wissenschaftlich unangemessener Anwendung. Insbesondere bei älteren Männern nehmen die Vorteile des Screenings im Verhältnis zu den Nachteilen – wie z. B. wiederholte Biopsien – ab. Zudem kommt es durch ein nicht reguliertes PSA-Screening zu einem sozialen Ungleichgewicht beim Zugang zu PSA-Tests, da diese bevorzugt bei wohlhabenderen und gebildeteren Personen durchgeführt werden.

Welche Rolle spielen DRU und MRT?

Im Gegensatz zum Brust- oder Darmkrebs-Screening gibt es in Deutschland keine einheitlichen, staatlich organisierten Prostatakrebs-Screening-Strategien. Urologische

Früherkennungsuntersuchungen werden Männern ab 45 Jahren angeboten, einschließlich der digitalen rektalen Untersuchung (DRU). Die DRU hat eine geringe Sensitivität und Spezifität in der Früherkennung und ihre Akzeptanz in der Bevölkerung ist niedrig. Die DRU wird genauso häufig durchgeführt wie die PSA-Wert-Testung, obwohl Letztere keine Leistung der gesetzlichen Krebsfrüherkennung ist und individuell bezahlt werden muss.

Die größte deutsche geordnete Prostatakrebs-Screening-Studie, PROBASE genannt, konnte zeigen, dass die DRU allein keinen Stellenwert als Screening-Untersuchung hat. Die Europäische Kommission empfiehlt mittlerweile europaweit die systematische Prüfung eines risikoadaptierten Prostatakrebs-Screenings mit PSA-Test und gezielter Bildgebung mittels MRT. Dieser Ansatz zielt darauf ab, die Anzahl von invasiven Prostatabiopsien zu reduzieren und Überdiagnosen von harmlosen Tumoren zu verhindern. Es wird empfohlen, die PSA-Testung ab 45 Jahren durchzuführen und bei Auffälligkeiten (PSA-Erhöhung >3 ng/ml) mit einer MRT-Untersuchung zu kombinieren.

Wie funktioniert die Früherkennung mittels MRT?

Die mpMRT (multiparametrische Magnetresonanztomografie) der Prostata hat sich als entscheidender Fortschritt in der Prostatakrebsdiagnose erwiesen. Die mpMRT ermöglicht eine präzisere Erkennung und Lokalisierung klinisch relevanter (= signifikanter) Tumore. Die PI-RADS-Klassifikation bewertet das Risiko für Prostatakrebs auf einer Skala von 1–5 (1–2: unauffällig, 3: kontrollbedürftig, 4–5: auffällig), basierend auf der mpMRT-Bildgebung. Bei auffälligen Befunden schließt sich an die Bildgebung eine Fusionsbiopsie (Ultraschallbild + mpMRT) an. So kann die Biopsie der Prostata gemeinhin in der Treffergenauigkeit verbessert werden. Eine klassische „systematische“ Biopsie der Prostata wird in der Regel mit der mpMRT-gestützten Fusionsbiopsie kombiniert.

Wie kann das PSA-basierte Screening sinnvoll eingesetzt werden?

Ein organisiertes Früherkennungsprogramm ist nur dann sinnvoll, wenn es das Grundprinzip der Verhältnismäßigkeit respektiert, d.h., wenn es auf das individuelle Risiko der untersuchten Bevölkerung abgestimmt ist. Die deutsche PROBASE-Studie untersucht seit nun mehr als 10 Jahren eine solche risikoadaptierte Screening-Strategie auf der Grundlage eines Basis-PSA-Wertes im Alter von 45 und 50 Jahren. Hierbei zeigte sich, dass sich über 90% der Männer im Alter von 45 Jahren im Niedrigrisikobereich bewegen (Basis-PSA-Wert <1,5 ng/ml). Diese Männer brauchen im Rahmen der Studie nur alle 5 Jahre mit PSA nachkontrolliert werden. Nur Männer mit einem erhöhten Prostatakrebsrisiko (Basis-PSA-Wert ≥3 ng/ml) erhalten eine weiterführende, ggf. invasive Abklärung mittels mpMRT und ggf. Biopsie. Das waren innerhalb der PROBASE-Studie lediglich 1% aller untersuchten Männer. An diesem Beispiel wird klar, dass ein risikoangepasstes Vorgehen zielgerichtet vorgehen kann und so physische und psychische Morbidität minimiert.

In Deutschland wird ein nationales, organisiertes Prostatakrebs-Screening-Programm von den Gesundheitsbehörden nicht unterstützt.

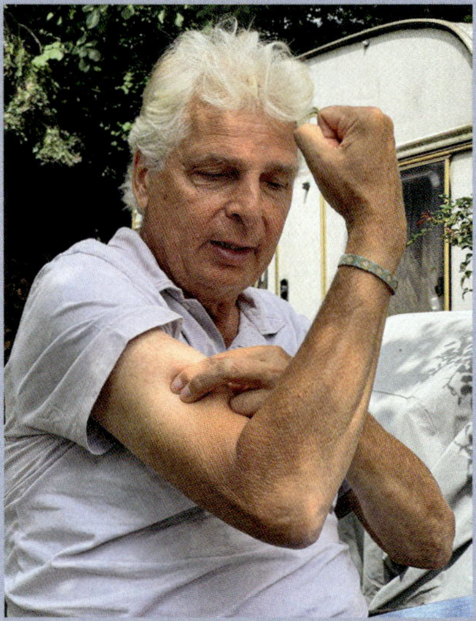

Alexander Moser

„Da war das Kind in den Brunnen gefallen."

Dr. Alexander Moser, Jahrgang 1957, ist Arzt aus Leidenschaft. Bis kurz nach seiner Krebsdiagnose war er Oberarzt sowie Leiter des Brustzentrums einer Frauenklinik bei Hannover, wo er und sein Team über Jahre hinweg ein Gütesiegel für nachgewiesen hohe Behandlungsqualität verliehen bekamen. Dr. Alexander Moser lebte für seinen Job und für die Gesundheit seiner Patientinnen, fast 30 Jahre lang rettete er als Chirurg Leben. Als Zwei-Meter-Mann und Arzt fühlte er sich aber auch unverwundbar und vernachlässigte, was er seinen Patientinnen eindringlich predigte: Geht regelmäßig zur Vorsorge. Zum Zeitpunkt seiner eigenen Diagnose hatte der Krebs schon in verschiedene Körperteile gestreut. Heute ist Alexander Moser erschüttert über seine eigene Ignoranz.

Auch, wenn es wenig vernünftig ist und unglaublich klingt: Ärzte rauchen, trinken manchmal und machen zum großen Teil keine Vorsorge, obwohl wir unseren Patienten und Patientinnen permanent das Gegenteil predigen. Tagaus, tagein, das ganze Berufsleben lang. Ich selbst habe es einfach verpennt, bekam die Diagnose vor drei Jahren; da war ich 64. Ich wurde erst unruhig, als die Knochenschmerzen nicht mehr auszuhalten waren – Metastasen verursachen halt Schmerzen. Ich konnte auf einmal nicht mal mehr richtig Autofahren, weil ich nicht mehr links und rechts über die Schulter gucken konnte. Meine erste Lösung: Ich habe mir Routen mit Ampeln gesucht, sodass ich nicht mehr über die Schulter schauen musste.

Da ich immer viel am OP-Tisch gestanden habe und sehr groß bin, dachte ich mir, die Rückenschmerzen kämen daher und seien normal. Ich ging zu mehreren Physiotherapeuten und als diese dann auf den Rippen rumdrückten, die bereits von Metastasen

„Ich konnte kaum noch arbeiten, konnte nichts heben, konnte nicht mehr lange stehen."

befallen waren, wurden die Schmerzen irgendwann doch so unerträglich, dass ich ein CT machen ließ. Das Irre war, dass man es auch dabei nicht gesehen hat, tatsächlich nicht.

Ich konnte kaum noch arbeiten, konnte nichts heben, konnte nicht mehr lange stehen. Ein halbes Jahr später haben wir es noch einmal untersuchen lassen, und dann wurde tatsächlich etwas gefunden. Die ganze Wirbelsäule, die Rippen, das Becken – an 30 Stellen gab es Befunde: Metastasen.

Als Arzt bin ich Brustkrebsfachmann und immer rühmte ich mich dafür, die komplette Diagnose- und Behandlungskette in meiner Hand zu haben. Das war auch mein Anspruch als Leiter eines zertifizierten Brustzentrums, in welchem mindestens 50 Operationen im Jahr durchgeführt werden müssen, um die Zertifizierung halten zu dürfen. Mein berufliches Engagement war außerordentlich – ich habe bis zu 80 Stunden gearbeitet, egal ob werktags oder sonntags, ich besuchte meine Patienten auch noch spät in der Nacht, kurzum, ich habe zehn Schichten von Krankenschwestern überdauert, für die Klinik gelebt. So habe ich meine Arbeit als Arzt verstanden, und ich würde es auch heute noch immer wieder so machen.

Die Diagnose war ein großer Schock. Dass ich das nicht habe checken lassen, habe ich überhaupt nicht verarbeitet. Das war mein Fehler und ich war einzig und alleine auf mich selbst wütend. Zugleich empfand ich die Situation auch als äußerst ungerecht. Ich habe mein Leben lang operiert, wir hatten drei OP-Säle, ich bin immer von einem zum anderen gesprungen, und das klingt jetzt ein wenig blasiert, aber ich war die letzte Instanz operativ. Eigentlich war es gar keine Wut, die ich empfand, vielmehr war ich tief enttäuscht vom Schicksal: Ich hatte so viele Frauen gerettet, das hatte ich doch nicht verdient!? Meine Frau Karin, Gynäkologin und 13 Jahre jünger als ich, war hingegen wirklich total böse auf mich. Sie wusste genau, dass ich meinen Patientinnen immer erzählt hatte, dass die Mammografie so wichtig ist, weil sie eben ein Karzinom im Frühstadium erkennt. Gesagt hat sie mir das allerdings erst in einem gemeinsamen Termin bei meiner Psychoonkologin, bei der ich zu dem Zeitpunkt schon länger in Behandlung war.

Direkt nach der Diagnose sind wir erst einmal für 14 Tage in den Urlaub an die Algarve gefahren, wie wir es seit Jahren mit den immer gleichen Freunden zusammen tun. Ich baue seit Jahrzehnten leidenschaftlich Sandburgen, aber nicht in diesem Sommer. Sie mussten mich zu zweit aus dem Sand ziehen, weil ich solche Schmerzen hatte. Das hat sich eingebrannt: Ich konnte nicht mal mehr Sandburgen bauen. Eine ähnliche Leidenschaft hatte ich fürs Holzspalten, kann ich auch nicht mehr machen. Früher war ich selbst mal ein Baum und jetzt krieg ich nicht mal mehr die Axt hoch. Alles an mir ist oder war schon immer eher hart, eher etwas gefühlsarm. Bis ich früher jemanden innig umarmen konnte, das dauerte. Das hat auch Karin immer ein wenig gestört. Körperlich konnte ich ihr meine Liebe eben nicht so gut zeigen, wenngleich wir ein erfülltes Sexualleben hatten, das vier gemeinsame Kinder hervorgebracht hat. Seit der Krankheit nun sind wir sehr viel zärtlicher im Umgang miteinander, obwohl – oder vielleicht weil – uns die Sexualität jetzt fehlt. Meine Frau leidet unter dieser Situation, deswegen haben wir uns auch aktuell zu einer Paartherapie entschlossen.

” Es zählt doch vor allem eines: Ich bin noch da! Und das habe ich mir echt zu Herzen genommen.“

Womit ich außerdem kämpfe, sind die Nebenwirkungen meiner Medikamente. Sie retten einerseits mein Leben, machen es mir aber mit Bluthochdruck, Hitzewallungen, Muskelschwund und Müdigkeit auch sehr beschwerlich. Die Hormontherapie macht einen hibbelig und nervös, man reagiert komisch, selbst bei Kleinigkeiten. Fürchterlich. Ich kann relativ gelassen darüber reden, ich bin ja auch Mediziner, aber schön ist es nicht.

Heute sind unsere Kinder unser ganzer Lebensinhalt. Ich habe neben unseren vier gemeinsamen Kindern noch einen Sohn aus einer früheren Ehe, der ist 34 Jahre alt und selbst auch Arzt. Natürlich sind die Kinder auch böse über meine Nachlässigkeit und die Auswirkungen meiner Erkrankung auf die ganze Familie. Daran arbeiten wir und erwägen auch therapeutische Begleitung. Aber wir haben jetzt auch ein vollkommen neues und anderes Familienleben, ich hole vieles von dem nach, was ich früher verpasst habe. Es gibt nichts Schöneres. Mit meinem jüngsten Sohn, Paul, 11 Jahre alt, mache ich sogar jetzt Hausaufgaben. Mir ist wichtig, dass wir eine besondere Beziehung führen, denn er soll Erinnerungen haben. Deshalb habe ich mir auch besonders viel Zeit genommen, um ihm meine Diagnose zu erklären – das war dieses Jahr auf der Fahrt an die Algarve, als nur wir beide in einem Auto saßen.

Bei meinen Kindern habe ich es mit der Kommunikation so gemacht wie bei schlimmen Fällen in der Klinik: Ich habe die Diagnose erklärt und auch die Konsequenzen aus der Schwere der Krankheit. Und wenn ich im Gespräch gemerkt habe, dass es schwierig genug ist und sie gerade nicht noch mehr wissen möchten, habe ich aufgehört und nur noch auf konkrete Nachfragen geantwortet. Genau wie früher bei meinen Patientinnen.

Es zählt doch vor allem eines: Ich bin noch da! Und das habe ich mir echt zu Herzen genommen. Früher war ich immer auf dem Sprung, wollte so viel wie möglich rausholen aus meiner Zeit. Heute habe ich zu schätzen gelernt, auch einmal zu verweilen, genauer hinzuschauen und so regelrechte Schätze zu entdecken. Mein Jüngster und ich

» Deshalb rate ich heute jedem, zur Vorsorge zu gehen. Macht nicht den gleichen Fehler wie ich. «

verbrachten auf unserer Algarve-Rückfahrt Stunden an „Lost Places", in alten Burgen und Ruinen, die wir vor Ort gefunden hatten. Wir fühlten uns danach ganz beseelt von der Zeitlosigkeit und der kulturellen Fülle dieser Orte und was sie mit uns machten.

Ich habe einen hochaggressiven Krebs und man sagt, meine Form der Hormontherapie – immer wieder absetzen und wieder anfangen, um die Lebensqualität zu steigern – kostet Lebenszeit; angeblich verliert man dadurch 20%. Allerdings kann mir ja ohnehin keiner sagen, wie lange ich noch habe, ob es fünf oder zehn Jahre sind oder nur noch ein paar Monate. Sicher ist, irgendwann werden die Anti-Hormone nicht mehr wirken. Dann gäbe es noch die Option der Chemotherapie, aber ich weiß, das ist nur ein Aufschub, bringt lediglich ein paar Monate und ist ja auch sehr hässlich. Ich werde also an dieser Krankheit sterben, das ist mir klar. Meine Frau verändert sich gerade noch mal beruflich und macht als Zusatzausbildung einen Master in Hormontherapie, um in der Prophylaxe für Frauen und für Männer tätig werden zu können. Das ist uns beiden heute sehr wichtig, denn wir haben es selbst erlebt: Niemand ist unverwundbar, selbst so ein Baum von einem Mann wie ich nicht. Deshalb rate ich heute jedem, zur Vorsorge zu gehen und den PSA-Wert testen zu lassen. Macht nicht den gleichen Fehler wie ich.

Dr. Alexander Moser lernte durch seine Prostataerkrankung den Ehemann einer Patientin seiner Frau kennen. Sie wurden Freunde und Leidensgenossen. Der Freund hatte ebenfalls Prostatakrebs und war ebenfalls trotz ernsthafter Ermahnungen nicht zur Vorsorge gegangen – „Das brauche ich nicht"; „Dafür habe ich keine Zeit" –, er verheimlichte seine Krankheit, weil der Krebs für ihn ein Makel war, der die Eigenwahrnehmung, aber auch das öffentliche Bild beschädigen oder sogar zerstören könnte. Die Leidtragenden waren hauptsächlich die Ehefrau und die Kinder.

Alexanders Freund war ein Paradebeispiel für den erfolgreichen Mann mit etablierter Firma, großem Vermögen, Villa und Porsche, einer Vorzeigefamilie, gutaussehend, klug, verehrt und geachtet, beliebt, charmant und gern gesehener Gast bei jeder Veranstaltung. Die perfekte Fassade mit vor Kraft strotzender Gesundheit und Vitalität. Wer wäre nicht gerne er? Die Schattenseite führte in diesem Fall zu einem schnellen Tod aus falscher Scham und der Sehnsucht nach einem unfehlbaren Männerbild. Der Freund verweigerte jede Form der Früherkennung, verschwieg den Krebs nach dem Befund selbst dem engsten Freundes- und Bekanntenkreis gegenüber. Seine Frau musste vieles erahnen und viel mutmaßen, half trotzdem, wo sie konnte. Bei der Diagnose hatte der Krebs bereits unheilbar gestreut.

Als er Alexander kennenlernte und die beiden sich anfreundeten, entstand, wenn auch zu spät, zumindest ein Hauch von Erkenntnis, vielleicht sogar eine Akzeptanz des Fehlers; zumindest ließen die stundenlangen Gespräche der beiden Männer das erahnen. Die Krankheit wurde in diesem Rahmen „ein bisschen (r)ausgesprochen", inmitten einer sonst komplett verkapselten Kommunikation mit sich selbst und dem Umfeld. Seiner Frau war verboten worden, den Kindern die Wahrheit zu sagen. Sie tat es trotzdem, auch um die Kinder zu schützen, die vom Tod des Vaters nicht zu plötzlich überrascht werden sollten. Die Folgen für die Familie werden wohl noch das ganze Leben zu spüren bleiben. Ungerecht für diejenigen, die nichts tun können und es doch so gerne möchten.

In der finalen Phase musste sich die Ehefrau des Freundes fast schon subversiv Informationen vom Urologen einholen, weil ihr Mann sich nicht offen mitteilte – ein Beispiel für völlig falsch verstandene Fürsorge von Männerseite. Da seine Frau wusste, wie sehr ihr Mann sich über seine Arbeit und seinen Erfolg definierte, bat sie ihn, ihr beim Aufbau eines neuen Geschäfts zu helfen. Das wurde zu seinem „Medikament", verlängerte wohl sein Leben, versöhnte ihn vielleicht ein wenig mit der Situation. Retten konnte es ihn nicht, er starb noch vor Beginn der Chemo, dem letzten Versuch einer Lebensverlängerung.

Für den namhaften Freund blieb seine Krankheit bis zum Ende ein Makel, der Tod war die ultimative Kränkung seiner Existenz. Was bleibt, ist die Erinnerung an einen geliebten Ehemann, Vater, Freund und geschätzten Kollegen. Und vielleicht eine Mahnung an alle, die sich ihre eigene Fehlbarkeit und Verwundbarkeit nicht eingestehen wollen. Die Geschichte von Alexanders Freund ist ein Appell gegen das Schweigen. Teilt euch mit und übernehmt Verantwortung, für euch selbst und für eure Lieben. Mit allem Respekt.

Risikofaktoren für Prostatakrebs

Cand. med. Valeska Schlöder[1] und Prof. Dr. med. Kathleen Herkommer[2]

Einleitend kann gesagt werden, dass das Risiko, an Prostatakrebs zu erkranken, von vielen verschiedenen Faktoren abhängt. Es gibt in der Regel keine einzelne Ursache für die Entstehung eines Prostatakarzinoms. Dennoch lassen sich ein paar Faktoren identifizieren, die laut verschiedenen Studienergebnissen eine Erkrankung dieser Art begünstigen können. Manche dieser sogenannten Risikofaktoren sind vom Patienten beeinflussbar, andere nicht.

Welche nicht beeinflussbaren Risikofaktoren gibt es?

Zu den nicht beeinflussbaren Risikofaktoren gehört das Lebensalter: Je älter ein Mann wird, desto wahrscheinlicher wird es, dass er an Prostatakrebs erkrankt. Das Risiko für einen 35-jährigen Mann, in den nächsten zehn Jahren zu erkranken, liegt laut Daten des Robert-Koch-Instituts (RKI; Stand 2019) bei unter 0,1%: für einen 75-Jährigen hingegen liegt es bei etwa 7%.

Ein weiterer nicht beeinflussbarer Risikofaktor ist die genetische Veranlagung (s. S. 66). Beobachtungsstudien haben gezeigt, dass Menschen afrikanischer Herkunft häufiger an Prostatakrebs erkranken. Generell scheint zudem zu gelten, dass die Erkrankung naher Verwandter wie Vater (hohe genetische Übereinstimmung) oder Bruder (noch höhere genetische Übereinstimmung) an Prostatakrebs das Risiko einer weiteren Erkrankung in der Familie steigern.

Dies gilt insbesondere dann, wenn der Krebs bei Verwandten in jungen Jahren auftritt oder wenn gleich mehrere Familienmitglieder betroffen sind. Es wurde zudem beobachtet, dass Prostatakrebs und andere Krebserkrankungen (z. B. Unterleibserkrankungen weiblicher Familienangehöriger, Brustkrebs) in manchen Familien gehäuft auftreten.

[1]*Doktorandin, Klinik für Urologie, Klinikum rechts der Isar, Technische Universität München,*
[2] *Urologin und Leiterin der Andrologie, Klinik für Urologie, Klinikum rechts der Isar, Technische Universität München*

Wenn die eigene Familiengeschichte derartige Hinweise enthält, werden Ratsuchende von einem Arzt oder einer Ärztin darüber aufgeklärt, dass eine genetische Untersuchung sinnvoll ist.

Welche beeinflussbaren Risikofaktoren gibt es?

Lebensstil und Ernährung: Wie bei anderen Krankheiten hat auch die Lebensweise einen großen Einfluss auf die Wahrscheinlichkeit, an Prostatakrebs zu erkranken. Eine Ernährung mit viel rotem Fleisch und wenig Gemüse, Übergewicht, wenig Bewegung (s. S. 210), Rauchen und übermäßiger Alkoholkonsum gelten als mögliche Risikofaktoren für Prostatakrebs. Es ist also u.a. ratsam,

- für eine rauchfreie Umgebung zu sorgen. Dadurch schützen Sie nicht nur Ihre eigene Gesundheit, sondern auch die Ihrer Familie und Ihrer Mitmenschen;
- den Alkoholkonsum zu reduzieren oder ganz darauf zu verzichten.

Bestimmte Vorerkrankungen: Die gesamte Krankengeschichte eines Mannes kann das Risiko ebenfalls erhöhen, etwa wenn ein Mann bereits einmal unter Entzündungen der Prostata (Prostatitis) litt oder an sexuell übertragbaren Krankheiten wie Gonorrhoe, Chlamydien oder HPV.

Prostatakrebs bei Vater oder Bruder steigert das Risiko der Erkrankung.

Michael und Uli Roth

„Wer mit Krebs lebt, ist stark, nicht schwach."

Die beiden hünenhaften eineiigen Zwillinge Michael und Uli Roth, Jahrgang 1962, wurden zunächst als ehemalige Profi-Handballer, dann als Handballtrainer der Bundesliga-Top-Teams (Michael) bzw. Musikmanager der populären Band „Pur" (Uli) in ganz Deutschland bekannt und beliebt. Als Gladiatoren in einer der härtesten Sportarten überhaupt fungieren sie als Vorbilder für viele Menschen. Als die beiden „Sport-Götter" nach ihren Prostatakrebsdiagnosen und den anschließenden Operationen mit gerade einmal 47 Jahren vom Olymp stiegen, um sich für die Vorsorge und Aufklärung dieser „Männerkrankheit" stark zu machen, veränderte sich etwas in der öffentlichen Wahrnehmung – im Hinblick auf die beiden selbst, aber auch im Hinblick auf die Krankheit: Wenn Helden Schwäche zeigen, avancieren sie zu Vorbildern. Wer mit Krebs lebt, ist stark, nicht schwach, lautet dementsprechend eine ihrer großen Überzeugungen. Uli nimmt uns mit auf eine Reise in sein persönliches Abenteuerland, nämlich in sein Leben mit dieser Krankheit.

Seit ich denken kann, sprechen mein Bruder und ich jeden Tag mehrmals miteinander, mindestens am Telefon, am liebsten natürlich persönlich. Daran hat sich nichts geändert in all den Jahren. Wir haben keine Geheimnisse voreinander, wissen alles von- und übereinander. Eigentlich ist so etwas nicht ungewöhnlich für Zwillinge und es ist eine Stärke, gerade in Situationen wie einer Prostataerkrankung. Aber auch wir waren natürlich die meiste Zeit unseres erwachsenen Lebens typische Männer und lebten nach einem einfachen Motto: Was nicht in den überschaubaren Korridor unserer naheliegenden Lebenswirklichkeit reinpasste, wurde nicht beachtet.

Als Sportler haben wir einen anderen Zugang zum Körper. Wir genossen während unserer aktiven Zeit permanent medizinische Vorsorge und Betreuung, regelmäßige Untersuchungen waren für uns nichts Besonderes. Und durch den täglichen Sport haben wir auch ein bisschen mehr in uns hineingehört als der durchschnittliche Mann. Urologie

Uli Roth in Aktion vor Heiner Brand, MTSV Schwabing gegen VFL Gummersbach, 1983

„Generell gehen die meisten jungen Männer nur dann zum Arzt, wenn sie den Kopf schon fast unter dem Arm tragen."

war damals dennoch auch für uns ein Fremdwort, weil das nichts mit Handball oder unserer Leistungsfähigkeit zu tun hatte.

Generell gehen die meisten jungen Männer nur dann zum Arzt, wenn sie den Kopf schon fast unter dem Arm tragen. Meine beiden Töchter gingen im Gegenzug dazu regelmäßig zum Frauenarzt. Zuerst hauptsächlich wegen der Pille, dann aber, weil sie verstanden haben, dass Vorsorge und Fürsorge für den eigenen Körper wichtig ist. Das hat sich quasi automatisiert bei den Mädels, was man auch merkt, wenn man einen Gesundheitsworkshop mit Frauen macht: Da ist die Hütte voll. Wir Jungs gehen verloren, bis wir ab 40 oder 45 feststellen, wir hätten uns besser auch mal regelmäßig checken lassen sollen.

Männer haben viel mehr Angst vor Krankheiten und dem Arzt. Und interessanterweise auch vor Schmerzen. Was ich schon für Geschichten über das Ziehen des Katheters gehört habe. Dabei dauert das keine drei Sekunden ... Die Vorstellung ist schlimmer als der Schmerz selbst. Da muss man die Stellschraube bei der Aufklärung für diese und andere Krankheiten beim Mann ansetzen. Wir müssen einen Männerarzt bekommen und auch lernen, diesen als regelmäßigen Begleiter zu akzeptieren.

Uli Roth und Michael Roth

Mein Bruder Michael und ich haben nach unseren Diagnosen und den OPs festgestellt: Wenn du nicht drüber redest, zerfrisst es dich. Du brauchst den Austausch, du musst es erzählen. Natürlich hatten wir anfänglich Last mit der Verarbeitung. Michael ist nach der Diagnose in ein tiefes Loch gefallen und hat sofort seinen Trainerjob gekündigt. Dann aber haben wir bei einem gemeinsamen Aufenthalt in Kitzbühel das getan, was wir ansonsten auch immer machen: Wir haben einen Plan entwickelt. Und der sah so aus: Bloß nicht im Dunkeln rumtappen. Schnell versuchen, gute Ärzte zu finden und andere Betroffene. Reden. Nicht im Internet recherchieren. Und wir haben uns entschieden, an die Öffentlichkeit zu gehen. Auch weil wir merkten, dass die Urologie, die Medizin, die öffentliche Wahrnehmung und die Männer an sich es brauchen, dass wir weitermachen. Nach diesem Entschluss haben wir ganz bewusst eine Party gemacht und das Leben gefeiert, bis es wieder hell wurde.

Als mein Bruder dann im Urlaub den Manager von Markus Lanz kennenlernte, ihm seine Geschichte erzählte und es hieß, dass wir in die Sendung kommen sollten, war schnell klar, dass wir die Medien für die Aufklärung nutzen wollten. So entstanden auch die beiden Bücher, in denen wir unsere Geschichte erzählen, mit denen wir aber vor allem andere Betroffene motivieren wollten – und das ist uns zum Glück gelungen. Als Krebskranker gilt man als schwach, was natürlich Blödsinn ist. Wer mit Krebs lebt, ist stark, und zwar oft stärker, als er selbst denkt. Das muss auch mal gesagt werden!

Wichtig war auch die Erkenntnis, dass unser Buch mehr von Frauen gekauft wurde als von Männern. Eigentlich klar, denn Frauen sind die Gesundheitsmanager in der Familie, und sie sind wohl auch die, die ihren Kerlen sagen: Schau dir die Roth-Zwillinge

Michael Roth als Trainer von Bregenz, OEHB Cup Achtelfinale, 2023

an – wie toll die das meistern, mit Offenheit, Humor und Zielstrebigkeit. Diese drei Prinzipien haben wir tatsächlich in Bezug auf alle Themen durchgezogen, auch hinsichtlich Inkontinenz und Impotenz. Das kam gut an und wir merkten: Wenn man den Weg frei macht, können die anderen ohne Hürden auf dich zugehen. Früher hatte ich auf jeder Party die größte Blase und war immer der Letzte, der Pinkeln gegangen ist. Heute bereite ich mich vor und habe eine Einlage dabei. Und beim Sex geht man vorher halt auch noch einmal mehr auf die Toilette. Das muss man eben akzeptieren.

Später haben wir angefangen, Workshops anzubieten, richtige Mutmacher-Workshops, immer in Verbindung mit dem Thema Sport und mit Anekdoten aus dem Musikmanagement. Wir setzen dabei auf Ehrlichkeit und die Teilnehmer danken es uns mit ungekannter Offenheit. Seitdem ist immer ein Urologe bei unseren Workshops dabei, um medizinische Fragen beantworten zu können, und am Ende gehen auch wir als Gastgeber mit neuer Kraft raus.

Wir erfahren so viel Dankbarkeit. Ich kriege immer noch eine Gänsehaut, wenn mir jemand sagt, wir hätten sein Leben gerettet, und es gibt auch immer noch Momente wie damals bei der Diagnose, da ist uns zum Weinen. Wir sind eh nah am Wasser gebaut, trotz all der Härte des Sports. Doch das Weinen bewegt sehr viel. Wir leben beide jetzt bewusster.

Ich habe alle meine Träume gelebt, vor allem durch den Sport, aber auch durch die Musik. Und ich lebe nicht in Angst, auch wenn mir klar ist, dass es wiederkommen oder noch etwas anderes passieren kann. Ich weiß aber, dass ich etwas hinterlassen habe, und kann mir jetzt sagen, das hast du gut gemacht. Ich bin sehr froh, dass unsere Krankheit schon mit 47 entdeckt wurde. Andernfalls wären wir vielleicht keine 60 geworden. Jetzt sind wir schon 62 und üben uns weiterhin in Geduld, was sehr wichtig ist. Wir haben es in unserer Sportlerkarriere gelernt: Übung macht den Meister. Man muss trainieren. Von alleine passiert nichts. Das gilt auch für das Thema Potenz.

Dazu gibt es eine Anekdote, die ich auch damals bei „Markus Lanz" erzählt habe: Nachdem der Katheter nach der OP gezogen worden war, lag ich im Bett und schaute die Tagesschau. Da rief mein Bruder an und fragte: „Und, hast du es schon probiert?" - „Hör mal, ich schaue gerade Tagesschau, da probiere ich doch nicht, ob er noch steif wird!" Ich habe es dann aber doch probiert – und es ging noch. Na also, welcher Mann kann denn bitte schon bei der Tagesschau masturbieren?

Vor der OP hatte ich mich übrigens kurzfristig noch dazu entschieden, eine Samenspende abgeben zu wollen. Eigentlich war kein Termin mehr frei, aber als man mitbekam, dass dies aufgrund der bevorstehenden OP meine letzte Chance war, durfte ich ganz schnell schon am nächsten Tag „kommen". Das Schönste daran ist: Mein Sohn ist heute neun Jahre alt.

Mein Papa hat Krebs

Lela Roth

Ich werde nie den Moment vergessen, als mein Papa uns erzählt hat, dass er Krebs hat. Ich war noch jung, etwa 14 Jahre alt, und völlig überfordert. Er stand vor uns und sagte ganz ruhig: „Ich habe Krebs, Prostatakrebs." Für mich war das wie ein Schlag in den Magen. In meinem Kopf war sofort der Gedanke: „Mein Papa wird sterben." Ich konnte es nicht glauben, weil er für mich immer der starke, unbesiegbare Mann war, der stets alles im Griff hatte, der nie Schwäche zeigte. Ihn jetzt so nachdenklich und verletzlich zu sehen, war ungewohnt und beängstigend. Damals wusste ich noch nicht, wie gut dieser Krebs behandelt werden kann, und hatte daher Angst, dass es keine Heilungschancen für meinen Vater gäbe.

Er hat uns alles erklärt – was genau Prostatakrebs ist, dass er die besten Ärzte habe, wie die Behandlung ablaufen wird und welche Folgen es geben könnte, bis hin zu Inkontinenz zum Beispiel. Es war ein komisches Gefühl, so etwas von meinem Papa zu hören, aber gleichzeitig hat mir das auch Sicherheit gegeben. Wir haben über alles gesprochen, was mir geholfen hat, die Situation zu verstehen und mit der Angst besser umzugehen. Er hat uns nie im Dunkeln gelassen und uns von Anfang an in alles mit einbezogen.

Es gab natürlich auch schwierige Momente. Ich habe gesehen, wie sehr ihn die Krankheit körperlich und emotional mitgenommen hat, und das tat mir weh. Es ist nicht leicht mit anzusehen, wie jemand, den man so liebt, kämpfen muss. Aber trotzdem gab es auch Situationen, in denen wir zusammen lachen konnten, zum Beispiel als ein Drehteam Szenen nachstellte, die fürs Fernsehen aufgenommen wurden und ich dafür mehrmals hintereinander zur Begrüßung ins Krankenzimmer gehen musste.

Nachdem die Operation meines Vaters erfolgreich verlief und er keine Bestrahlung oder Therapie benötigte, entspannte sich die Lage etwas. Ich war erleichtert, dass die erste große Sorge überwunden war. Doch auch wenn die Heilungschancen gut standen, fühlte ich mich manchmal unsicher, da der Krebs eine große körperliche und emotionale Belastung darstellte.

In unserer Familie ist Offenheit sehr wichtig, und wir haben schon früher Erfahrungen mit Krebs gemacht. Das hat dazu beigetragen, dass wir ehrlich und direkt miteinander umgehen konnten. Wir haben das Thema nie totgeschwiegen, sondern gemeinsam darüber gesprochen. Ich glaube, das war auch der Grund, warum ich selbst regelmäßig zur Vorsorge gehe. Diese Erfahrung hat mich sensibilisiert und mir gezeigt, wie wichtig es ist, auf die eigene Gesundheit zu achten: Die ganze Familie hat nun eine hohe „Awareness“ für dieses Thema.

Mein Papa hat sich nach seiner Diagnose zusammen mit seinem Zwillingsbruder, der ebenfalls Prostatakrebs hatte, dafür eingesetzt, andere Männer auf das Thema Vorsorge aufmerksam zu machen. Sie wollten andere Männer aufklären und ermutigen, regelmäßig Vorsorgeuntersuchungen zu machen. Es war beeindruckend zu sehen, wie sie ihre Erfahrungen öffentlich geteilt haben, um anderen zu helfen. Prostatakrebs darf kein Tabuthema sein, und je früher man eine Krankheit erkennt, desto besser stehen die Heilungschancen.

Den Betroffenen fällt es leichter, wenn sie wissen, dass ihre Familie hinter ihnen steht, dass man an sie glaubt und sie unterstützt – ohne zu viel Sorge und Trauer auf sie zu übertragen, denn sich um die Sorgen der anderen kümmern zu müssen, belastet zusätzlich. Es ist wichtig, für den Betroffenen positiv zu bleiben und Vertrauen in die Heilung zu haben.

Heute denke ich oft daran zurück, wie stark mein Papa in dieser Zeit war und wie er es geschafft hat, trotz seiner eigenen Ängste und Sorgen immer für uns da zu sein. Seine Einstellung und sein Engagement haben mir gezeigt, dass Krebs kein Tabuthema sein darf und wie wichtig es ist, darüber zu sprechen. Nur so kann man etwas verändern – für sich selbst und für andere.

Humangenetik und Prostatakrebs

Prof. Dr. Dr. Birgit Zirn[1] *und Prof. Dr. Peter Wild*[2]

Die Humangenetik spielt eine wichtige Rolle für betroffene Männer, aber auch für ihre Angehörigen, denn sie beleuchtet die genetische Ursache von Prostatakrebs und kann die therapeutische Anwendung von Medikamenten unterstützen. Wird eine vererbbare Genveränderung festgestellt, dann können zudem gesunde Angehörige eine sogenannte Genetische Sprechstunde aufsuchen, um ihr Erkrankungsrisiko abzuschätzen. Die Testung auf Genmutationen kann sowohl an Gewebeproben als auch an Blutproben durchgeführt werden.

Ein Beispiel aus der Praxis: Die vier Brüder

Nehmen wir die Geschichte von vier Brüdern, von denen drei mit Prostatakrebs zu kämpfen hatten. Als der erste und älteste der Brüder, wir nennen ihn Robert, die Diagnose erhielt, vereinbarte er einen Termin in einer Genetischen Sprechstunde und entschied sich dafür, eine genetische Testung im Blut durchführen zu lassen. Dabei wurde eine pathogene Veränderung (Mutation) im BRCA2-Gen (BRCA: Abk. für engl. „breast cancer") festgestellt, die sehr wahrscheinlich zu seiner Prostatakrebserkrankung geführt hat. Zu diesem Zeitpunkt waren seine drei jüngeren Brüder gesund. Alle drei Brüder entschieden sich, eine prädiktive (vorhersagende) Genuntersuchung wahrzunehmen, um das eigene Risiko für Prostatakrebs abzuschätzen. Bei zweien der drei Brüder wurde dieselbe BRCA2-Genveränderung nachgewiesen. Beide erhielten einige Jahre später ebenfalls die Diagnose Prostatakrebs. Beim dritten Bruder wurde keine BRCA2-Genveränderung nachgewiesen.

Diese Geschichte unterstreicht die Bedeutung der genetischen Tests für Familienangehörige, um mögliche Risiken besser zu verstehen und rechtzeitig Maßnahmen ergreifen zu können.

> Wichtig: Nicht alle Menschen, die eine Mutation in einem „Krebsgen" tragen, entwickeln Krebs. Das Wissen um eine Genveränderung in der Familie kann aber für die Früherkennung der Krankheit wesentlich sein. Zudem können dank diesem Wissen besser geeignete Medikamente identifiziert werden.

[1]*Humangenetikerin und Ärztliche Leiterin, Dr. Senckenbergisches Institut für Humangenetik, Universitätsmedizin Frankfurt am Main,* [2] *Pathologe und Institutsdirektor, Dr. Senckenbergisches Institut für Pathologie, Universitätsmedizin Frankfurt am Main*

Gibt es „Krebsgene“, die vererbt werden können?

Wie in Roberts Familie findet sich bei etwa 5–10% der Männer mit Prostatakrebs eine Mutation in einem Prädispositions-Gen („Krebsgen“). Neben dem im Fallbeispiel erwähnten BRCA2-Gen werden Mutationen von vielen weiteren Genen mit einem erhöhten Risiko für Prostatakrebs in Zusammenhang gebracht:

Die Gene BRCA1 und BRCA2 gehören zur Gruppe der DNA-Reparatur-Gene, die mutiert auch mit einem erhöhten Risiko für Brust- und Eierstockkrebs in Zusammenhang gebracht werden. Weist man im Blut eines Mannes eine Mutation im BRCA1- oder BRCA2-Gen nach, so besteht für diesen Mann ein etwa vier- bis neunfach erhöhtes Risiko, an Prostatakrebs zu erkranken.

Daneben kann eine HOXB13-Genveränderung auf ein auf 30–60% erhöhtes Prostatakrebsrisiko hinweisen. Zudem beobachtet man bei familiär gehäuft auftretendem Prostatakrebs häufig Veränderungen in Genen, die auch mit familiärem Darmkrebs (HNPCC, Hereditäres Nicht-Polypöses Colorektales Carcinom) einhergehen, nämlich in den Genen MLH1, MSH2, PMS2 und MSH6.

Die meisten Veränderungen in einem „Krebsgen“ werden von einem Elternteil vererbt. Für Geschwister und Kinder eines Mannes mit Prostatakrebs und einer ererbten Genveränderung wie Robert liegt die Wahrscheinlichkeit, diese Genveränderung ebenfalls vererbt zu bekommen, bei 50%.

Wie wirkt es sich auf die Behandlung aus, wenn der Krebs genetisch bedingt ist?

Neben der prädiktiven Testung wie bei Roberts Brüdern spielt die genetische Untersuchung auch eine wichtige Rolle bei der Auswahl von Behandlungsmöglichkeiten. Zum Beispiel kann beim Nachweis einer BRCA1- oder BRCA2-Mutation der Einsatz von Medikamenten in Betracht gezogen werden, die als PARP-Inhibitoren fungieren (s. S. 272). Der Einsatz solcher Medikamente ist dann angezeigt, wenn der Krebs auf einer solchen genetischen Veränderung beruht sowie metastasiert ist und herkömmliche Behandlungen wie die Hormontherapie nicht greifen.

Hans-Otto Ewert

„Wie kann man nur so sorglos sein?“

Hans-Otto Ewert, Jahrgang 1960, ist Steuerberater sowie Fachanwalt für Steuerrecht und führt zusammen mit zwei seiner drei Brüder eine Kanzlei in Wiesbaden. Wie viele Männer seines Faches ist er ein zurückhaltender und rationaler Mensch, eher kein Protagonist für ein Hollywood-Drehbuch. In seiner Geschichte wurden aus den drei Musketieren, die sich mit Mantel und Degen für das Edle und Gute einsetzen, vier, nein, fünf Musketiere: vier Brüder und ihr Cousin, die mit Aufklärungsarbeit für die Bedeutung der Früherkennung und der rechtzeitigen Behandlung von Prostatakrebs sensibilisieren wollen. Der Krebs wurde gleich bei allen vier Brüdern entdeckt und mit Hilfe des Cousins, seines Zeichens Urologe, sowie anderen wackeren Mitstreitern auch geheilt. Mehr Hollywood und Happy End gehen fast nicht – wenn es denn die Männer im Publikum nun auch alle berücksichtigen!

Wir sind insgesamt fünf Geschwister, eine Schwester und vier Brüder. Ich bin der zweitälteste Sohn. Wir Brüder waren durch die Prostataerkrankung und den Krebstod meines Vaters schon sehr früh auf regelmäßige Vorsorge geeicht. Mein Vater, Jahrgang 1930, wurde 1982 operiert. Seine Behandlung kann man überhaupt nicht mit den Möglichkeiten von heute vergleichen, so sehr haben sich der Stand der Wissenschaft, die Technik und die Medizin weiterentwickelt. Und wir wissen heute: 32,5% der Männer mit einer erblichen Vorbelastung bekommen Krebs. Unter Brüdern liegt dieser Prozentsatz sogar bei 87%. Gigantisch.

Doch bei allem medizinischen Fortschritt sterben jährlich zwischen 15.000 und 17.000 Männer an dieser Krankheit. Viele, weil sie keine Vorsorge betrieben haben oder damit zu spät dran sind. Nur 20% der Männer nehmen die Angebote zur Früherkennung überhaupt wahr. Wie kann man nur so sorglos sein? Wir haben jedes Jahr bis zu 70.000 Neuerkrankte, oder besser: neuentdeckte Fälle. Denn viele Männer bemerken ja gar nichts: Ein Prostatakarzinom tut nicht weh. Darum engagieren meine Brüder und ich uns für die Früherkennung. Die meisten Männer wissen viel zu wenig oder gar nichts über diese Krankheit!

Jeder sechste Mann erkrankt im Laufe seines Lebens an Prostatakrebs. Damit ist es die häufigste Krebserkrankung unter Männern aller Altersstufen und laut Robert-Koch-Institut (RKI) auch die zweithäufigste Todesursache bei Männern. Die Zahl der Betroffenen steigt sogar rapide. 1980 waren es noch weniger als 17.000 Neudiagnosen, wie die RKI-Daten zeigen. Dafür gibt es natürlich Gründe wie den demografischen Wandel und die verbesserte Diagnostik. Was mich und meine Brüder aber wirklich umtreibt ist, dass die

„Wir werden einfach nicht besser darin, diese vielen unnötigen Toten zu verhindern."

Sterblichkeitsrate nicht runtergeht. Wir werden einfach nicht besser darin, diese vielen unnötigen Toten zu verhindern. Das ist doch Wahnsinn.

Es existieren, wenn Männer sich überhaupt mit dem Thema beschäftigen, so viele abstruse Vorstellungen und auch Begrifflichkeiten wie „Hafenrundfahrt“, „Finger in Po, Mexiko“, etc., die verschrecken und das weit verbreitete Vogel-Strauß-Verhalten weiter unterstützen. Die meisten haben auch noch die Vorstellung, dass das wie bei einem Zahnarztbesuch in den 1960er-Jahren ist. Da dachte auch jeder, das überlebe ich nicht. Mein ältester Bruder hatte seine Diagnose übrigens als Erster, im Jahr 2018. Und dann ging es bei uns anderen ebenfalls los, etwas zeitversetzt 2022 und 2023, wie beim Dominospielen: Ein Stein fiel nach dem anderen.

Ich bin sehr dankbar, dass wir alle so gewissenhaft waren mit der Vorsorge und dass es bei allen am Ende positiv verlaufen ist. Einen großen Anteil daran hat sicherlich unser

Cousin, der Urologe ist, uns auf die richtige Schiene gesetzt, uns bei allem begleitet hat. Und auch wir Brüder haben uns gegenseitig stark unterstützt. Dadurch, dass es letztendlich bei allen so gut verlaufen ist, verlor die Krankheit ihren Schrecken. Es hatte zum Glück auch bei keinem gestreut.

Das Engagement für die Vorsorge und die Früherkennung begann eigentlich schon nach der Diagnose bei mir, als die behandelnde Klinik die Medien einlud und man unsere „Vier-Brüder-Geschichte“ öffentlich machte. Diese Inszenierung war wichtig, weil wir merkten, wie viel Unwissenheit oder Ignoranz bei den Männern herrscht.

Und ich muss mich da fast gebetsmühlenartig wiederholen: Es ist ganz einfach, es gibt eine Entwicklung bei diesem Krebs, die, wenn man sie nicht aufhält, tödlich endet. Da gehe ich doch lieber zur Vorsorge und erhalte mir alle oder möglichst viele Möglichkeiten, auch in Bezug zum Beispiel auf die Sexualität. Wir haben alle Frauen und Kinder.

> „Wir Männer sollten nicht darauf warten, dass man auf uns zukommt und uns über die bestehenden Möglichkeiten informiert."

Für uns waren die Themen Inkontinenz und Impotenz zweitrangig angesichts der Alternative, daran sterben zu können, und nach der Erfahrung mit unserem Vater und den vielen anderen Geschichten von Betroffenen, die man durch die Ärzte und Klinikaufenthalte mitbekommt. Natürlich ist es anders als früher mit der Sexualität, aber wir wollten auch nicht mit der ständigen Angst leben, was sein könnte, wenn der Krebs streut. Da nehme ich doch lieber gewisse Einschränkungen in Kauf, ohne komplett verzichten zu müssen.

Dank der Früherkennung und schnellen Behandlung, in meinem Fall der OP, geht es mir gut. Sogar so gut, dass ich manchmal denke, oh ja, stimmt, das hatte ich ja auch mal. Es tut mir natürlich leid für alle, die zu spät hingehen oder deren Früherkennung nicht so positiv verläuft. Aber es bestärkt mich und meine Brüder auch: Wir wollen nicht müde werden bei der Aufklärung und auch bei Gesprächen mit den Medien. Da geht es immer noch fast ausschließlich um Frauengesundheit, obwohl Frauen ja sogar einen Frauenarzt haben, den sie regelmäßig aufsuchen.

Wir Männer sollten nicht darauf warten, dass man auf uns zukommt und uns über die bestehenden Möglichkeiten informiert. Wir müssen selbst aktiv werden! Haarwuchsmittel, Arzneien gegen Reizdarm usw. werden uns jeden Abend im TV angeboten. Von den Möglichkeiten der Früherkennung des Prostatakrebses habe ich aber nur dank der Fürsorge meines Urologen erfahren. Ihm verdanke ich, dass es mir jetzt so gut geht! Die landläufigen Befürchtungen bezüglich der medizinischen Kontrollmaßnahmen sind antiquiert! Daran darf es doch nicht scheitern! Auch beim Thema Prostatakrebs gibt es einen Kipppunkt. Den sollte man keinesfalls verpassen.

Je länger die OP zurückliegt, umso weniger haben wir vier Angst, dass der Krebs zurückkommt. Seit der Operation war ich fünf oder sechs Mal bei der Nachkontrolle, und mein PSA-Wert ist im nicht messbaren Bereich …

Ich lebe seitdem mit der berechtigten Hoffnung, dass das Thema Prostatakrebs für mich erledigt ist. Für immer.

Detlef Jöhnk

„Das beste Seminar, das ich in meinem Leben besucht habe.“

Detlef Jöhnk, Jahrgang 1958, Halbschwede, Banker im Ruhestand, aber noch als Berater einer schwedischen Großbank in Frankfurt tätig, war Vizepräsident der Schwedischen Handelskammer in Deutschland. Detlef ist ein offener, gesprächiger Mensch, der positiv auf das Leben schaut, auch noch nach der Diagnose und der Behandlung. Kommunikation, Akzeptanz und Dankbarkeit sind für ihn die Schlüssel für einen wirksamen Umgang mit dem Krebs. Weil alles noch viel schlimmer sein könnte. Seine Bilanz als Banker mag zwar wenig überraschen, ist aber vielleicht gerade deshalb umso eindringlicher: Es gibt Wichtigeres im Leben als Geld, selbst wenn man keines oder wenig hat.

Ich habe immer großes Glück gehabt, mal abgesehen von der Krankheit. Ich habe einen fantastischen Arbeitgeber, meine Bank, in der ich nach der Pensionierung jetzt noch Berater bin, und natürlich meine großartige Familie. Ich hatte meinen Arbeitgeber über alle Dinge informiert und jegliche Freiheiten bekommen, die ich gebraucht habe. Und jetzt, nach fünf Jahren, ist alles wieder im Lot und ich bin quasi gesundgeschrieben.

Schwierig ist für mich immer noch die Sache mit der Kontinenz. Ich trage jetzt keine Einlagen mehr, aber ich musste mich sehr langsam daran gewöhnen. Eines Tages wollte ich mich einfach wieder selbst darum kümmern, es mir nicht mehr so einfach machen. Die eigenen Grenzen mal ohne Schutz austesten. Und, siehe da, es funktioniert! Ein solch offener Umgang mit der Krankheit ist für mich ein großer Teil der Genesung. Es hilft mir, darüber zu reden, vor allem auch in kritischen Situationen. Früher zum Beispiel, als ich noch Einlagen tragen musste, war ich Vizepräsident der Schwedischen Handelskammer in Deutschland. Eines Abends bei einer Veranstaltung, deren Gastgeber ich auch noch

„Der Krebs hat mich nicht in eine existenzielle Krise gestürzt.“

war, saß ich an einem Tisch mit zehn Business-Partnern. Das war so eine kritische Situation: Wenn ich muss, dann muss ich sofort – aber mitten im Gespräch mit solch wichtigen Menschen einfach aufstehen? Geht doch nicht!? Also habe ich mich dazu entschieden, ihnen ganz offen zu erklären, wie es ist: Wenn ich einfach aufstehe und gehe, dann muss ich dringend eine Toilette aufsuchen. Ich kann nicht warten. Diese Offenheit kam sehr gut an.

Und früher habe ich auch meinen Platz im Flugzeug immer ganz hinten gebucht, nahe an der Toilette. Heute denke ich da gar nicht mehr dran. Ich gehe wahrscheinlich noch immer häufiger auf die Toilette als ein gesunder Mensch, aber es ist nicht mehr so, dass ich Schweißausbrüche bekomme vor Angst. Darum glaube ich, es hilft, sich selbst ein wenig herauszufordern. Wenn man mal ein Bein gebrochen hat, müssen die Krücken ja auch irgendwann wieder weg.

Es gibt nichts Besseres, als mit jemandem zu reden, dem dasselbe passiert ist. Dann kannst du fragen, wie dein Gegenüber damit umgeht, wie er das erfahren hat mit seiner Potenz, der Inkontinenz etc. Ich bin eben sehr offen, habe mich weder abgekapselt noch mich davor versteckt. Transparenz ist für mich sehr wichtig. Darum habe ich jedem erzählt, was los ist. Und so bin ich ziemlich gut durch diese Sache durchgekommen. Auch bei der Potenz. Ich habe vieles ausprobiert, selbst in Pornos habe ich einmal kurz reingeschaut. Eher abstoßend, auch für mich als gesunden Menschen. Nicht wirklich hilfreich. Mein Rezept war dann, offen und ehrlich mit meiner Frau zu sein. So konnten wir beide Verständnis für die Sache entwickeln und andere Mittel und Wege finden, uns gegenseitig zu stimulieren und auch zufrieden zu stellen.

Der Krebs hat mich nicht in eine existenzielle Krise gestürzt. Hätte ich es mir aussuchen können, hätte ich es nicht gewollt, klar. Aber das Leben geht ja weiter. Das Schwierigste für mich war die konkrete Auseinandersetzung mit dem Leid anderer Menschen während der Bestrahlung; im Warteraum zu sitzen mit den kranken Menschen. Das Sterben gehört zum Leben, aber ich war noch nie so sehr mit dem Tod konfrontiert wie zu der Zeit. Aber irgendwann wurde auch das zur Normalität, dann schloss ich Bekanntschaften und verabschiedete mich ins Wochenende. Beim letzten Termin der Bestrahlung habe ich Kuchen mitgebracht. Einer sagte: „Das kann doch jetzt nicht sein, dass du fertig bist. Du warst hier immer unser Sonnenschein.“

Diese Krankheit ist das beste Seminar, das ich in meinem Leben besucht habe. Das habe ich immer wieder gesagt. In der Klinik haben sie mich zunächst verwirrt angeguckt, bis ich dann erklärt habe, was ich meine: dass ich dadurch gelernt habe, vieles zu relativieren, demütig zu sein, Dankbarkeit und viele solche Dinge, die mich als Mensch haben wachsen lassen und die mich heute noch begleiten. Gerade ich als Banker muss es sagen: Geld ist wichtig, aber eben nicht entscheidend. Ich hatte einen guten Bekannten, der ziemlich negativ eingestellt war, das war sein Naturell. Er hat vieles bemängelt und seine schlechte Laune überall hin mitgenommen. Einmal habe ich ihm angeboten, mich zur Bestrahlung zu begleiten. „Was soll ich da?“ – „Komm einfach mal mit, dauert nur 5 Minuten. Schau dir an, was da vor sich geht im Warteraum. Jeder, der da sitzt, würde vieles auf der Welt geben, um mit dir zu tauschen.“

Immer dran denken: Reden, reden, reden. Mal alles auf den Tisch packen, dann kann man durchsortieren, Lösungen besprechen und diese herbeiführen. Macht das. Wir haben gesellschaftlich gesehen ein ziemliches Wohlstandsproblem. Wir gehen alle davon aus, dass immer alles verfügbar sein muss. Dankbarkeit für das, was einfach da ist, spielt kaum eine Rolle. Das Leben genießen. Das Schöne sehen. Die Natur riechen. Das Leben hat so viel zu bieten. Es liegt am Ende doch an mir, das zu erkennen und zu schätzen, um glücklich und zufrieden sein zu können.

Die Rolle der Pathologie in der Behandlung von Prostatakrebs

Prof. Dr. Glen Kristiansen[1] und Dr. med. Marit Bernhardt[2]

Wann immer ein behandelnder Arzt einem Patienten eine Probe entnimmt und sie „ins Labor schickt“, wird die Pathologie aktiv – so auch immer dann, wenn ein Urologe einen Verdacht auf Prostatakrebs hat und eine erste Biopsie durchgeführt hat, wenn eine Prostatektomie durchgeführt wurde oder wenn Metastasen aufgetreten sind und von diesen Proben entnommen wurden. Der Begriff der Pathologie umfasst eine gewebe- und zellbasierte Diagnostik, bei der Lichtmikroskope, aber auch verschiedene molekulare Methoden zum Einsatz kommen und die von sehr spezialisierten Ärzt:innen mit Unterstützung zahlreicher Medizinisch-Technischer Assistent:innen praktiziert wird. Vom Probeneingang bis zum Stellen einer Diagnose sind viele Schritte erforderlich.

Die Gewebeproben werden zunächst von einem Arzt gesichtet und präpariert, dann wird das Gewebe entwässert und man bettet es in Paraffin. Danach werden die eingebetteten Gewebeproben in hauchdünne Scheiben geschnitten und für die Untersuchung unter dem Mikroskop eingefärbt. Es folgt eine feingewebliche Analyse unter dem Mikroskop, die sogenannte Histologie, bei Bedarf wird auch noch eine sogenannte Immunhistochemie (Spezialfärbungen) durchgeführt.

Die feingewebliche Untersuchung ist generell schwierig und erfordert viel Erfahrung. Aus all dem ergibt sich, dass ein Befund aus der Pathologie aufwendig erarbeitet werden muss, was seine Zeit dauern kann, und nicht mit einem Laborwert eines Automaten verglichen werden kann.

In der Behandlung von Prostatakrebs ist die Pathologie wichtig bei der Erstdiagnose an der Prostatastanzbiopsie sowie ggf. bei der Beurteilung des Operationspräparats (sog. Prostatektomie-Präparat) und schließlich bei der Untersuchung von Metastasen in späteren Erkrankungsstadien. Die Ergebnisse der pathologischen Untersuchung werden in wöchentlichen Fallbesprechungen, sogenannten Tumorboards, mit den behandelnden

[1]Pathologe und ärztlicher Direktor, Institut für Pathologie, Universitätsklinikum Bonn, sowie Präsident der Internationalen Gesellschaft für Urologische Pathologie (ISUP), [2]Pathologin und Oberärztin, ebenda.

Ärzt:innen, Radiolog:innen, Onkolog:innen und anderen Fachärzt:innen besprochen, um die bestmögliche Therapie zu planen.

Bei der Erstdiagnose von Prostatakrebs erhalten die behandelnden Ärzte von den Pathologen Auskunft darüber,

1. wie viele Gewebeproben der Biopsie krebspositiv bzw. tumorbefallen sind – dies erlaubt eine Abschätzung der Tumorgröße;
2. wie aggressiv der Tumor sich verhalten wird, was man als Graduierung (engl. „grading“) bezeichnet.

Diese beiden Punkte sind für die Planung der Therapie bedeutsam.

Wie sieht ein früh erkannter Prostatakrebs unter dem Mikroskop aus?

Für die Diagnose eines Prostatakarzinoms müssen verschiedene Veränderungen in den Gewebeproben zu sehen sein. Bei einer gesunden Prostata liegen die Drüsen, aus denen das Organ besteht, in Gruppen zusammen, sodass sie ein wenig an Weintrau-

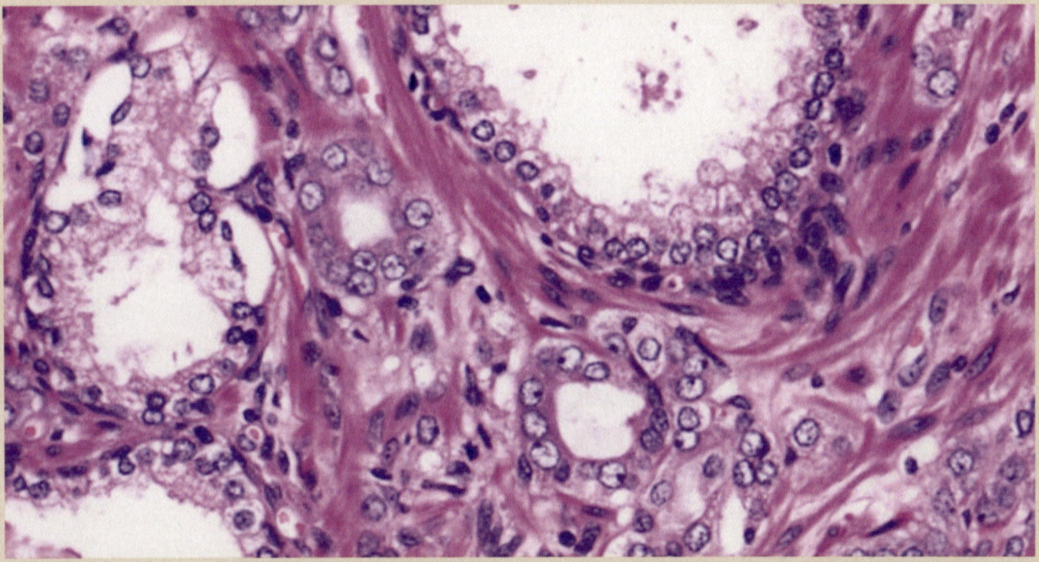

Die kleinen lilafarbenen Drüsen in der Bildmitte unten sind Drüsen eines Prostatakrebses.

benreben erinnern. Karzinome der Prostata wachsen ebenfalls drüsig, aber ungeordneter, und ihre Zellkerne unterschieden sich von denen gesunder Drüsen – sie sind „atypisch". Das Zytoplasma, der Körper der Zelle, sieht beim Tumor ebenfalls anders aus und bekommt eine andere Farbe. Außerdem ist der Aufbau der Drüsen gestört: Normalerweise besteht eine Prostatadrüse aus einer inneren Zelllage und einer äußeren Zelllage, den sogenannten Basalzellen. Bei einem Prostatakrebs fehlt zusätzlich diese zweite Zelllage.

Für die Diagnose eines Prostatakarzinoms müssen also verschiedene Veränderungen zu sehen sein, die Anordnung der Tumordrüsen, das Fehlen einer zweiten Zellschicht und die veränderte Form und Farbe von Zellkernen und Zellkörpern. Erst wenn alles zusammenpasst, wird die Diagnose gestellt. In besonders schwierigen Fällen können weitere Färbungen gemacht werden. Dabei ist es möglich, die einzelnen Zellen mit besonderen Techniken hervorzuheben. So ist es einfacher zu erkennen, ob z. B. die Zellen der zweiten Schicht noch vorhanden sind.

Bei Prostatakrebsen ändern sich außerdem manche Stoffwechselprozesse, sodass daran beteiligte Proteine in größerer Zahl in den Zellen vorhanden sind. Dies kann man mit Spezialfärbungen sichtbar machen. Weil die Spezialfärbungen ebenfalls mehrere Arbeitsschritte umfassen, kann es sein, dass es ein paar Tage länger dauert, bis der Befund aus der Pathologie fertig ist. Diese Zeit ist aber gut investiert, da die Genauigkeit der Diagnose damit steigt.

Kann die Pathologie auch Krebse übersehen oder zu keiner klaren Diagnose kommen?

Die Rate übersehener Krebse ist international mit ca. 1% äußerst niedrig. Übersehen werden meistens Krebssonderformen und besonders reifzellige Tumoren, welche sich vom Aussehen her kaum von normalem Prostatagewebe unterscheiden. Diese sind klinisch überwiegend harmlos, sodass sich der Schaden für den Patienten in engen Grenzen hält. Bei einer negativen Biopsie, einer Gewebeprobe ohne Krebsnachweis, wird der Patient ohnehin kontrolliert.

Wenn das mikroskopische Bild nicht eindeutig ist, weil zwar einige, aber nicht alle Kriterien für die Diagnose eines Krebses erfüllt sind, wird dies im Befund kenntlich gemacht. Meist werden in diesen Fällen ein atypisches oder krebsverdächtiges Drüsenproliferat (ASAP, Atypical Small Acinar Proliferate) diagnostiziert und eine Kontrolle empfohlen. „ASAP“ ist also keine Diagnose im eigentlichen Sinne, sondern mehr ein Hinweis, dass eine definitive Diagnose nicht möglich ist. Dann kann eine Zweitmeinung in einem Referenzzentrum bei der Klärung hilfreich sein. Am präzisesten wird eine pathologische Diagnose natürlich immer dann, wenn die ganze Prostata nach deren Entnahme im Rahmen einer Prostatektomie untersucht werden kann: Gewebeproben aus einer Biopsie bilden eben immer nur einen Teil des Geschehens in der Prostata ab.

Wie funktioniert die Graduierung?

In der Pathologie verbirgt sich hinter dem Begriff des Graduierens, einem Tumor anzusehen, wie er sich voraussichtlich verhalten wird. Es handelt sich also um die Einstufung der Aggressivität eines Karzinoms.

1966 wurde von Donald Gleason ein Graduierungssystem veröffentlicht, welches in seinen Grundzügen bis heute verwendet wird. Dieses Graduierungssystem ist in der Tumordiagnostik einmalig, weil es ausschließlich das Wachstumsmuster des Tumors bewertet und nicht, wie bei anderen Tumorarten üblich, die Form und Größe der Zellkerne oder der Zellen. Das Gleason-System berücksichtigt auch die Uneinheitlichkeit des Tumors, welches ebenfalls eine Besonderheit darstellt. Es arbeitet mit dem sogenannten Gleason Score, der die bereits angesprochene Unordnung im Aufbau eines Prostatakarzinoms beschreibt und einstuft.

Für die Entscheidung, ob eine abwartende, die definitive Therapie aufschiebende Behandlungsstrategie (Aktive Überwachung) in Frage kommt, ist eine sorgfältige Graduierung notwendig. Aktive Überwachung kommt vor allem bei Fällen mit einem Gleason Score von 6 infrage. Aber auch Patienten mit geringgradig aggressiveren Tumoren (Gleason Score 7) können unter bestimmten Umständen berücksichtigt werden.

Daneben gibt es einige molekulare Tests, die die Aggressivität des Tumors über die histologischen Tumoreigenschaften hinaus besser einordnen können. Die (hohen) Kosten dieser Tests werden von den gesetzlichen Krankenkassen allerdings nicht getragen und natürlich können auch sie nur untersuchen, was in den Biopsien erfasst ist, und nicht das, was im Patienten verblieben ist.

Was ergibt die Untersuchung des Prostatektomie-Präparats?

Einer der Vorteile einer operativen Entfernung der Prostata ist, dass anschließend das gesamte Organ von der Pathologie untersucht werden kann und eine abschließende Beurteilung des Tumors, seiner Ausdehnung und seiner Graduierung vorgenommen werden kann. Es könnte ja sein, dass die Biopsie des Tumors wichtige Aspekte verpasst hat, die prognostische Aussage am Prostatektomie-Präparat ist daher immer präziser als am Biopsat. Dies wird in der täglichen Praxis bestätigt: Bei fast einem Drittel der Fälle wird der Gleason Score am Operationspräparat etwas höher eingeschätzt als am Biopsat, in ca. 10% der Fälle wird der Gleason Score nach der Operation aber auch nach unten korrigiert. In der Pathologie wird die Prostata gewogen, gemessen und meistens auch vollständig für die mikroskopische Untersuchung eingebettet.

Nach vollständiger mikroskopischer Untersuchung der Objektträger kann der Tumor anatomisch präzise beschrieben werden: Wie ist die genaue Lokalisation in der Prostata? Wir unterscheiden anatomisch drei Zonen, die in ihrer Biologie differieren (s. S. 28):

1. Die größte Zone ist die periphere Zone, in der auch die allermeisten Krebse entstehen und welche dem Enddarm zugewandt ist.
2. Die zentrale Zone ist ein kleines Areal kurz vor dem Übergang zu den Samenblasen (auch Bläschendrüsen genannt).
3. Die transitionale Zone liegt zwischen zentraler und peripherer Zone um die Harnsamenröhre; auch hier können Krebse entstehen.

Neben dem Bezug zu den Zonen kann die Größe des Tumors ausgemessen und die Seitenverteilung bestimmt werden.

Wie werden die Pathologie-Ergebnisse weiterverarbeitet?

Die Ergebnisse der pathologischen Untersuchung werden auch für die Beurteilung von Tumoren nach dem TNM-System der Union Internationale contre le Cancer (UICC) verwendet. Dieses System kategorisiert Tumore nach

- T = ihrer Größe bzw. lokalen Ausbreitung,
- N = dem Befall lokaler Lymphknoten und
- M = dem Tumorbefall entfernter Organe durch Metastasen.

Das TNM-System ist ganz logisch aufgebaut. Für jeden Buchstaben wird eine Zahl gewählt. Die Zahlen gehen von 0 oder 1 bis maximal 4 und werden manchmal noch in kleinere Untergruppen (a, b, c) unterteilt. Je niedriger die Zahl, desto kleiner und weniger fortgeschritten ist der Tumor. Das TNM-System ist überall auf der Welt gleich. So kann sichergestellt werden, dass Patienten, die einen ähnlichen Tumor haben, auch gleich behandelt werden. Außerdem kann im Nachhinein besser verglichen werden, ob eine Behandlung für die Patienten einen Vorteil gebracht hat oder ob Behandlungsempfehlungen verändert werden müssen.

Was leistet die Pathologie bei Organmetastasen?

Sobald Fern- bzw. Organmetastasen auftreten, wird ein neues Kapitel der Erkrankung aufgeschlagen. Die Erkrankung ist dann in aller Regel nicht mehr heilbar, kann aber therapeutisch noch lange beherrscht werden. Die ersten Organmetastasen nach einer lokalen Lymphknotenmetastasierung sind meist Knochenmetasen in der Wirbelsäule. Bislang war die Rolle der Pathologie im Wesentlichen auf die Diagnostik des Prostatakrebses bei der Erstdiagnose begrenzt. Durch das Aufkommen neuer Therapieformen werden aber auch Metastasen für die weitere Therapieplanung diagnostisch bedeutsamer und in der Pathologie mit Spezialmethoden der Immunhistochemie und der Molekularpathologie untersucht.

Für eine abwartende aufschiebende Behandlungsstrategie ist eine sorgfältige Graduierung notwendig.

Marcus Winandi

„Krebs bedeutet nicht gleich Sterben."

Marcus Winandi, Jahrgang 1967, ist Art Director in einer Digitalagentur und ein bunter, progressiver, aber auch nachdenklicher Mann. Marcus ist individuell und nicht der Durchschnittsbürger, das drückt sich schon optisch aus durch seine besondere Haarpracht: Er trägt lange Dreadlocks bis zum Hintern. Mit gerade einmal 53 Jahren bekommt er 2021 die Diagnose Prostatakrebs, eine aggressive Variante. Bei der Biopsie entsteht zu allem Überfluss eine Prostatitis, die ihm starke Schmerzen, hohes Fieber und eine Woche Krankenhaus beschert. Bei der später folgenden Prostatektomie war für ihn gefühlt das Schlimmste schon vorbei, doch die Nachdenklichkeit, die ihn seit Beginn der Untersuchungen begleitet hatte, blieb. Genau wie der Entschluss zu mehr Eigenbesinnung.

Als ich drei Tage nach der OP wieder zu Hause war, ging ich mit dem Blasenkatheter auf die Terrasse, um mich etwas zu bewegen und das schöne Wetter zu genießen. Ein Blasenkatheter ist unangenehm, aber nichts im Vergleich zu den starken Schmerzen, die mir die Prostatitis nach der Biopsie bereitet hatte. An den Großteil des Gesprächs zur Übermittlung der Diagnose erinnere ich mich kaum noch, es ist, als liege ein Schleier über allem, was nach dem entscheidenden Satz kam; als wäre ich danach nicht mehr wirklich dabei gewesen. Ich konnte nur noch denken: Oh Schreck, so ist es jetzt … Ein emotionaler Ausnahmezustand.

Mein Urologe ist einer vom alten Schlag, ein alter General, der sehr selbstbewusst, fast kommandierend mitteilte: „Männer sterben daran nicht sofort. Sie können ganz normal weiterleben. Bei mir ist noch niemand gestorben. Und bei meinem Operateur auch nicht." Da war kein Ansatz für Zweifel, und das kam mir entgegen. Nicht, wie es sonst meinem Naturell entspricht, lange überlegen; keine qualvolle Entscheidungsfindung. Stattdessen sofort Klarheit: Wir operieren. Raus damit, nicht lange warten. Aktiv etwas tun. Meine Frau war bei der Diagnose dabei, sie hatte Geburtstag an dem Tag, ausge-

„Der Pragmatismus, mit dem agiert wurde, tat mir gut.“

rechnet. Sie hat dann sofort das Management übernommen, die nächsten Arzttermine organisiert. Innerhalb weniger Tage war alles geregelt und die notwendigen Maßnahmen waren auf den Weg gebracht. Meine Mutter und meinen Bruder informierte ich per Handynachricht, noch auf dem Weg vom Diagnosegespräch zurück nach Hause. Sie waren vorgewarnt, trotzdem war das kein schöner Moment. Interessant war, dass ich später ständig hörte, wer es noch alles hat. So, als ob sich eine Tür zu einem allgegenwärtigen, mir aber vorher unbekannten Thema geöffnet hätte. Zudem erfuhr ich, dass es in meiner Verwandtschaft eine Vorbelastung gab, denn mein Großvater und mein Onkel hatten beide ebenfalls Prostatakrebs. Es wurde leider nicht darüber gesprochen, sonst hätte ich mich sicher schon früher einem PSA-Test unterzogen.

Bis zur OP hatte ich dann noch etwas Zeit, da der OP-Saal gerade umgebaut wurde. Ich bin erst einmal in den Urlaub gefahren und habe danach weitergearbeitet, Letzteres war fast besser, da die Ablenkung guttat. In der Wartezeit gelang es mir ziemlich schnell zurück in den alltäglichen Trott zu kommen, weil ich das Gefühl hatte, dass ich einen Plan habe. Nach der Prostatitis hatte ich den Eindruck, das Schlimmste bereits überstanden zu haben.

Unangenehme Momente gab es allerdings mit meinen beiden Teenagertöchtern, damals 17 und 13 Jahre alt. Die bekamen natürlich einiges mit, aber in der ganzen Hektik seit der ersten Untersuchung gestaltete es sich für uns schwierig, mit ihnen in Ruhe klärende Gespräche zu führen. Ich wollte die Kinder auch nicht verrückt machen, zumal vieles sehr unklar erschien. Sicher ist das nicht optimal gelaufen. Schließlich fragten sie einfach nur: „Warum sagt ihr denn nicht, dass Papa Krebs hat?“

Sehr beruhigend war, nach der OP als erste Person im Aufwachraum den operierenden Professor zu sehen, der mir erklärte, dass alles gut gelaufen war. Das schaffte großes Vertrauen, dass man gut behandelt wird von den Händen, in die man sich begeben muss. Auch der Pragmatismus, mit dem agiert wurde, tat mir gut, denn ich ergehe mich sonst gerne in Mutmaßungen und tue mich schwer damit, die Fakten abzuwarten. „Wir werden erst einmal sehen, was da kommt, und dann werden wir darauf reagieren“, war ein Satz, den ich häufig hörte, und eine hilfreiche Aufforderung zur Geduld.

Nach der OP ging es umgehend zum Psychoonkologen und dann auch in die Reha. Dort drehte sich viel um Achtsamkeit, und insgesamt hat mir die Therapie sehr gutgetan. Darüber reden, sich austauschen, das ganze Spektrum des Umgangs mit der Krankheit bei anderen zu erleben. Von „Alles nicht so schlimm, ich gehe morgen wieder arbeiten!“, über am Boden zerstört, weil der Verlust der Männlichkeit droht oder eingetreten ist, bis hin zu über 80-Jährigen, die sagen: „Nun gut, dann ist das Leben eben bald vorbei.“ Ich hatte das Gefühl, ich lerne hier einiges. Fast wie die Recherche für ein Projekt. Das war super interessant. In dieser Zusammenstellung redet man nie wieder mit Männern.

Oft habe ich mir die Frage gestellt, warum ich.

Ich hatte mehr Angst um mich als Ganzes als vor Inkontinenz und Impotenz, wie es bei den meisten der Fall ist. Der Gedanke an und das Bedürfnis nach Sexualität war eh erst einmal stark eingeschränkt, es ging in erster Linie um das eigene Überleben. Und ja, auch bei mir geht nicht mehr alles. Aber für die Potenz gibt es diese blauen Pillen

und Inkontinenz kann man gut trainieren. Mir hat diese Rüttelplatte geholfen, um den Beckenboden anzuspannen, und Fahrradfahren im Stehen ist auch ein super Training. Und trotzdem war es natürlich schrecklich, in der Reha ältere Männer beim Spaziergang zu sehen, die einen Fleck im Schritt haben.

Die Selbsthilfegruppe hat mir Mut gemacht. Selbst mit Metastasen, die seit 20 Jahren im Körper sind, kann man leben, das habe ich dort gelernt. Krebs bedeutet nicht gleich Sterben. Wichtig ist mir, Wünsche zu realisieren, zum Beispiel Reisen, nach Asien oder einfach mit dem Rad nach Usedom und zurück. Oft denke ich, das Radfahren hat mich nach der Diagnose gerettet, im Sommer fahre ich fast täglich meine Runden durch den Brandenburger Wald. Am liebsten mit meinem 30 Jahre alten italienischen Stahlrahmen-Rennrad. Walk more, eat less, don't stress. Ich schiebe nichts mehr auf und lebe mehr im Hier und Jetzt. Ich finde zwar diese Motivationssprüche, die man überall sieht, recht albern, aber da ist doch immer auch ein Fünkchen Wahrheit drin. Ich habe mein Leben verändert, aber noch nicht weit genug. Es gibt noch einiges, was ich da variieren möchte. Ich denke beispielsweise nach wie vor sehr viel nach und mache vieles mit mir alleine ab.

Das Leben ist sehr oft durch die Verantwortung für andere bestimmt. Man gründet eine Familie, zieht Kinder groß, wechselt den Job, um mehr Geld für die Familie zu verdienen. Die eigenen Träume und Wünsche werden dabei oft vergessen. Dabei ist es wichtig, im Auge zu behalten, was einem selbst guttut und einen erfüllt. Das wird natürlich in der

Gesellschaft teilweise kritisch gesehen und häufig mit Egoismus verwechselt. Aber es kann eben auch alles so schnell vorbei sein, dass eine gewisse Besinnung auf das eigene Lebensglück und die persönliche Zufriedenheit notwendig sind.

Mir geht es gut. Die Frage danach ist oft nicht wirklich ehrlich gemeint, sondern dient häufig nur als Gesprächsstarter, eine Floskel eben. Im ersten Jahr nach der OP habe ich darauf sehr empfindlich reagiert. Heute bin ich entspannter, denn ich habe meinen Kreis, in dem wir dann besprechen, wie es mir wirklich geht. Ich lebe jetzt mit dieser Krankheit. Natürlich habe ich auch Angst vor dem, was kommt. Aber ich versuche, nicht zu viel zu grübeln, denn ich weiß auch: Am Ende ist es vielleicht einfach nur Pech.

» Ich versuche, nicht zu viel zu grübeln, denn ich weiß auch: Am Ende ist es vielleicht einfach nur Pech.«

Ausbreitungs- und Rezidivdiagnostik

Prof. Dr. Dr. Philipp Mandel[1] und Dr. med. Clara Humke[2]

Worum geht es bei der Ausbreitungsdiagnostik?

Die Diagnose eines Prostatakrebses wird in den meisten Fällen durch eine Biopsie der Prostata (s. S. 135) gestellt. Für die Prognose und die korrekte Therapie des Karzinoms stellt sich danach die wichtige Frage, ob dieses nur auf die Prostata beschränkt ist oder sich bereits lokal (z. B. in das Gewebe um die Prostata oder in die Beckenlymphknoten) oder systemisch (z. B. in die Knochen, in weiter entfernte Lymphknoten oder Organe) ausgebreitet hat. Hierfür kann eine weitere bildgebende Diagnostik notwendig sein, abhängig von der Risikoeinteilung des Prostatakrebses mit der hieraus resultierenden statistischen Abschätzung einer weiteren Streuung. Kennzahlen hierfür liefern

- der Gleason Score, der die Tumoraggressivität beschreibt (s. S. 81),
- der PSA-Wert
- und der Lokalbefund (DRU, s. S. 45).

Ausschlaggebend für die Einschätzung der Ergebnisse all dieser Untersuchungen ist die „S3-Leitlinie Prostatakarzinom" der Arbeitsgemeinschaft der Wissenschaftlichen Medizinischen Fachgesellschaften e. V. (AWMF) (s. S. 137).

Beim Vorliegen eines sogenannten Niedrigrisiko-Prostatakrebses ist keine weitere systemische Ausbreitungsdiagnostik notwendig, da das Risiko für eine Streuung äußerst gering ist.

Beim Vorhandensein eines Intermediärrisiko-Prostatakrebses kann keine verallgemeinerte Aussage über die Notwendigkeit einer Ausbreitungsdiagnostik getroffen werden. Sollte in dieser Gruppe der PSA-Wert jedoch über einem bestimmten Wert liegen, so wird die Durchführung einer Skelettszintigraphie empfohlen, um einschätzen zu können, ob Knochenmetastasen vorliegen könnten.

[1]Urologe und Leitender Arzt, Martini-Klinik, Prostatakrebszentrum, Universitätsklinikum Hamburg-Eppendorf und Klinik für Urologie, Universitätsmedizin Frankfurt am Main, [2]Urologin und Oberärztin, Klinik für Urologie, Universitätsmedizin Frankfurt am Main

Bei einem Hochrisiko-Prostatakrebs ist das Risiko für eine Streuung am höchsten und es ist eine weitere Diagnostik angezeigt.

Lokale Ausbreitungsdiagnostik: Um eine sichere Diagnose über einen lokal fortgeschrittenen Prostatakrebs stellen zu können, der umliegende Strukturen wie die Gefäß-Nerven-Bündel oder die Samenblasen und im weiteren Verlauf (sehr selten) den Enddarm und die Harnblase befallen hat, kann eine Bildgebung des Beckens inklusive Prostata hilfreich sein, z. B. eine mpMRT (s. S. 135) und ein MRT des Beckens. Eine endgültige Aussage kann jedoch meist erst nach der feingeweblichen Untersuchung der gesamten Prostata nach einer radikalen Prostatektomie (s. S. 157) gegeben werden.

Systemische Ausbreitungsdiagnostik: Diese wird vor allem bei Hochrisiko-Prostatakarzinomen benötigt. Meist wird eine konventionelle Bildgebung mittels Skelettszintigraphie und MRT/CT des Beckens bzw. Bauchraums (Abdomens) durchgeführt. Dies kann bei sehr hohen PSA-Werten um eine Bildgebung des Thorax ergänzt werden. Alternativ dazu besteht die Möglichkeit eines PSMA-PET/CT (s. S. 258).

Die Wahl der richtigen Bildgebungsmodalität bleibt jedoch immer eine individuelle Entscheidung, die zusammen mit dem behandelnden Urologen getroffen werden sollte.

Worum geht es bei der Rezidivdiagnostik?

Ein nicht unerheblicher Teil der Patienten (bis zu 30%) kann nach einer erfolgreichen kurativen Lokaltherapie (Prostatektomie, s. S. 157, oder fokale Therapie, s. S. 144) ein Rezidiv erleiden. Der wichtigste Parameter für die Rezidivdiagnostik ist der PSA-Wert (s. S. 44), welcher zur Nachsorge nach einer Lokaltherapie von allen Krankenkassen übernommen wird und vor allem bei Patienten nach einer Totalentfernung der Prostata eine sehr hohe Genauigkeit aufweist (s. S. 198).

Ist dieser Wert zu hoch, wird in der Regel ein PSMA-PET/CT durchgeführt, um Metastasen ausschließen zu können. Sollten sich keine Metastasen zeigen, ist eine Salvage-Strahlentherapie (s. S. 180) zu prüfen. Dies gilt ausdrücklich auch bei Fehlen eines bildmorphologischen Nachweises eines Lokalrezidivs. Bei Nachweis von Fernmetastasen ist eine Systemtherapie (s. S. 266) einzuleiten.

Udo Tschatsch

„Das Leben ist so, wie es ist."

Udo Tschatsch, Jahrgang 1949, ist ein Kind der Nachkriegszeit. Als junger Mann erlebte er in seiner Heimatstadt hautnah, wie hart das Leben nach dem Krieg und der Wiederaufbau des Landes sein konnten. Die Mentalität seiner Familie bestimmte seine Erziehung: Nicht klagen, es ist halt so, das Beste daraus machen und weiter geht's. Für seinen Vater gab es keine Krankheiten, und wenn, wurde darum kein Aufheben gemacht. Man erduldete den Schmerz. Udo Tschatsch war zunächst auch gelassen und wenig besorgt, als er 2017 die Diagnose Prostatakrebs bekam. „Ist halt so." Er informierte sich umfassend und löcherte die Ärzte, bis er mit den Antworten zufrieden war. Den Rest ließ und lässt er geschehen.

Ob ich glücklich bin? Ich bin zufrieden mit meinem Leben. Ich bin einigermaßen gesund, wir als Familie sind glücklich, es harmoniert, wie man so schön sagt. Aber ehrlicherweise habe ich mir darüber noch nie Gedanken gemacht. Das Leben ist so, wie es ist. Wir nehmen es, wie es kommt, und wir machen das Beste daraus. So wurde das bei uns schon immer gehandhabt. Generell bin ich relativ ausgeglichen und ruhig, denke über alles nach und informiere mich, höre mich um und treffe dann meine Entscheidungen. Auch in Bezug auf die Krankheit. Nach der OP dachte ich, jetzt wäre alles überstanden. Dass was zurückkommen kann, gehört aber wohl auch einfach dazu.

Ich ging jährlich zu meinem Hausarzt zur Vorsorge, inklusive PSA-Test. Ab 2006 stieg der Wert langsam von 0,73 auf 1,82 im Jahr 2014, Anfang 2016 auf 2,67 und Ende desselben Jahres auf 4,72. 2017 wurde ich operiert. Nach acht Tagen war ich wieder draußen. Ich hatte kaum Schmerzen und mich im Vorfeld – gut informiert, wie ich war – schon mit Beckenbodentraining vorbereitet. Darum verzichtete ich auf die Reha und freute mich darauf, in naher Zukunft wieder Sport treiben zu können. Drei Monate nach der OP spielte ich dann endlich wieder Tennis und fing auch vorsichtig mit dem Radfahren an.

» Ich hatte überhaupt keine emotionale Belastung. Ich nahm diese Krankheit zur Kenntnis, nicht mehr und nicht weniger. «

Ich hatte auch überhaupt keine emotionale Belastung. Ich nahm diese Krankheit zur Kenntnis, nicht mehr und nicht weniger. Und wenn ich was wissen wollte, habe ich online recherchiert, meine Ärzte gefragt oder mich mit anderen Betroffenen ausgetauscht. Aufgrund meiner vielen Recherchen war mir klar, dass das Ding raus muss. Ich entschied das natürlich in Absprache mit meinem Urologen, einer vom alten Schlag, ein richtiger Fuchs, immer klar und deutlich, kein Lamentieren. Ich kam damit wunderbar zurecht.

Und ich besprach alles mit meiner Frau, vor allem weil ihre Eltern beide Krebs hatten und sie ihren Vater bis zu seinem Tod pflegte. Da hatte sie ein Déjà-vu. Nach der Diagnose haben wir gleich unsere Kinder informiert, die ängstlicher reagierten als wir. Ich selbst bin ganz entspannt zur OP gegangen. Es spielt sich im Prinzip eh alles im Kopf ab, da hilft Gelassenheit. Ich sagte mir: Es wird schon irgendwie gutgehen. Und das tat es, zumindest für ein paar Jahre. Wir haben auch nichts wirklich verändert. Wir versuchen, einigermaßen gesund zu leben. Wenn wir heute Fleisch essen, gibt es halt morgen keins.

Als ich im Bekanntenkreis und im Tennisverein darüber gesprochen habe, kam heraus, wie viele ebenfalls betroffen sind, aber nie darüber gesprochen haben. Mit dieser „Sache" und den „heiklen" Konsequenzen will keiner was zu tun haben. Dabei ist es doch, wie es ist. Beim Thema Inkontinenz hatte ich ja schon vorher gut trainiert und auch bei der OP hatte ich Glück, es konnten alle Nerven erhalten werden. Zu Impotenz habe ich ohnehin meine eigene Meinung. Das klappt bei mir nur noch mit Mittelchen und deshalb kuscheln meine Frau und ich nun halt. Für uns fühlt sich das normal an. Nur der Arzt hat ein wenig komisch geschaut, als ich es erzählte. Ich finde, dass dieses ganze Thema zu hoch gehängt wird.

Nach etwa zwei Jahren stiegen meine Werte zum ersten Mal wieder. Die Untersuchungen zeigten Metastasen im Unterleib, zwei weitere Jahre später in der linken Schulter. Der Krebs war also zurückgekommen. Die Untersuchungen mit einem PSMA-PET/CT wurden von der Krankenkasse erst bezahlt, als das Tumorboard der Uniklinik Frankfurt sich dafür einsetzte. Bei der Vorbereitung für die Bestrahlungen wird man vermessen und markiert, um die Strahlendosis gezielt anzusteuern. Die Striche verschwinden durch Reibung an Kleidung aber schnell. Zu Hause machten meine Frau und ich darum Fotos der Markierungen und zeichneten diese bei Bedarf nach. Es dauerte dann doch ziemlich lange, bis unsere Striche auf der Haut wieder verschwanden. Meine Frau teilt hier aber meine Unbeschwertheit. Ist halt so.

Heute geht es mir gut, ich bin zufrieden. Ich spiele immer noch fleißig Tennis und fahre regelmäßig Rad. Mit dieser Krankheit kann man ganz gut alt werden. Daher ist meine Empfehlung: Schämt euch nicht, geht regelmäßig zur Vorsorge und lasst den PSA-Wert bestimmen. Bei einem Befund solltet ihr das Ganze mit jemandem besprechen, dem ihr vertraut. Fresst das Problem nicht in euch rein. Redet mit der Familie und den Ärzten darüber. Und geht ohne Angst in die Behandlungen. Krebs ist nur so ein Angstmacherwort. Lasst euch davon nicht verunsichern. Und nicht zu vergessen: Führt kleine Zwiegespräche mit dem „lieben Gott" – zumindest mir erhalten diese meinen Optimismus. Eines ist doch eh klar: Wir sind zum Sterben geboren, und irgendwann ist es eben vorbei.

Karl Voßkühler

„Jetzt sind Sie der Rekordhalter in meiner Praxis – der Jüngste, den es je erwischt hat."

Dr. Karl Voßkühler, Jahrgang 1981, ist als Lehrer für Philosophie, Ethik, Politik und Wirtschaft an einer Internatsschule für leistungsmotivierte Schülerinnen und Schüler in Hessen tätig. Wer hier unterrichtet, hat es geschafft, trifft aber auch auf eine anspruchsvolle Klientel. Karl Voßkühler hat es sogar zum Vertrauenslehrer geschafft und ist bei den Schülern so beliebt, dass sie ihn für den „Deutschen Lehrkräftepreis 2022" vorschlugen, den er 2023 dann erhielt. Seine besonderen Eigenschaften laut der Schülerschaft: hohes Engagement über die Unterrichtszeit hinaus, Fachkompetenz, intensive Unterrichtsvorbereitung, Förderung und Motivation der Schülerinnen und Schüler, faire Notengebung, immer ein offenes Ohr. Mit gerade einmal 42 bekommt er die Diagnose Prostatakrebs. Für die Schüler bleibt alles beim Alten.

Gesagt habe ich es natürlich zuerst meiner Frau, dann meinen Eltern. Die brauchten dann auch einen Moment, um es zu verarbeiten, bevor sie überhaupt mit mir sprechen konnten. Ich habe es also nur dem engsten Familienkreis erzählt, erst einmal, und bis heute wissen es nicht viele. Wenn man so will, ist meine Geschichte in diesem Buch so etwas wie eine erste Veröffentlichung, gewissermaßen ein Outing.

Der Schulleitung habe ich mitgeteilt, dass ich operiert werden muss und wegen einer Krankheit ausfalle, aber nichts Konkreteres. Die Schule hat darauf äußerst professionell reagiert, was ich als sehr positiv empfand. Einem Arbeitskollegen habe ich es erzählt, damit eine Person an der Schule genau Bescheid weiß – auch um jemanden zu haben,

”Man muss damit klar kommen, dass sich das eigene Leben grundlegend ändert.“

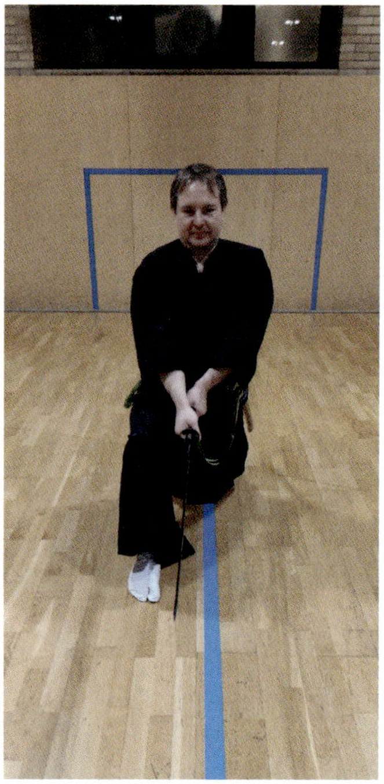

der in informierter Weise reagieren kann, falls etwas ist. Den Schülern habe ich nichts gesagt, das gehörte nach meinem Empfinden nicht in den Unterricht, auch wenn es durchaus Nachfragen gab, als ich wegen der OP für zwei Monate ausfiel. Teils zeigten sie sich sehr verunsichert, aber auch mitfühlend.

Dabei empfinde ich Anteilnahme nicht als unangenehm, manchmal ist sie sogar wohltuend. Aber den Kreis der Eingeweihten möchte ich schon selbst bestimmen. Und bei Schülern kann es ja auch durchaus andere Reaktionen geben, was ganz natürlich ist in diesem Alter. Meine Rolle in deren Leben ist und bleibt die einer Lehrkraft mit einer entsprechenden Souveränität.

Ich muss zugeben, dass mir die Arbeit nach der Diagnose manchmal schwerfiel und ich bei bestimmten Banalitäten dachte: „Wenn ihr wüsstet!“ Ich bin trotzdem weiter in die Schule gegangen. Ich betrat den Klassenraum und unterrichtete und mir war bewusst, ich mache das jetzt krebskrank. Bei akademischen Feiern wie dem Abitur kam mir schon mal der Gedanke, ob ich wohl das Abi meiner Tochter noch erlebe.

Der für mich schlimmste Moment war gar nicht die Diagnose selbst, sondern bereits das MRT davor, bei dem von den Ärzten festgestellt worden war, dass da wohl ziemlich sicher etwas ist – dass es Krebs ist. Nach dieser Untersuchung musste ich mich erst einmal fangen und bin spazieren gegangen. Ich dachte, ich kann jetzt nicht sitzen, nicht stehen bleiben. Ich muss irgendwas machen.

Dann kam die Diagnose, das war noch mal sehr hart. Den Ärzten fielen die Gespräche auch schwer, weil ich so jung bin. Mein Urologe sagte fast erstaunt folgende Sätze: „Tatsächlich. So ein Pech. Jetzt sind Sie der Rekordhalter in meiner Praxis. Der Jüngste, den es je erwischt hat.“ Und an der Uniklinik Frankfurt war ich wohl der Zweitjüngste. Das Tragische ist, dass der tatsächlich jüngste Betroffene dort Pfleger ist, ein 39 Jahre alter Mann, der mich dort auf der Station betreut hat.

Meine Frau ist Augenärztin. Sie trat nach der Diagnose innerhalb von wenigen Stunden aufs Gaspedal und hat alles in die Wege geleitet. „So, jetzt greifen wir an. Jetzt kommen wir mal in eine Position, wo wir das aktiv angehen und es nicht nur passiv ertragen.“ Ich habe auch selbst sofort nach Informationen gesucht, aus möglichst vielen Quellen: Welche Chancen habe ich, welche Therapiemöglichkeiten gibt es, welche Maßnahmen kann ich ergreifen, damit ich hier einigermaßen ungeschoren wieder rauskomme.

Mein Urologe war mir ebenfalls eine große Stütze und auch mein behandelnder Arzt an der Uniklink Frankfurt, der einen wichtigen Satz sagte und damit in mir ein großes Vertrauen aufbaute: „Wenn Sie mein Bruder wären, würde ich Ihnen Folgendes raten …“ Ich hatte nie das Gefühl, ich werde in eine Behandlung gedrängt, sprich, zu einer OP überredet, zum Beispiel aus wirtschaftlichen Gründen, was den Kliniken durchaus unterstellt wird. Trotzdem muss man damit klar kommen, dass sich das eigene Leben grundlegend ändert, und zwar unwiederbringlich. Oder wie es auf einer Rechnung stand: „Beratung über eine lebensverändernde Therapieform“.

Ich entschied mich für die OP, also die vollständige Entfernung der Prostata. Alles verlief sehr gut. Ich hatte Glück in Hinblick auf die möglichen Konsequenzen der Inkontinenz und der Impotenz. Mein PSA-Wert liegt unterhalb der Nachweisgrenze. Der schönste Moment in dieser ganzen Situation war das Glück, dass es kurz vor Ultimo, also kurz vor der Operation, noch einmal „normal“ geklappt hat und wir nun eine zweite Tochter haben.

Nach der OP schlug das Beckenbodentraining schnell an – keine Inkontinenz. Und bei der Sexualität... Sind wir doch mal ehrlich, da muss man sich auch wieder rankämpfen, sich und seinen Körper noch einmal neu kennenlernen. Es ist anders. Man reagiert anders. Man denkt auch, komisch, ich kenne mich gar nicht mehr in der Hinsicht. Auch das Gefühl ist ein anderes. Weil man damit klarkommen muss, dass Erektionen dann kommen, wenn sie nicht sollen, und wenn sie sollen, dann halt nicht.

Akzeptanz und Dankbarkeit ... Ich will gar nichts verherrlichen, mich gar nicht heroisieren, auch im Dienste dieses Buches nicht. Ein Teil von mir findet es immer noch ungerecht, dass mir das passieren musste. Ich habe nach wie vor dieses nicht ganz rationale Gefühl: Das habe ich nicht verdient. Und das Gefühl, dass es mich zu früh getroffen hat. Es gab auch keine Familiengeschichte dazu. Es traf mich aus heiterem Himmel. Ich habe akzeptiert, dass ich diese Therapieform gewählt habe. Ich habe akzeptiert, dass ich mich da durchkämpfen muss und dass das nicht leicht wird. Doch habe ich das wirklich vollständig akzeptiert? Nein, ich bin nach wie vor ein bisschen grantelig.

Ich vermisse einfach vieles, was ich verloren habe, etwa auf natürlichem Wege Kinder zu zeugen. Ich habe zwar vor der OP noch Samen einfrieren lassen, aber natürlich ist es nicht mehr dasselbe. Doch ich habe auch Dinge dazugewonnen, und das ist auch wertvoll, vielleicht sogar noch wertvoller. Dennoch, die Tatsache, dass die Sache es wert war, heißt nicht, dass ich nichts vermisse. Das geht durchaus beides in mir vor, in meinen Gedanken, in meinen Gefühlen: zu wissen, das war es wert, aber es ist verdammt schade, dass es mir passiert ist.

Wut spielt dabei letztlich keine Rolle. (Emotionale) Schwere und Traurigkeit waren viel präsenter. Wut gab es nur im Sinne von Mal-auf-den-Tisch-hauen-Wollen. Aber das andere ist viel präsenter gewesen. Und das endet manchmal in Wut, verdammt noch mal.

Mein Vater sagte mir dazu einmal: „Du bist ein gesunder Mann und hast nur Pech mit der Prostata.“ Meine Eltern hatten sich geradezu danach orchestriert, mir Mut zu machen. Sie waren neben meiner Frau echte Impulsgeber, die mir mit einer gewissen Taktik

„Vielleicht ist die wichtigste Lehre aus meinem Schicksal aus der heutigen Perspektive, sich dem Problem zu stellen, egal was es auch sein mag.“

Sicherheit vermittelten, mich auf die positiven Dinge hinwiesen. Tägliche, praktische Hilfe. „Wir gehen jetzt davon aus, dass es klappt. Wir reden jetzt darüber, dass es klappt. Wir reden darüber, dass eine positive Entwicklung das wahrscheinlichste ist.“

Aber ich bin auch dankbar, das Leben so zu haben, wie es ist, mit meiner Frau, die alles gemeinsam mit mir durchsteht, mit der Familie, und dafür will ich leben. Ich will ein guter, starker Ehemann, Sohn und vor allem ein starker Vater sein. Und auch meine Schüler will ich nicht vergessen. Bei der Preisverleihung, noch vor der Diagnose, hatte ich ja schon geahnt, was da los ist. Das war eine merkwürdige, bittersüße Mischung – Auszeichnung Deutscher Lehrkräftepreis 2022 und Prostatakrebs.

Vielleicht ist die wichtigste Lehre aus meinem Schicksal aus der heutigen Perspektive, sich dem Problem zu stellen, egal was es auch sein mag.

Torsten Resag

„Versucht, glücklich zu sein!"

Was der passionierte Gastronom Torsten Resag, Jahrgang 1965, als Aufforderung für alle Betroffenen formuliert, scheint gleichzeitig die zentrale Herausforderung in seinem eigenen Leben zu sein. Er stammt aus schwierigen familiären Verhältnissen, wie man so „schön" sagt, wuchs als Jüngster der Familie mit seinem ältesten Bruder bei der Mutter und ihrem neuen Lebensgefährten auf, den er als seinen Vater bezeichnet. Seine zwei weiteren Brüder leben in derselben Stadt, beim Vater, den Torsten Resag nur „Erzeuger" nennt. Alle leben in derselben Stadt, ohne sich je zu begegnen. Seine eigenen Liebesbeziehungen verliefen ähnlich kompliziert, die Sehnsucht nach einer verlässlichen Form von Zuhause und Beziehung ist geblieben. Als die Corona-Pandemie ihn 2020 zwingt, sein Schiffsrestaurant „Klabautermann" zu schließen, und zu den beruflichen Sorgen auch noch private Veränderungen hinzukommen, bleibt der Brief vom Urologen mit der Bitte um einen Beratungstermin innerhalb der nächsten vier Wochen über ein Jahr unbeachtet liegen. Bei der nächsten Untersuchung hat sich Torsten Resags PSA-Wert verdoppelt – und der Krebs hat gestreut. Es ist schwer, sich positiv auf eine Genesung einzustellen und Hoffnung zu entwickeln, wenn nun auch noch die Schuldfrage im Raum steht.

Ich hatte keine Ahnung, dass der PSA-Wert so wichtig ist. Der war auch im Brief nicht so explizit genannt. Seit meinem 50. Lebensjahr gehe ich zur Vorsorge, das PSA hatte ich aber erst seit 2020 testen lassen. Klar, in dem Brief stand, dass ich mich innerhalb der nächsten vier Wochen melden sollte; aber die Dringlichkeit war mir nicht klar. Also wanderte der Brief erst mal zu all der anderen Korrespondenz, die man als Selbstständiger so hat und zu verwalten versucht, Der Ordentlichste bin ich dabei auch nicht. Die Gastronomie ist ein anstrengender Job, vor allem wenn man in Berlin lebt und täglich nach Groß Köris zum Schiffsrestaurant pendelt.

„Früher war ich ein furchtloser, fröhlicher, immer mitreißender Mensch.“

Gleichzeitig kamen noch Corona und dementsprechend ganz andere größere Sorgen: Ladenschließung, Existenzsorgen, Antragsstellungen für Finanzhilfen. Und immer wieder fragte ich mich: Verkaufe ich das Schiff nicht besser? Hinzu kam eine bereits fast 40 Jahre andauernde, aber mittlerweile platonische Liebesbeziehung. Wir pendelten, seitdem wir das Schiff betrieben, jeden Tag eine Stunde hin und zurück und arbeiteten ja auch zusammen. Das birgt hohes Streitpotenzial. Pendeln musste ich dazu auch noch nach Polen, wo ich eine wesentlich jüngere Freundin hatte, in die ich wahnsinnig verknallt war.

Nach einem Jahr, im Frühjahr 2021, ging ich dann wieder zur Vorsorge und mein Urologe fiel aus allen Wolken: „Vorsorge? Sie haben doch schon einen Befund!“ Mittlerweile hatte sich mein PSA-Wert von 20 auf 40 verdoppelt. Für mich brach eine Welt zusammen. Hätten die das nicht in ihrem Brief expliziter benennen oder mich mal anrufen können? Die Frage, ob ich selbst Schuld hatte an dieser Situation, nagte und nagte an mir, und meine Lebensgefährtin, die ebenfalls schon mal Krebs hatte, durchlebte ein Déjà-vu. Sie wusste schließlich, was auf mich zukommt.

Früher war ich ein furchtloser, fröhlicher, immer mitreißender Mensch, nun stand ich da, gerade mal 55 Jahre alt, vor der größten Herausforderung meines bisherigen Lebens: Ich hatte Prostatakrebs und – warum auch immer – den Zeitpunkt für eine schnelle und vielleicht auch heilende Behandlung verpasst, meine Beziehung stand auf der Kippe, mein Restaurant war dicht. Ich haderte mit meinem Leben, hatte schlechte Laune, sparte nicht mit Vorwürfen in alle Richtungen und wurde zunehmend aggressiv. Dass Letzteres auch dem Krebs geschuldet war, weil der Körper auf die Veränderungen des Testosterons im Körper reagiert, erfuhr ich erst später.

Glücklicherweise ist mein Urologe, Dr. Winkelmann, auch Onkologe. Er hat mir als Erstes Testosteron-Blocker gespritzt und klare Worte gefunden: „Die üblichen Untersuchungen werden natürlich gemacht, aber wir handeln auch sofort." Eine OP ergab seiner Empfehlung nach keinen Sinn, da der Krebs bereits gestreut hatte. Ich vertraute Dr. Winkelmann, seinem guten Draht zur Charité und dem gemeinsam besprochenen Behandlungsplan. Er riet mir außerdem dazu, einen Schritt nach dem anderen zu gehen, und davon ab, mich ohne Fachwissen bei Doc Google zu informieren. Ich vertraute ihm in allen Punkten, und damit hatte ich offenbar recht.

Heikel wurde es, als die Ärzte mehr über meine Familiengeschichte und mögliche genetische Prädispositionen wissen wollten; hatte ich doch seit meiner Geburt weder Kontakt zu meinem Erzeuger noch zu den beiden Brüdern, die bei ihm lebten und ebenfalls seine leiblichen Kinder waren. Also machte ich mich auf die Suche und erfuhr schließlich, dass unser Erzeuger schon mit 60 Jahren verstorben war – an Prostatakrebs. Einer meiner Brüder war ebenfalls betroffen, aber dank frühzeitiger Erkennung und einer Operation ging es ihm gut. Was mir keine Ruhe ließ: Wie konnte es sein, dass ich von alldem nichts mitbekommen hatte?

Insgesamt ging es mir seelisch zunehmend schlechter. Meine junge polnische Geliebte trennte sich von mir, sie hatte meine Unentschlossenheit satt, mit ihr zusammenzuziehen. Die Testosteronspritzen zeigten Wirkung bei der Libido und Standhaftigkeit. Meine Lebensgefährtin hat mir im Gegensatz dazu viel Mut gemacht. Wenigstens eine verlässliche Konstante, sodass wir doch zusammengeblieben sind. Und das Schiff konnte ich schließlich ohne große Verluste verkaufen.

Erstmal also etwas Beruhigung, dann aber neue Probleme: Hartz IV, weitere Behandlungen, immer wieder Rückschläge. Was folgte und mich bis heute begleitet, war eine handfeste Depression. Die Suche nach einem Psychologen oder einer entsprechenden Therapie war zusätzlich frustrierend. Überall gab es lange Wartezeiten, bei vielen mindestens ein Jahr. Bei einer Therapeutin gab es gleich eine Ablehnung, weil sie zu viele Probleme auf einmal bei mir sah. Aus purer Verzweiflung ging ich sogar so weit, mit Suizid zu drohen, wenn Dinge wie die Suche nach einem Therapeuten nicht rund liefen oder es in der Beziehung wieder schwieriger wurde. Ich war an einem absoluten Tiefpunkt angekommen.

Bei der Krebshilfe hatte ich schließlich ein paar Termine bekommen und die haben mir sehr geholfen, weil die Leute dort genau verstanden, wovon ich redete. Und ich hatte das Glück, letztes Jahr in einem „Psycho-Forschungsprojekt“ aufgenommen zu werden und einmal pro Woche eine Therapiestunde zu erhalten. Allein diese Regelmäßigkeit und das Vertrauen, das in diesem Rahmen aufgebaut wird, helfen mir, mich besser zu verstehen, mich ernst zu nehmen und mich selbst zu lieben. Dadurch konnte ich auch im Freundeskreis ein wenig aufräumen, wer ist wirklich wichtig, wer und was tut gut, die anderen … weg damit! Da bleiben dann allerdings nicht mehr viele übrig.

Schließlich entschloss ich mich, von Berlin nach Cottbus zurückzugehen, wo meine Familie herkommt Auf mich wartete eine neue Herausforderung, nämlich die Eröffnung eines kleinen Biergartens, der erstmal nur am Wochenende bewirtschaftet werden sollte. Doch erneut musste ich pendeln, weil ich unter der Woche Arzttermine in Berlin hatte. Der damit, mit dem Umzug und mit dem neuen Geschäftsvorhaben verbundene Stress zeigte sich sofort in meinen Werten, also blies ich alles wieder ab.

Leider stiegen meine Werte trotzdem auf ein neues, schlechteres Niveau, und so brauchten wir einen Plan B für die weitere Behandlung des Krebses. Da ich eine Chemo ablehnte, bekam ich einen Termin bei der Genmolekularmedizin in der Charité. Die hatten dort neue Medikamente und Möglichkeiten. Dadurch, dass sowohl mein Erzeuger als auch mein Bruder den Krebs hatten, waren die Voraussetzungen da und die Krankenkasse war bereit, zu zahlen. Außerdem war ich so jung schon so aggressiv erkrankt.

Die Tumorkonferenz aus Hausarzt, Dr. Winkelmann und unglaublichen 40 Spezialisten der Charité beschloss, eine sogenannte Genschiene zu suchen, um daraus ein für mich passendes Medikament zu kreieren. Und tatsächlich, Glückwunsch, sie fanden sogar zwei geeignete Genschienen. Die Werte gingen runter, allerdings nicht so weit wie zu Anfang mit den Spritzen. Dadurch fiel ich erneut ins Tief. Immer nur Sorgen und Stress sind keine gute Situation, vor allem wenn alles wiederkommt, was man überstanden glaubte.

Hinzu kamen neue Streitereien mit meiner Mutter, die wollte, dass ich ihre Wohnung in Cottbus übernehme, damit sie dann in die obere Etage ihres Hauses ziehen konnte. Unsere Beziehung war noch nie einfach, denn wir sind beide Alphatiere und verstehen uns deswegen manchmal überhaupt nicht. Doch auch durch meine Krankheit und die Auseinandersetzung damit ist mir mittlerweile klar geworden, wie sehr sie mich zugleich geprägt hat. Dinge, die sie nicht konnte, sind auch mein Handicap: Zulassen können, Zufriedenheit, Akzeptanz und Dankbarkeit, sich selbst zu lieben und für sich selbst zu sorgen. Damit haben wir beide zu kämpfen, nach wie vor.

Ich weiß nicht, wie das alles ausgeht. Meine Werte sind durch die Gentherapie verbessert worden, schwanken aber weiterhin. Momentan warte ich auf einen Reha-Platz in Boltenhagen, denn ich habe das Gefühl, ich brauche das Meer für meine Seele.

Was mir heute auf jeden Fall wichtig ist, ist das Ausbrechen aus dem Alltag, weil es mir beim Gesundwerden, beim Entspannen und beim Nachdenken über mich und mein Leben hilft. So versuche ich, glücklich zu sein – und das empfehle ich jedem, der betroffen ist, ebenfalls. Wenn der Kopf gesund ist, ist alles gut. Glücklichsein ist entscheidend. Nicht der Sex. Man kann auch ohne leben.

„Wenn der Kopf gesund ist, ist alles gut. Glücklichsein ist entscheidend."

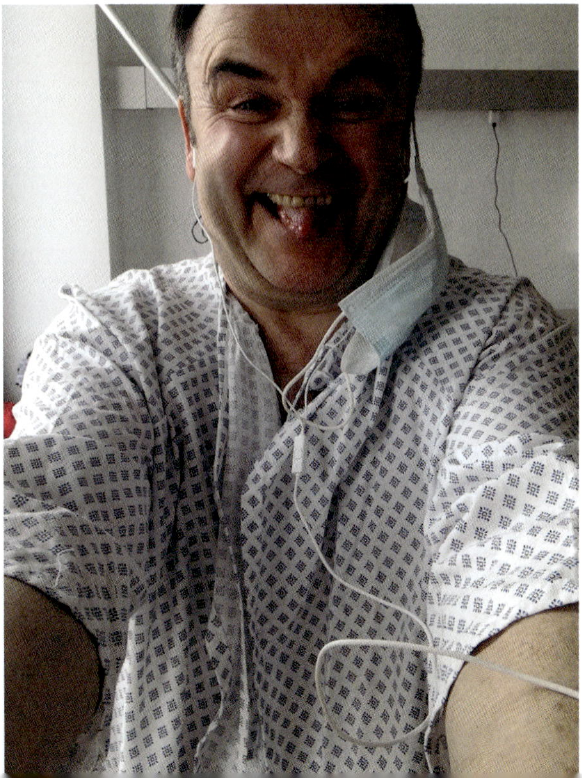

Der ideale Therapiezeitpunkt

Prof. Dr. Thorsten Schlomm[1] und Dr. Carolin Siech[2]

Die Diagnose eines Prostatakrebses stellt für die allermeisten Männer ein einschneidendes Lebensereignis dar. Es ist völlig verständlich, dass betroffene Männer und ihre Angehörigen schnell handeln möchten. Es ist ebenso verständlich, dass mit der Diagnosestellung das Bedürfnis ausgelöst wird, sofort etwas unternehmen zu müssen. Doch gerade beim Prostatakrebs ist es wichtig, nicht in überstürzten Aktionismus zu verfallen. In vielen Fällen wächst der Tumor langsam und es bleibt Zeit, um sich über mögliche Therapiestrategien zu informieren und diese ausreichend zu prüfen. Verschiedene Behandlungsmöglichkeiten haben jeweils ihre spezifischen Vor- und Nachteile.

Es ist entscheidend, gemeinsam mit der behandelnden Ärztin oder dem behandelnden Arzt die verschiedenen Strategien sorgfältig abzuwägen und sich für die Therapie zu entscheiden, die am besten zur individuellen Lebenssituation passt. Dabei spielen sowohl medizinische Faktoren wie das Tumorstadium und die Aggressivität des Prostatakrebses (der Gleason Score, s. S. 81) als auch die Lebensqualität und die individuellen Präferenzen und Wünsche des Patienten eine zentrale Rolle. Ebenso sind das Alter, der allgemeine Gesundheitzustand sowie vorhandene Begleiterkrankungen des Patienten bei der Therapieentscheidung zu berücksichtigen.

Was ist zu tun bei lokalisiertem Niedrigrisiko-Prostatakrebs?

In den letzten Jahren hat das Konzept der Aktiven Überwachung immer mehr Aufmerksamkeit erhalten, besonders für Patienten mit Niedrigrisiko-Prostatakrebs. Die Aktive Überwachung ist fester Bestandteil sowohl nationaler als auch internationaler evidenzbasierter Leitlinien zur Therapie des Prostatakrebses. Im Rahmen der Aktiven Überwachung ist das Ziel, nur dann eine Therapie einzuleiten, wenn der Tumor Anzeichen zeigt, aggressiver/„bedrohlich" zu werden. Die Aktive Überwachung bietet den Vorteil, dass Patienten lange ohne die Nebenwirkungen einer invasiven Behandlung leben können.

[1]Urologe und Klinikdirektor, Urologische Kliniken, Charité, Universitätsmedizin Berlin, sowie Klinischer Koordinator ICGC (International Cancer Genome Consortium) und TCGA (The Cancer Genome Atlas), [2]Urologin, Klinik für Urologie, Universitätsmedizin Frankfurt am Main, sowie Vorstandsvorsitzende, German Society of Residents in Urology (GeSRU)

Studien zeigen, dass viele Männer mit einem Niedrigrisiko-Prostatakrebs niemals eine Behandlung benötigen. Für diese Patienten kann es somit sinnvoll sein, sich für eine Aktive Überwachung zu entscheiden, um den Krankheitsverlauf genau zu beobachten, anstatt für eine sofortige Operation oder Bestrahlung. Wichtig ist zu beachten, dass Patienten regelmäßig und sorgfältig durch Urologinnen und Urologen überwacht werden, um den richtigen Zeitpunkt für eine mögliche Therapie nicht zu verpassen.

Was ist zu tun bei Intermediate- oder Hochrisiko-Prostatakrebs?

Sowohl die operative Entfernung der Prostata, die radikale Prostatektomie, als auch die Strahlentherapie stellen gleichwertige Therapiealternativen für Männer mit lokalisiertem und lokal fortgeschrittenem Prostatakrebs dar. Die radikale Prostatektomie wird oft von Männern in Betracht gezogen, die eine höhere Lebenserwartung haben und deren Tumor aggressiver ist.

Verschiedene Faktoren können dazu führen, dass sich Patienten nach der Diagnose eines Prostatakrebses nicht unmittelbar einer Therapie unterziehen. Einige Patienten, insbesondere solche, die gut informiert sind, brauchen Zeit, um ihre Entscheidung zu treffen. Für sie ist es wichtig, mit dem Gefühl eines umfassenden Verständnisses in die weitere Behandlung zu gehen sowie mit einer ausreichenden Sicherheit darüber, die richtige Entscheidung getroffen zu haben.

Dafür ist es unabdingbar, dass der Patient eine umfassende und ausführliche Aufklärung über alle möglichen Therapieverfahren erhält. Hierfür wird von den Krankenkassen beispielsweise eine Zweitmeinung finanziert, die man etwa in einem von der Deutschen Krebsgesellschaft zertifizierten Prostatakrebszentrum erhalten kann. Andere Patienten benötigen möglicherweise eine weitere Behandlung zur Optimierung von Begleiterkrankungen vor einer radikalen Prostatektomie.

Der „ideale Zeitpunkt“ für eine heilende Therapie liegt in der Regel dann vor, wenn der Tumor noch auf die Prostata begrenzt ist. Aktuelle Studien haben gezeigt, dass sowohl Männer mit einem Intermediate- als auch mit einem Hochrisiko-Prostatakrebs, bei denen die Zeit zwischen Diagnose und Operation zwischen drei und sechs Monaten betrug, sich hinsichtlich prognostisch ungünstiger onkologischer Ergebnisse wie z. B. nicht organbegrenztes Tumorstadium, Lymphknotenbefall sowie positive chirurgische Schnittränder nicht von denen unterschieden, die mit einer Operation innerhalb von drei Monaten nach Diagnose behandelt wurden. Ebenso zeigten sich keine Unterschiede bezüglich des Wiederauftretens des Prostatakrebses (Rezidiv) im Rahmen der Nachsorge nach einer Operation. Diese Ergebnisse zeigen auf, dass auch beim Intermediate- und Hochrisiko-Prostatakrebs eine überdachte und informierte Therapieentscheidung nach Erstdiagnose eines Prostatakrebses möglich ist.

Was ist zu tun bei metastasiertem Prostatakrebs?

Wenn der Prostatakrebs nicht mehr auf die Prostata begrenzt ist und bereits in andere Teile des Körpers gestreut hat, spricht man von einem metastasierten Prostatakrebs. In dieser Situation ist eine Heilung in der Regel nicht mehr möglich. Es gibt jedoch zahlreiche Therapiestrategien, die das Wachstum des Krebses verlangsamen können.

Auch im metastasierten Stadium sollte die Wahl der sequenzierten Therapieplanung überlegt und an die aktuelle Situation des Patienten sowie die spezifischen Eigenschaften des Tumors angepasst sein, um ein Gleichgewicht zwischen Lebensverlängerung und Lebensqualität zu finden.

Der „optimale Zeitpunkt" für den Beginn einer Therapie bei Prostatakrebs ist nicht für alle Männer gleich und hängt stark vom Stadium der Erkrankung ab. In jedem Fall ist eine sorgfältige Beratung durch die behandelnde Ärztin oder den behandelnden Arzt unerlässlich, um den besten Zeitpunkt und die passende Therapie zu finden. Der erste Impuls, sofort handeln zu müssen, sollte nicht überstürzt verfolgt werden. Stattdessen gilt es, in Ruhe eine fundierte Entscheidung zu treffen, die nicht nur die verfügbaren Optionen, sondern auch die individuellen Bedürfnisse, Wünsche und Lebensumstände des betroffenen Mannes berücksichtigt.

Dieses überlegte Vorgehen ist der Schlüssel zu einer Therapie, die nicht nur medizinisch sinnvoll ist, sondern auch dem Mann hinter der Diagnose Prostatakarzinom langfristig das bestmögliche Leben ermöglicht.

Bewältigungsstrategien aus der Psychoonkologie

*Dr. Christina Demmerle**

Die Diagnose Prostatakrebs ist eine erschütternde Nachricht. Man weiß nicht, was das denn nun für das eigene Leben heißt. Dann geht das Kopfkino los: Man empfindet Scham, macht sich Sorgen, was das für die Arbeit oder die Familie bedeutet. Kann ich meinen Hobbys noch nachgehen? Werde ich inkontinent oder bekomme ich Erektionsstörungen? Was bedeutet es für mich als Mann, diese Erkrankung zu haben? Diese und alle weiteren Fragen, die in dieser Situation auftauchen können, beschäftigen den Patienten in der Regel sehr, und auch negative Gefühle wie Ärger oder Angst können überwältigend werden.

Glücklicherweise besitzen wir Menschen vielfältige Bewältigungsmöglichkeiten für schwierige Situationen. Und so stellt sich auch in dieser neuen Realität bald eine neue Normalität ein – je mehr Erfahrungen Sie mit der Erkrankung, den Folgen der Behandlung und den Perspektiven einer Genesung sammeln, umso weniger bedrohlich wirkt die Krankheit.

Um die Entwicklung einer neuen Normalität und den besseren Umgang mit der Diagnose zu fördern, kann die Akzeptanz- und Commitment-Therapie helfen, die von Steven C. Hayes entwickelt wurde. Die Ziele seiner Strategien sind es,

- Gedanken und Gefühle zu akzeptieren, ohne gegen sie anzukämpfen oder sich von ihnen überwältigen zu lassen;
- zu lernen, Ängste und Unsicherheiten in das Leben zu integrieren, ohne davon gelähmt zu werden;
- mit belastenden Gefühlen umzugehen und sich auf das zu konzentrieren, was im eigenen Leben wirklich wichtig ist.

**Psychoonkologin, Psychologische Psychotherapeutin (VT), Fachpsychologin für Palliative Care und Organisationspsychologin, Konzernbereichsleitung, Personalentwicklung, Varisano Kliniken Frankfurt-Main-Taunus*

Zusammengefasst geht es Steven C. Hayes um vier wesentliche Empfehlungen:

1. Es ist okay, zu fühlen.

Auch wenn sich das erstmal komisch anhört: Starke Emotionen nach der Diagnose sind normal und müssen nicht „wegtherapiert" werden. Emotionen sind evolutionär bedingte, schnelle Hinweisreize in unübersichtlichen Situationen. Wir alle kennen Angst, Wut, Trauer. Wut entsteht beispielsweise dann, wenn etwas oder jemand uns daran hindert, unsere Ziele zu erreichen, und setzt in uns Energie frei, um uns für unsere Interessen einzusetzen. Angst entsteht, wenn unser körperliches oder seelisches Wohlbefinden bedroht sind, und setzt Energie für Selbstfürsorge frei, im Falle einer Prostatakrebs-Diagnose etwa für den Mut zum Beginnen einer manchmal belastenden Behandlung und für das Durchhalten dieser Behandlung. Jedoch gibt es Menschen, die nach der Diagnose Krebs starke Wut oder Angst entwickeln und davon wie gelähmt erscheinen. Manche versuchen, sich mit Alkohol oder anderen Substanzen zu betäuben, andere beschäftigen sich andauernd und ausschließlich mit den möglichen Einflussfaktoren auf den Fortgang der Erkrankung. Ihr Leben dreht sich fortan nur noch um die Erkrankung und deren mögliche Folgen.

Steven C. Hayes litt selbst unter Angststörungen. Er machte die Erfahrung, dass sein Kampf gegen die Angst irgendwann sein ganzes Leben bestimmte – die Angst aber nicht kleiner wurde. Denken Sie mal nicht an einen rosa Elefanten. Sie merken, das geht nicht. Hayes erkannte: Je mehr wir versuchen, unangenehme Gedanken oder Gefühle zu unterdrücken, desto mehr beschäftigen wir uns mit ihnen und schränken so zunehmend unsere inneren Freiräume und unsere Flexibilität ein. Diese „nicht hilfreichen Bewältigungsversuche" kosten wahnsinnig viel Energie, die wir an anderer Stelle benötigen würden. Der Fokus von Hayes' Theorie liegt deshalb darauf, trotz der Belastung ein gelungenes Leben zu führen. Dies lässt sich über Akzeptanz erreichen. Akzeptanz bedeutet nicht, Gefühle, die sich unangenehm anfühlen können, zu verleugnen. Vielmehr geht es um die grundlegende Bereitschaft zu akzeptieren, dass sie da sind, und zu lernen, mit ihnen umzugehen. Ich kenne viele Menschen mit Krebserkrankung, die nach einer Phase der emotionalen Unruhe in ruhigeres Fahrwasser zurückkamen und sich wieder den relevanten Themen in ihrem Leben zuwenden konnten.

Hayes fragte sich bei jeder Strategie im Umgang mit Angst: Welchen Nutzen hat die Bewältigungsstrategie kurzfristig? Welche Kosten hat sie langfristig? Hindert diese Strategie mich daran, mein Leben so zu führen, wie ich es leben will? Irgendwann entschied er sich, nicht mehr gegen die Angst anzugehen, sondern sich auf die Dinge in seinem

Leben zu konzentrieren, die wirklich wichtig sind – trotz der Angst. Dabei hat er einige praktische Vorgehensweisen formuliert:

- Machen Sie sich innerlich bereit, unangenehme oder schmerzliche Erlebnisse in Ihr Leben zu integrieren: „Gut, da seid ihr jetzt: Krebserkrankung und Angst vor dem Fortschreiten der Erkrankung. Ihr gehört jetzt irgendwie zu meinem Leben dazu."

- Treten Sie mit dem gegenwärtigen Erleben in Kontakt, statt zu versuchen, das Erleben zu verändern: „Es ist okay, dass ich vor dem nächsten Nachsorgetermin unruhig bin oder auch Angst vor dem Gespräch habe, das geht vielen so."

- Erkennen Sie, dass Kontrollbemühungen nur kurzfristig wirksam sind, uns mittelfristig aber von Lebensmöglichkeiten abbringen: „Ich igele mich jetzt nicht zu Hause ein und vermeide alles, was mich an die Erkrankung erinnern könnte, sondern gehe trotzdem zu dem Fußballspiel und treffe meine Freunde – auch wenn ich mit meinen Gedanken vermutlich manchmal zur Erkrankung zurückkomme."

- Seien Sie offen, Ihre Angst zu fühlen: „Dann habe ich jetzt eben Angst. Immerhin hilft mir die Angst, Energie für die Dauertherapie aufzubringen – das würde ich ohne Angst vermutlich nicht durchziehen."

2. Finden Sie heraus, was Ihnen wirklich wichtig ist, und handeln Sie nach Ihren Werten.

Inmitten der Herausforderungen der Behandlung kann es hilfreich sein, die eigenen Werte und Ziele im Blick zu behalten. Als ob man in stürmischer See immer wieder auf den Kompass schaut, um auf Kurs zu bleiben (selbst wenn man sich gerade bei dem Wellengang nur schwer orientieren kann). Hilfreiche Fragen können dabei sein: Was treibt mich an? Was macht mein Leben lebenswert? Was ist mir wirklich wichtig? Manchen Menschen hilft es, Antworten auf diese Fragen aufzuschreiben, um sie wie einen Kompass immer wieder anschauen zu können und so Entscheidungen zu treffen, die zu ihnen passen. Es geht darum, den Fokus auf das zu legen, was im eigenen Leben wichtig ist, beispielsweise Zeit mit Freunden und der Familie, eine sinnvolle Beschäftigung, Selbstwirksamkeit. Wenn man weiß, was einem selbst wirklich wichtig ist, kann man leichter danach handeln.

3. Seien Sie im Hier und Jetzt.

Die Praxis der Achtsamkeit kann ein kraftvolles Werkzeug sein, um sich auf den gegenwärtigen Moment zu fokussieren und die Gedanken an die Zukunft und die Vergangenheit zurückzuholen in das gegenwärtige Erleben. Es geht darum, mit Offenheit bewusst wahrzunehmen, was im gegenwärtigen Augenblick IST – ohne es als gut, schlecht, angenehm oder unangenehm zu bewerten. Wenn es Ihnen gelingt, sich darauf zu konzentrieren, was gerade passiert, können Sie Ihre Gedanken beruhigen und mehr Ruhe und Klarheit finden. Eine einfache Übung dafür ist „Das Orchester der Welt" – das geht an jedem Ort. Schließen Sie für einen Moment die Augen und nehmen Sie alles wahr, was Sie gerade hören, ohne es zu bewerten. Nehmen Sie es einfach nur wahr. Wenn dabei belastende Gedanken in Ihrem Geist auftauchen, markieren Sie diese einfach als solche („Gedanke an die Zukunft") und konzentrieren Sie sich wieder auf den gegenwärtigen Moment. Menschen, die diese Fähigkeit trainiert haben, fällt es leichter zu wechseln zwischen den Gedanken an die Erkrankung und jenen an das, was ihnen wichtig ist, und so aus dem häufig belastenden Gedankenkarussell auszusteigen.

Es gibt viele weitere Übungen wie die Konzentration auf den Atem, Meditationen wie Bodyscan oder auch angeleitete Meditationen, außerdem Kurse, Apps und Bücher, die einem dabei helfen, Achtsamkeit zu trainieren.

4. Schaffen Sie Abstand zu Ihren Gedanken.

Unser Gehirn produziert jeden Tag unzählige Gedanken und wir sind gewohnt, diese für bare Münze zu nehmen – schließlich haben wir sie ja gedacht. Doch nicht jeder Gedanke ist hilfreich. Um hilfreiche Gedanken zu entwickeln, ist es notwendig, zunächst eine gewisse Distanz zu den eigenen Gedanken aufzubauen und sie dann nach der Prüfung anzunehmen oder zu etwas Positivem weiterzuentwickeln. Wir alle kennen Gedanken, in denen wir kritisch mit uns ins Gericht gehen, haften bleiben an negativen Rückmeldungen, an Sorgen, die wir uns machen und die sich später als unbegründet herausstellen. Steven C. Hayes' Akzeptanz- und Commitment-Therapie lehrt uns, uns von negativen oder belastenden Gedanken zu distanzieren, indem wir sie nicht als absolute Wahrheit betrachten, sondern erstmal als etwas, das wir wahrnehmen und beobachten können. So können wir unsere Gedanken in Frage und auf den Prüfstand stellen: Ist das wahr, was ich gerade denke (z. B. dass die Therapie bestimmt nicht anschlagen wird)? Und wenn ich das nicht weiß, ist es dann hilfreich, so zu denken?

Ergänzend zu den Empfehlungen aus der Akzeptanz und Commitment-Therapie gibt es noch zwei weitere, die sich in der Praxis als wichtig herausgestellt haben:

5. Stellen Sie sich ein Team zusammen.

Eine starke Unterstützung durch Familie, Freunde und medizinisches Fachpersonal kann einen enormen Unterschied machen. Suchen Sie sich deshalb ein Behandlungsteam, dem Sie vertrauen, und Ansprechpersonen, die Sie bei Ihrem Weg durch die Erkrankung begleiten. Es kann hilfreich sein, sich mit anderen verbunden zu fühlen, die ebenfalls von der Erkrankung betroffen sind. Der Austausch von Erfahrungen, Emotionen und Ratschlägen entlastet („Anderen ergeht es ähnlich wie mir"), gibt konkrete Hilfestellungen und kann Mut machen, dass ein sinnvolles Leben auch mit der Erkrankung möglich ist.

6. Finden Sie Ihren Weg der Kommunikation.

Überlegen Sie sich zudem, wie Sie mit Ihrem Umfeld – dem unmittelbaren und dem etwas weiter entfernten – kommunizieren möchten, und sagen Sie das deutlich, um Missverständnissen und Enttäuschungen vorzubeugen:

- Wollen Sie häufiger gefragt werden, wie es Ihnen geht, oder wollen Sie informieren, wenn es etwas Neues gibt?
- Freuen Sie sich über Gespräche, in denen die Krankheit außen vor gelassen wird, oder wünschen Sie sich einen engen Austausch darüber?
- Wenn Sie nicht reden wollen, müssen Sie es nicht. Der Besuch einer Krebsberatungsstelle kann sinnvoll sein, quasi für einen mentalen Check-up, ebenso eine onkopsychologische Beratung. Viele Männer gehen zu solchen Angeboten, weil ihre Frauen sie darum gebeten haben. Aber Menschen haben unterschiedliche Strategien, mit belastenden Situationen umzugehen: Manchen tut es gut, sich über das eigene Erleben auszutauschen, andere beschäftigen sich eher mit der Frage, was sie jetzt TUN können, damit sie sich besser fühlen. Beides ist in Ordnung. Als Paar kann es wichtig sein, sich der möglicherweise unterschiedlichen Stile bewusst zu werden und die Perspektive und das Bedürfnis des jeweils anderen anzuerkennen. Eine gute Lösung kann in diesem Fall ein wöchentlicher „Update-Termin" sein, in dem Sie sich in einer vorher gemeinsam festgelegten Zeitspanne darüber austauschen, wie es Ihnen beiden gerade geht – auch in Bezug auf die Erkrankung.

Cornelius Wilke

„Ich bemitleide mich nicht.“

Cornelius Wilke, Jahrgang 1959, ruht in seinem Leben, in dem er immer aktiv war. Alles ist so, wie er sich das gewünscht und wie er es in gewisser Weise auch geplant hatte: Mit 16 machte er eine Ausbildung, danach eine weitere Ausbildung, welche seinen Interessen und Talenten in der Informatik und Computertechnologie mehr entsprach. Seit nunmehr 48 Jahren arbeitet er, durchgängig, ohne einen einzigen Tag Arbeits- oder auch nur Tatenlosigkeit. Cornelius Wilke ist ewig und glücklich mit seiner Frau verheiratet, hat zwei erwachsene Söhne und eine Enkeltochter, und das nächste Enkelkind kommt in diesem Jahr, worauf er sich schon sehr freut. Er hat schon viel unternommen und gesehen, ist gereist, Motorrad gefahren, alles in seinem Tempo und im Gleichgewicht mit seinen Vorstellungen vom Leben. Und auch als mit 58 Jahren der Prostatakrebs und einige Zeit später auch noch der Blasenkrebs in sein Leben traten, änderte sich eigentlich nichts Wesentliches.

Mein Urologe ist ein ziemlich lockerer Typ. Bevor er mir die Diagnose unterbreitete, sagte er ganz entspannt: „Ich hole Ihnen jetzt erst einmal einen Kaffee und dann unterhalten wir uns weiter.“ Als ich dann das Wort Krebs hörte, wollte ich gleich Tempo machen. Schließlich war meine Mutter an Krebs gestorben, weil sie nicht darauf reagiert hatte. Ihre Philosophie war: Kamillentee kann alles heilen. Die Ärzte sagten später, als sie an einem apfelsinengroßen Tumor gestorben war, dass man sie hätte retten können, wenn sie sich von Anfang an Hilfe gesucht hätte. Die Erwiderung meines Urologen auf meine erste Intention lautete jedoch: „Wir machen das alles Schritt für Schritt. Es sind genug Tools in der Werkzeugkiste.“ Das konnte ich akzeptieren. Wir haben beschlossen, als Team zusammenzuarbeiten, und das funktioniert bis zum heutigen Tag sehr gut.

Meine Familie war zuerst natürlich geschockt. Also nahm ich sie mit zu meinem Urologen, damit sie Fragen stellen konnte und sich eingebunden fühlte. Heute weiß ich, dass es nicht selbstverständlich ist, einen Arzt zu haben, der sich viel Zeit nimmt für die Fragen und Sorgen, nicht nur für die der Patienten, sondern auch für die der Angehörigen. In dieser Hinsicht hatte ich Glück.

Als sehr hilfreich empfand ich auch meine Selbsthilfegruppe. Ich habe dort vieles dazugelernt, von anderen Erfahrungen gehört, mitbekommen, was in der Forschung gerade passiert. Heute bin ich ein großer Fan von Selbsthilfegruppen, denn sie können nicht nur mit konkreten Informationen über die Krankheit an sich, die Therapiemöglichkeiten und die Entwicklung in den Behandlungsmethoden unterstützen, sondern auch durch den persönlichen Austausch mit den Mitgliedern.

Ich bin ohnehin für offene Worte – generell, aber auch in Bezug auf meine Krankheit. Ich habe nie ein Geheimnis daraus gemacht. Nicht zuletzt, weil meine eigene Geschichte, aber auch die meiner Familie mir noch mal klar gemacht haben, wie überlebenswichtig Vorsorge sein kann – nicht nur meine Mutter war an Krebs gestorben, sondern auch mein Schwiegervater hatte sehr unter seinem Prostatakrebs zu leiden und das zu einer Zeit, als es noch viel weniger Behandlungsmöglichkeiten gab. Er, ganz alter Schlag, hat sich nichts anmerken lassen und die Krankheit bald 20 Jahre mit sich rumgetragen. Man muss darüber reden, damit die Leute anfangen, sich um sich selbst zu kümmern. Ich habe auch meine beiden Söhne direkt nach der Diagnose zur Vorsorge geschickt, wenngleich das für sie mit heute 37 und 33 Jahren eigentlich noch nicht vorgesehen ist. Ich selbst handhabe es eh schon immer so: Wenn etwas nicht stimmt, gehe ich sofort zum Arzt.

Ich habe mich damals gegen eine Operation und für eine Bestrahlung entschieden, da ich ungern an mir rumschneiden lasse. Ob das die richtige Entscheidung war und nicht der spätere Blasenkrebs vielleicht eine Folge dieser Methode war, weil ein Strahl das Ziel verfehlte, bleibt bis heute ein Rätsel. Zum Glück bekam man den Blasenkrebs, der sich zunächst mit einer Blasenentzündung und Blut im Urin bemerkbar machte, mit einer Immuntherapie in den Griff, die zwar heftiger war als eine Chemotherapie, aber eben auch super wirksam.

Dem Prostatakrebs konnten wir leider nicht ganz so schnell den Garaus machen: Er streute und ich musste noch eine Hormontherapie beginnen. Doch die hat zum Glück funktioniert – und funktioniert bis heute. Was passieren würde, wenn ich die Pillen absetze, weiß niemand so genau, auch die Ärzte nicht. Doch um auf Nummer sicher zu gehen, nehme ich die Medikamente aktuell immer noch, das ist auch der Rat der Ärzte.

Auch was die Nebenwirkungen betrifft, bin ich größtenteils auf der Seite der Glücklichen gelandet: Ich hatte während der Behandlung keine Beschwerden und meine Werte gingen schnell runter, und außer gelegentlichen Hitzewallungen bin ich heute auch kaum eingeschränkt. Keine Inkontinenz. Gut, Impotenz, das ja. Aber meine Frau und ich hatten alles erlebt, was zu erleben war. Sie ist etwas älter als ich und da ändern sich die Prioritäten sowieso irgendwann. Damit können wir ganz gut leben, denn mal ehrlich, wir sind beide keine 30 mehr.

Ansonsten machte ich einfach weiter wie zuvor; ich hatte nicht den Drang, gesünder zu leben und meine Ernährung umzustellen, da ich über viele Jahre mein Gewicht um die 75 Kilo gehalten hatte. Erst als ich aufgrund der Hormontherapie an die 85-Kilo-Marke kam, da war für mich Schluss und ich habe angefangen, meine Ernährung zu verändern sowie mehr Bewegung und Sport in mein Leben zu integrieren und somit an meinem Gewicht zu arbeiten, zum Glück auch das mit Erfolg.

Durch die Krankheit ist mein bisheriges Leben nicht aus den Fugen geraten, sondern sie hat mich dafür sensibilisiert, stärker auf die Signale meines Körpers zu hören, mich nicht mehr zu überfordern und öfters mal das Leben zu genießen.

Ich hatte vor der Krankheit ein aktives Leben, und so lebe ich auch heute noch. Selbstmitleid gehört nicht dazu. Auch hat mich die Krankheit stärker und freier gemacht. Ich gehe mit der Krankheit offen um und sage, was ich denke und wovon ich überzeugt bin.

Wolfgang Bosbach

„Humor ist die beste Medizin.“

Wolfgang Bosbach, Jahrgang 1952, ist ein bekannter, sogar beliebter, friedlicher und auch mal streitbarer Politiker und Rechtsanwalt, der viele Jahre für die CDU im Bundestag saß und keiner Diskussion, keinem Konflikt und keiner Herausforderung aus dem Weg geht. Seine klare, analytische und präzise Art haben ihn sowohl beruflich als auch privat gestählt. Ein Mann vom alten Schlag, prinzipientreu und damit selten. Wolfgang Bosbach sagt, was er denkt, und lebt, wie er es für richtig hält und wie es seinem Wertekanon entspricht. Dabei spielt Humor für den Rheinländer eine entscheidende Rolle. Auf die Frage, wie es ihm geht, antwortet er schmunzelnd: „Nicht so gut, wie ich es mir wünschen würde. Aber besser, als es sein könnte.“

Nach mittlerweile 14 Jahren mit dem Krebs ist für mich entscheidend, dass ich nach wie vor tun kann, was ich tun möchte, egal ob familiär, beruflich oder auch sportlich. Mich hat noch nie irgendjemand zu irgendetwas gezwungen und ich könnte schwer damit leben, wenn diese Situation nun anders wäre. Ich hatte vor der Diagnose gesundheitlich schon einiges mitgemacht und bin wirklich nicht empfindlich. Aber als ich erfuhr, dass der Krebs nicht mehr heilbar ist, war das doch ein besonderer Moment. Es war ja ein reiner Zufallsfund, ausgerechnet an Aschermittwoch im Jahr 2010. Es gab keine familiäre Vorbelastung und ich hatte keine Beschwerden, keine Schmerzen, nichts. Nur mein Herzschrittmacher musste ausgetauscht werden. Im Zuge dessen wurde mein erhöhter PSA-Wert festgestellt.

Als es darum ging, ob eine Bestrahlung oder eine OP erfolgen sollte, war mir sofort klar, dass eine OP für mich die bessere Option war. Ich wollte den Krebs aus meinem Körper verbannen. Aschermittwoch kam der Befund, Mitte Mai 2010 wurde operiert.

Auf Empfehlung des damaligen Gesundheitsexperten der SPD, Karl Lauterbach, suchte ich mir dafür die Martini-Klinik in Hamburg aus. Für mich hatte diese außerdem den

„Nach fünf Tagen in der Klinik saß ich wieder im Bundestag. Alles kein Problem.“

Wolfgang Bosbach und Gerhart Baum, 2023

Vorteil, dass sie weit weg ist von meinem Zuhause in Bergisch Gladbach. Ich mag es einfach nicht, im Krankenhaus Besuch zu bekommen, der dann traurig an meinem Bett steht.

Nach fünf Tagen in der Klinik saß ich wieder im Bundestag. Alles kein Problem. Mit der Entfernung des Schlauchs waren die Beschwerden dahin und auch emotional ging es mir gut, weil ich noch nie dazu neigte, an Dingen zu verzweifeln, die ich nicht ändern kann. Leider stieg der PSA-Wert wieder an und ich musste mich dann auch noch einer Strahlentherapie unterziehen.

Mit den klassischen Methoden Operation und Strahlentherapie hatte ich die Hoffnung gehabt, dass der Krebs besiegt war. Das hat sich aber nach zweieinhalb Jahren als trügerische Hoffnung herausgestellt. Der PSA-Wert stieg noch einmal rasant und es hieß: Der Krebs hat gestreut. „Machen Sie einfach die Dinge, die Ihnen noch Spaß machen." Das war die eigentliche Zäsur, wäre ich doch zur Vorsorge gegangen. Dabei wäre der Krebs höchstwahrscheinlich viel früher entdeckt worden – mit allerbesten Heilungschancen.

Zuerst hatte ich meine Erkrankung nicht öffentlich gemacht, doch als ich vor der Bestrahlung mit 20 anderen Patienten im Warteraum saß, kam eine etwas ulkige Frage: „Was machen Sie denn hier?" – „Na was wohl!" Da wurde mir klar, dass ich damit an die Öffentlichkeit gehen muss, bevor Gerüchte entstehen.

Ansonsten halte ich es so: Wenn ich gefragt werde, sage ich etwas dazu, wenn nicht, dann nicht. Ich bin auch kein guter Ratgeber für andere Betroffene. Ich gebe gerne Auskunft, wie ich es gemacht habe, käme aber nie auf die Idee zu sagen: „Machen Sie es auch so!" In meiner Familie ist das Thema Krebs ebenfalls weitestgehend tabu. Ich bin ein glücklicher Ehemann und Vater von drei erwachsenen Töchtern, und wenn ich nach Hause komme, will ich mich mit anderen Dingen beschäftigen als mit der Krankheit. Meine Frau und meine Töchter sollen unbeschwert ihr Leben führen. Wenn die Töchter doch einmal eine Frage

„Der Krebs ist jetzt nun mal da, den habe ich akzeptiert und ich muss damit umgehen.“

haben, weil es gerade nicht so leicht ist mit dem unbeschwerten Leben, antworte ich natürlich, aber sie wissen eigentlich: Wenn es etwas Neues gibt, melde ich mich.

Der Krebs ist jetzt nun mal da, den habe ich akzeptiert und ich muss damit umgehen. Es gibt wirklich Schlimmeres. Kummer macht mir nur die chronische Müdigkeit, eine Folge der Hormontherapie, der ich mich unterziehen muss. Insgesamt nehme ich täglich sechs Medikamente; fünf, um die chronische Herzschwäche und den Herzschrittmacher auf Trab und in Balance zu halten, und eine wegen des Prostatakrebses. Das ist schon ein beeindruckendes Arsenal. Und manchmal frage ich mich: Was bekämpfe ich eigentlich, die Krankheiten oder deren Nebenwirkungen? Doch ich vertraue meinen Ärzten, darum hatte ich mir auch nur eine einzige Zweitmeinung eingeholt. Und ich vermeide es, Dr. Google zu befragen – das macht meiner Meinung nach nur wahnsinnig, aber auf keinen Fall gesund.

Maischberger Sendung 2016, v.l.: Claus Strunz (Fernsehjournalist), Bettina Gaus („taz"-Journalistin), Sandra Maischberger, Wolfgang Bosbach, CDU (Bundestagsabgeordneter), Wolf von Lojewski (Fernsehmoderator), Richard David Precht (Philosoph und Autor)

Vielmehr ist mein Motto: Karneval statt Selbsthilfe. Ich bin ja schließlich durch und durch Rheinländer – von Geburt an und aus Überzeugung. Humor ist meiner Meinung nach die beste Medizin und Therapie. Und der christliche Glaube! Denn der hat eine frohe Botschaft des Herrn, keine traurige. Der liebe Gott hat es grundsätzlich gut gemeint in meinem Leben und mir viel Glück beschert, ich kann mich nicht beklagen und bin dankbar dafür. Die Arbeit hat ebenfalls gutgetan. Auch wenn die Belastungen durch den Bundestag mitunter hoch waren: Das Lachen, die 12-Stunden-Tage, der engagierte Kontakt zu meinen Wählern, all das gehörte zum Therapieprogramm.

Ich werde oft gefragt, ob ich Angst vor dem Tod habe. Warum sollte ich? Wenn er kommt, bin ich ja weg! Ich beschäftige mich nicht mit Übermorgen, ich lebe im Hier und Jetzt, und das sehr gerne.

Bernd Müller

„Das alte Leben war weg."

Bernd Müller ist ein erfolgreicher Regisseur und Texter, der es gewohnt ist, das Sagen zu haben, seine Projekte und sein Leben zu beherrschen. Die Auftraggeber seiner Werbefilme sind namhafte Großunternehmen. Bernd Müller arbeitet global, sein Freundeskreis und Netzwerk spiegeln seinen Erfolg wider. Er hat alles im Griff, wie man so schön sagt, arbeitet analytisch, äußerst gewissenhaft, ausdauernd, präzise, aber wohl auch ein wenig verbissen. Ein Kämpfer eben, Marathonläufer, äußerlich gestählt und gefühlt unverwundbar. Die Diagnose setzt einen Endpunkt hinter sein altes Leben. Doch es sollte noch schlimmer kommen, Bernd Müller spricht von einem dreifachen Super-GAU: Krebs bekommen, Frau verloren und das alte Leben war weg.

An diesen unheilvollen Tag im Jahr 2012 erinnere ich mich noch ganz genau. Meine Frau war bei mir, als der Arzt mir die Diagnose mitteilte. Auf dem Rückweg mit dem Auto habe ich erst einmal einen Rastplatz angesteuert und geweint. Tausend Dinge schossen mir durch den Kopf. Mein Vater war an Darmkrebs gestorben, jetzt habe ich selbst Krebs. Das Todesurteil ist da. Wem sage ich es zuerst? Ich brauche eine Kommunikationsstrategie. Welche Methode wende ich an? Die Endlichkeit des Lebens kommt um die Ecke und sagt, da bin ich.

Auf den anfänglichen Schock und die Tränen folgte allerdings etwas, das ich mein ganzes Leben lang trainiert hatte: die professionelle Projektarbeit. Ich wollte den Krebs unter

> „Man fühlt sich selbstwirksamer, wenn man sich informiert und wenn man weiß, gegen wen man kämpft.“

Kontrolle bringen. Man fühlt sich selbstwirksamer, wenn man sich informiert und wenn man weiß, gegen wen man kämpft. Ich stellte schnell fest, dass es zwei Typen von Krebspatienten gibt. Die einen sagen, ich habe es, mach es weg, die anderen sagen, ich habe es und ich will es bekämpfen. Wie und woher kommt das, was kann ich tun? Ich gehöre definitiv zu den Kämpfern.

Manches in den ersten Wochen fiel mir fast leicht, ich war es ja gewohnt zu kommunizieren. Ich habe mit dem Auftraggeber des großen Filmprojekts gesprochen, an dem ich gerade arbeitete, und das Team informiert. Natürlich gab es Verständnis und wir haben alles geschoben. Parallel dazu informierte ich die Familie. Ich habe alle getroffen, alles gesagt, meine Strategie kundgetan. Meine Mutter wurde zuletzt informiert, sie hatte ja bereits ihren Mann an den Krebs verloren.

Danach habe ich mich in alle möglichen Untersuchungen und Therapien gestürzt. Ich habe meditiert, Qigong gemacht und mich rund um die Uhr mit dem Krebs beschäftigt. Ich wollte einfach etwas tun, eine Lösung erzwingen, nicht aufgeben, alles versuchen. Was die Kasse nicht bezahlen wollte, übernahm ich selbst. Manchmal erschien es mir wie ein böser Traum und ich war sicher, alles würde sich als falsch herausstellen. Der erste Teil meines ganz persönlichen Super-GAUs übernahm die Kontrolle über mein Leben, der Krebs war da und ging nicht mehr weg.

Anfangs war meine Frau unterstützend an meiner Seite. Sie stellte mir sogar Therapeuten vor. Doch meine fast manische Akribie und Auseinandersetzung mit dem Krebs, die mich und meinen Tagesablauf vollumfänglich einnahmen, führten schließlich dazu, dass sich meine Frau von mir trennte. Und nicht nur das: Sie fing eine Affäre mit einem Therapeuten an, den sie mir selbst vorgeschlagen hatte. Ich war fassungslos. Mit meiner Frau verlor ich nicht nur meine Lebenspartnerin, sondern auch meine Geschäftspartnerin. Soweit der zweite Teil des Super-GAUs.

„Frauen reden. Männer tarnen und täuschen.“

Die therapeutische Begleitung, in die ich mich anschließend, mittlerweile vor über 10 Jahren, begeben habe, war eine meiner besten Entscheidungen. Sie hat mir nicht zuletzt die Einsamkeit genommen. Was blieb, war das Erstaunen über die Schwierigkeit von uns Männern, über Gefühle zu sprechen. Ich selbst etwa konnte immer schon hervorragend die Sprache anderer sprechen – meine eigene jedoch nicht. Das musste ich erst lernen. Damit kämpfe ich seit Jahren. Frauen reden. Männer tarnen und täuschen. Mein Freund berichtet mir, dass er zweimal im Monat heulen muss. Weinen befreit. So tief bin ich sonst mit keinem, weil die Männer es nicht zulassen.

Offen über Gefühle zu sprechen, musste ich also erst lernen, und das war nicht einfach. Ebenso, das übergroße Schamgefühl zu überwinden, das ich aus meiner Erziehung mitbrachte. Im Bereich solcher Soft Skills habe ich mich sehr stark weiterentwickelt. Vor allem die ganzheitliche und geradezu spirituelle Reise hat mir neue Wege eröffnet. Auf einer Visionssuche fiel ein Schlüsselsatz: „Der Krebs wächst dort, wo etwas Anderes nicht wachsen durfte.“ Nach einigen außergewöhnlichen Ritualen, die man vielleicht von Naturvölkern kennt, war klar, dass die toxische Männlichkeit bei mir in der Familie der Auslöser gewesen sein musste: Mein Großvater war ein Narzisst, ein Lebensgefährte

> „Manche Gewohnheiten holte ich mir natürlich zurück, etwa das Laufen mit meiner Laufgruppe.“

meiner Mutter ebenfalls. Genau das wollte meine Mutter für mich nicht, und darum hat sie mich in der Erziehung entsprechend beeinflusst, ohne das aber für mich transparent zu machen. Sie meinte es sicherlich gut.

So hat mir der Krebs letztendlich sogar viel Gutes gebracht, denn ohne ihn hätte ich mein Leben nicht verändert. Dennoch empfand ich genau das zunächst als den dritten Teil meines Super-GAUs: Mein altes Leben war weg, weiter wie bisher ging nicht mehr.

Manche Gewohnheiten holte ich mir natürlich zurück, etwa das Laufen mit meiner Laufgruppe. Ich war viel unter Leuten. Das tiefe Gefühl der Einsamkeit blieb allerdings bestehen.

Am Ende kam meine Frau Daniela zurück und wir machten eine Paartherapie. Die Entwicklung, die ich aufgrund der Erfahrung mit dem Krebs durchgemacht hatte, hat es vereinfacht, neu anzufangen und heute eine Beziehung zueinander zu haben, die noch schöner ist als das, was wir zuvor hatten. Das alte Leben ist weg, aber ich habe ein neues bekommen – nein, WIR haben ein neues bekommen.

Die Aktive Überwachung

*Prof. Dr. Martin Schostak**

Die Behandlungsstrategie der Aktiven Überwachung (Active Surveillance) bei Prostatakrebs ist besonders für Männer mit einem niedrigen bis mittleren Risiko geeignet und hat das Ziel, die Lebensqualität zu erhalten und gleichzeitig eine sichere Überwachung des Krebses zu gewährleisten.

Sie wird immer dann eingesetzt, wenn eine langsam wachsende Form des Krebses vorliegt, bei der sofortige aggressive Behandlungen wie Bestrahlung oder Operation nicht notwendig sind.

Im Rahmen der Active Surveillance wird der Zustand der Prostata durch regelmäßige Untersuchungen und Tests genau überwacht, um erst dann einzugreifen, wenn sich der Zustand verschlechtert. Wie bei jeder Behandlung ist es entscheidend, in engem Kontakt mit dem medizinischen Team zu bleiben und alle Bedenken und Fragen offen anzusprechen.

Aus welchen Komponenten besteht die Active Surveillance?

- **Regelmäßige PSA-Tests:** Alle sechs Monate wird der PSA-Wert gemessen. Ein Anstieg des PSA-Wertes könnte ein Hinweis auf ein Fortschreiten des Krebses sein.

- **Regelmäßige DRU:** Regelmäßige digitale rektale Untersuchungen helfen dabei, physische Veränderungen der Prostata zu erkennen.

- **Regelmäßige MRT-Untersuchungen:** Alle ein bis zwei Jahre wird eine MRT-Untersuchung durchgeführt, um detaillierte Bilder der Prostata zu erhalten und Veränderungen im Gewebe zu erkennen.

- **Biopsie:** Etwa 1,5 Jahre nach der Diagnose wird eine Bestätigungsbiopsie durchgeführt, um detaillierte Informationen über die Beschaffenheit der Krebszellen zu erhalten und festzustellen, ob der Krebs aggressiver geworden ist.

**Urologe und leitender Arzt, Logicuro Berlin*

Erst wenn die Ergebnisse dieser regelmäßigen Untersuchungen nahelegen, dass sich der Krebs verändert, geht man zu aggressiveren Behandlungsmethoden über.

Welche Vorteile hat die Active Surveillance?

- **Erhalt der Lebensqualität:** Eine der größten Sorgen bei der Diagnose Krebs sind die möglichen Nebenwirkungen aggressiver Behandlungen wie Operationen und Bestrahlungen, die die Lebensqualität erheblich beeinträchtigen können. Dazu gehören Inkontinenz und sexuelle Funktionsstörungen. Durch Active Surveillance werden schwerere Eingriffe vermieden und damit auch deren Nebenwirkungen.

- **Vermeidung von Überbehandlungen:** Nicht jeder Prostatakrebs wächst schnell oder breitet sich aus. Bei vielen Männern bleibt der Krebs über Jahre hinweg stabil. Durch die Active Surveillance können unnötige Behandlungen vermieden werden und im Falle einer Verschlechterung kann flexibel reagiert werden.

- **Wiedererlangung der Kontrolle über die eigene Gesundheit:** Durch die kontinuierliche Überwachung wird jede Veränderung des Zustands eines Patienten schnell erkannt. Dies gibt dem Patienten ein Gefühl der Sicherheit und Kontrolle über die eigene Gesundheit.

Welche Studien stützen diesen Ansatz?

- **ProtecT-Studie:** Die Prostate Testing for Cancer and Treatment (ProtecT) Studie ist eine der größten und umfassendsten Studien auf diesem Gebiet. Sie umfasste über 1.600 Männer mit lokalisiertem Prostatakrebs, die entweder einer Aktiven Überwachung, einer Operation oder einer Bestrahlung unterzogen wurden. Nach einem Beobachtungszeitraum von 15 Jahren zeigten die Ergebnisse, dass die Überlebensraten in allen drei Gruppen ähnlich hoch waren. Besonders bemerkenswert war, dass Männer, die sich für Active Surveillance entschieden hatten, deutlich weniger Nebenwirkungen erfuhren. Insbesondere waren die Raten von Inkontinenz und sexuellen Funktionsstörungen in dieser Gruppe signifikant niedriger. Diese Ergebnisse unterstreichen, dass Active Surveillance nicht nur eine sichere, sondern auch eine patientenfreundliche Strategie ist, die die Lebensqualität erheblich verbessern kann.

- **PIVOT-Studie:** Die Prostate Cancer Intervention Versus Observation Trial (PIVOT) untersuchte Männer mit lokalisiertem Prostatakrebs, die entweder einer radikalen Prostatektomie oder einer Beobachtungsstrategie (ähnlich der Active Surveillance) unterzogen wurden. Die Studie umfasste einen Zeitraum von zwölf Jahren. Die Ergebnisse zeigten, dass es in Bezug auf die Gesamtmortalität nur minimale Unterschiede zwischen den beiden Gruppen gab: Die langfristigen Überlebenschancen bei Patienten, die sich für Active Surveillance entschieden haben, waren genauso hoch wie bei jenen, die sich einer sofortigen Operation unterzogen haben. Zudem hatten die Männer unter Active Surveillance weniger gesundheitliche Komplikationen und eine bessere Lebensqualität. Diese Studie bestätigte, dass Active Surveillance eine sichere Alternative zur sofortigen invasiven Behandlung ist und insbesondere bei Männern mit einem niedrigen Risiko eine gute Prognose bietet.

- **Sunnybrook-Studie:** Eine weitere bedeutende Studie zur Active Surveillance wurde von Dr. Lawrence Klotz und seinem Team an der Universität von Toronto durchgeführt. Diese Langzeitstudie umfasste über 1.000 Männer mit lokalisiertem Prostatakrebs und untersuchte die langfristigen Ergebnisse der Active Surveillance über einen Zeitraum von bis zu 20 Jahren. Die Ergebnisse zeigten, dass die meisten Männer, die sich für Active Surveillance entschieden hatten, keinen signifikanten Fortschritt des Krebses erlebten und keine sofortige aggressive Behandlung benötigten. Die Überlebensrate nach zehn Jahren betrug 98%, und auch nach 15 und 20 Jahren blieb die Rate hoch. Die Studie unterstrich, dass Active Surveillance eine effektive Strategie ist, um die Lebensqualität zu erhalten und gleichzeitig das Risiko unnötiger Behandlungen zu minimieren. Dr. Klotz‘ Forschung hat maßgeblich dazu beigetragen, das Vertrauen in die Active Surveillance als sichere und wirksame Option zu stärken.

Die Prostatabiopsie

*Prof. Dr. Jan Philipp Radtke**

Vor einer Biopsie muss stets die Frage beantwortet werden, ob der Eingriff wirklich notwendig ist: Es gibt Karzinome, die klinisch nicht signifikant sind, d.h., die keiner Behandlung bedürfen, da sie das Überleben des Patienten erwiesenermaßen nicht nachhaltig beeinträchtigen. Das Ziel der Diagnostik, die einer Biopsie vorausgeht, ist es daher stets, nachzuweisen,

- ob ein Karzinom vorliegt
- und wenn ja, ob es ein klinisch signifikantes Karzinom ist.

Der erste Schritt in der Untersuchung ist immer die mehrfache Überprüfung des PSA-Werts und das Eruieren der möglichen Ursachen dafür.

Wenn sich hieraus Hinweise auf ein mögliches Prostatakarzinom ergeben, erfolgt idealerweise anschließend eine Diagnostik per MRT, die sogenannte mpMRT (multiparametrische Magnetresonanztomografie; auch MR Prostatografie genannt). Diese Methodik dient dazu, Tumore zu erkennen und klinisch signifikante Tumore von klinisch nicht signifikanten Tumoren zu unterscheiden. Sie wird idealerweise von Radiologen mit entsprechender Zusatzqualifikation – eine Zertifizierung erfolgt durch die Deutsche Röntgengesellschaft – durchgeführt.

Bei der mpMRT wird eine Art „Landkarte" von der Prostata erstellt, auf der tumorverdächtige Areale eingegrenzt werden können, die dann im weiteren Verlauf gezielt biopsiert werden können.

Wenn nach Bestimmung des PSA-Werts und der mpMRT eine Biopsie als notwendig erachtet wird, entnimmt man Prostatagewebe und lässt dieses von einem Pathologen auf Tumorzellen untersuchen.

**Urologe und Leitender Oberarzt, Klinik für Urologie, Universitätsklinikum Düsseldorf*

Wie läuft eine Prostatabiopsie ab?

Es gibt mehrere Möglichkeiten, Gewebeproben aus der Prostata zu entnehmen:

1. Unter Zuhilfenahme eines Ultraschalls durch den Enddarm, den sogenannten transrektalen Ultraschall (TRUS).
2. Unter Zuhilfenahme des TRUS, aber über einen Zugangsweg über den Damm, eine sogenannte transperineale Biopsie.
3. Direkt im MRT durch den Enddarm, den Damm oder die Gesäßmuskulatur.

Wie läuft eine 12-fach TRUS-Biopsie/Fusionsbiopsie ab?

Die 12-fach TRUS-Biopsie ist die klassische, traditionelle Methode, die unter Lokalanästhesie durchgeführt wird. Da neben einem Ultraschallgerät und der Biopsienadel keine weiteren Gerätschaften und Instrumente benötigt werden und der Zeitaufwand gering ist, kann sie für gewöhnlich in jeder urologischen Praxis durchgeführt werden.

Für die Biopsie wird die Biopsienadel transrektal eingeführt und es werden Gewebeproben aus der Prostata entnommen. In der Regel entnimmt man zehn bis zwölf Biopsiezylinder, daher die Bezeichnung „12-fach" – jeweils sechs aus dem rechten und dem linken Prostatalappen.

Jeder Prostatalappen wird dabei gedanklich in drei Abschnitte unterteilt:

1. die Basis = das Drittel unmittelbar unterhalb der Harnblase;
2. das mittlere Drittel;
3. der Apex = das untere Drittel.

Aus allen drei Bereichen werden je zwei Proben entnommen: eine mittig, eine seitlich am Rand, aus der sogenannten Peripherie. Diese Probenentnahme ist jedoch nicht gezielt, sondern lediglich systematisch.

Wenn die Diagnostik zuvor per MRT erfolgte und Gewebeproben zusätzlich aus tumorverdächtigen Arealen entnommen werden, spricht man von einer MRT-/Ultraschall-Fusionsbiopsie. Dazu werden per transrektalem Ultraschall zunächst Bilder von der

Prostata gemacht, die dann mithilfe spezieller Software digital über die „Landkarte“ der Prostata aus der mpMRT gelegt werden. So lassen sich die tumorverdächtigen Areale, aus denen die Proben entnommen werden, noch besser charakterisieren. Eine Fusionsbiopsie ist auch prinzipiell kognitiv ohne Zuhilfenahme einer speziellen Software möglich: Der Biopseur stellt sich die zuvor in der MRT gesehenen suspekten Areale gedanklich topografisch vor und biopsiert diese dann TRUS-gesteuert.

Wie läuft eine In-Bore-Biopsie ab?

Die Probenentnahme direkt in der MRT wird als In-Bore-Biopsie bezeichnet und findet ausschließlich dann Anwendung, wenn die Diagnostik zuvor per mpMRT erfolgte. Bei der In-Bore-Biopsie wird das Gewebe transrektal (durch den Enddarm), transperineal (durch den Damm) oder transgluteal (durch die Gesäßmuskulatur) aus der Prostata entnommen. Aufgrund des enormen Aufwands an Zeit und Kosten werden lediglich Proben aus den laut mpMRT verdächtigen Arealen entnommen (und nicht, wie bei der 12-fach TRUS-Biopsie/Fusionsbiopsie, Proben aus den standardmäßig festgelegten Bereichen).

Die aktuelle „S3-Leitlinie Prostatakarzinom“ der Arbeitsgemeinschaft der Wissenschaftlichen Medizinischen Fachgesellschaften e. V. (AWMF) empfiehlt die Kombination der vorgestellten Untersuchungsmethoden in dieser Reihenfolge:

1. Durchführung einer mpMRT
2. Entnahme von einer Kombination aus gezielten Biopsiezylindern (im Rahmen einer Fusionsbiopsie) und systematischen Biopsiezylindern wie bei einer 12-fach TRUS-Biopsie

Es gibt nicht zuletzt mehrere Studien (namentlich die PROMIS-Studie, die PRECISION-Studie, die 4-M-Studie und die MRI-FIRST-Studie), die nahelegen, dass dies die ideale Vorgehensweise ist, um medizinisch nicht notwendige Eingriffe zu vermeiden, aber gleichzeitig zu gewährleisten, dass Gefahr im Verzug erkannt wird.

Klaus Kronewitz

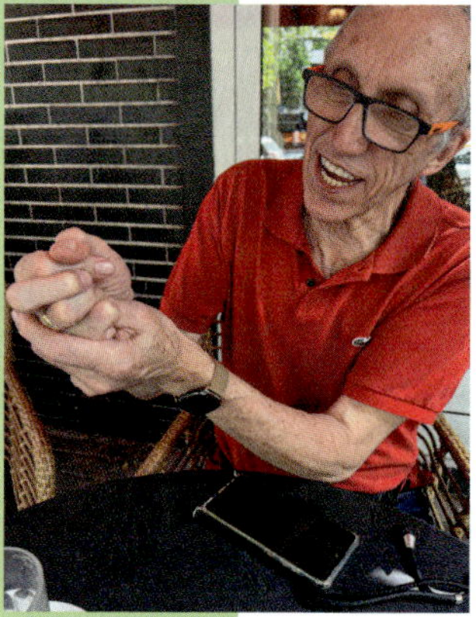

„Nur der gut informierte Patient kann richtig für sich entscheiden.“

Klaus Kronewitz, Jahrgang 1955, war vor seiner Pensionierung über 40 Jahre in der Pharmabranche tätig, zuletzt in leitender Position verantwortlich für das Outsourcing von Studien im Rahmen der Forschung. Vermutlich kommt daher sein gutes Gespür für den richtigen Umgang mit Informationen. Seine Begabung, das Wesentliche in einfacher Sprache zu erklären und zu vermitteln, ließen ihn nach seiner eigenen Krebsdiagnose 2015 zu einem der aktivsten Selbsthilfegruppenleiter und wichtigsten Patientenvertreter des Landes werden. Sein Rat wird gehört und darauf ist er stolz. Klaus Kronewitz begeistert und motiviert Betroffene und ihre Familien, selbst bei dieser angsteinflößenden Krankheit.

Meine eigene Geschichte ist schnell erzählt: Ich bin immer zur Vorsorge gegangen, habe aber nie den PSA-Wert testen lassen. Das lag bestimmt nicht am Geld; man gibt ja so viel Geld für unnütze Dinge aus. Es war eher mein unterschwelliger Protest am „System“ der Männergesundheit und Vorsorge. Ich habe es dann aber doch machen lassen und der Wert war erhöht. Zunächst sah es so aus, als könnte es eine Prostatitis sein. Ich nahm für sieben Tage Antibiotika. Der Wert wurde aber nicht besser.

Also wurde eine Biopsie gemacht. Es wurde zwölf Mal gestanzt. Als ich dann die Diagnose bekam, in einer äußerst knappen und fast überrumpelnden Art und Weise, war ich überrascht und sprachlos, was bei mir selten vorkommt. Um nicht zu sagen: Ich war total perplex. Ein Tumor. Was passiert jetzt? Wie lange lebe ich noch? Dem Arzt ging es nur um eine OP. Er saß vor seinem Kalender und sagte, in zwei Wochen hätte er noch was frei. Das müssten wir aber jetzt sofort entscheiden. Gut, dass meine Frau dabei war, ich war gar nicht in der Lage, irgendetwas zu entscheiden.

Danach habe ich versucht, mich möglichst breit zu informieren, und bin schnell auf den Bundesverband Prostatakrebs Selbsthilfe e.V. (BPS) gestoßen. Über diesen habe ich in Berlin eine Selbsthilfegruppe gefunden, die ich sofort besucht habe. Nach seinem Vortrag dort bat ich Prof. Dr. Weißbach, sich meine Unterlagen anzuschauen. Was für eine Fügung, muss ich heute sagen. Ich bekam eine wichtige, wenn auch drastische, aber letztendlich entscheidende Zweitmeinung.

Prof. Weißbach riet mir dringend von einer Operation ab und empfahl eine Aktive Überwachung mit engmaschigen Kontrolluntersuchungen. Also suchte ich mir einen anderen Urologen, bei dem ich bis heute „Active Surveillance" (AS) mache. Ich habe in der Folge nie Medikamente bekommen: Es handelt sich um eine reine Überwachungsstudie. Und es geht mir damit sehr gut. Diese Zweitmeinung hat mir vermutlich zehn Jahre Lebensqualität geschenkt und mich vor einer OP mit möglichen Nebenwirkungen bewahrt. Derzeit steigt mein PSA-Wert leider wieder langsam an und ich werde mich für eine Therapie-Option entscheiden müssen, sollte der Wert über 10 steigen.

Seit meiner eigenen Diagnose setze ich mich für Prävention und Früherkennung ein. Durch alles, was man am Anfang macht, erspart man sich und unserem Gesundheitssystem enorme Kosten und vor allem Nebenwirkungen. Man sollte, das ist mein Rat an alle Betroffenen, immer eine Zweitmeinung einholen und möglichst nach von der

Deutschen Krebsgesellschaft (DKG) zertifizierten Prostatakrebszentren Ausschau halten. Und man sollte die Hotlines (z. B. vom BPS oder von der Cancer-Hotline der Charité) nutzen. Da sitzen nicht unbedingt Mediziner, aber Menschen, die sich lange und intensiv genug mit dem Krebs auseinandergesetzt haben, um die Richtung aufzeigen zu können.

Die Arbeit der Selbsthilfegruppen hat mich begeistert und aktiv werden lassen. 2019 initiierte ich selbst die Neugründung der Prostatakrebs-Selbsthilfegruppe Berlin-Nord. Seit 2021 bin ich auch Sprecher des Patientenbeirats des Comprehensive Cancer Center der Charité und seit 2023 Mitglied des Patientenforschungsrats am NCT Berlin. Mit den Mitgliedern unserer Selbsthilfegruppe besuchen wir Kliniken, Reha-Einrichtungen, Radiologiezentren, organisieren Fachvorträge und Fragestunden mit Fachpersonal, geben Ernährungsberatungen und sorgen für Bewegungsangebote wie unser beliebtes „Rudern gegen den Krebs".

Die Gruppe von mittlerweile 80 Mitgliedern saugt das Programm geradezu auf. Der Umgang miteinander ist freundschaftlich, und das ist auch die Stärke. Wir schaffen hier soziale Bindungen und einen geschützten Raum zum Reden und Austauschen. Bei uns wird Klartext gesprochen. Wir laden immer auch die Frauen oder Partner ein, weil die oft genauso ratlos sind. Ich habe immer noch den Plan, für die Ehefrauen eine eigene Selbsthilfegruppe zu starten, weil die Bedeutung der Krebserkrankung ihrer Männer in deren eigenen Leben nirgends richtig berücksichtigt wird.

Selbst schlimme Verläufe helfen uns als Gruppe, weil es immer etwas zu lernen gibt und weil es uns menschlich zusammenschweißt. Die Gemeinschaft bietet auch bei psychischen Problemen Unterstützung. Voneinander zu lernen beruhigt und beeinflusst die Ergebnisse positiv. Und manchmal bewirken auch vermeintlich kontraproduktive Ideen

„Wir schaffen soziale Bindungen und einen geschützten Raum zum Reden und Austauschen. Bei uns wird Klartext gesprochen."

Wunder. Wir bieten Kochkurse mit einer Ernährungsberaterin an. Beim ersten Mal sagte sie: „So, zu diesem Gericht trinken wir jetzt ein ordentliches Glas Rotwein." Da waren alle erst einmal verunsichert. Wir sind doch krank. „Quatsch", sagte sie, „wo ist denn der Gegner? Ein Glas Wein oder ein Stück Schokolade wird uns nicht umbringen, solange es nicht übertrieben wird." Das hat bei uns im Denken einiges geändert.

Für dieses Ändern im Denken gibt es einige gute Beispiele, wie etwa das Survivors Home in Berlin. Das ist eine richtige Wohlfühloase für Betroffene. Ich wünsche mir mehr davon. Negativbeispiele gibt es leider auch, viele. Die finde ich manchmal auf den Palliativstationen im Krankenhaus, wo schon das Kondolenzbuch am Eingang liegt. Was macht das mit den Betroffenen und ihren Angehörigen? Wir wissen doch, wohin es führt. Trotzdem möchten wir etwas Aufbauendes für den nächsten Tag, die nächste Woche und den nächsten Monat haben. Positiv stimmen, ohne zu beschönigen – erhobenen Hauptes das eigene Lebensende bewusst und würdevoll bestreiten.

Manche haben auch noch etwas zu erledigen und wollen nicht einfach so im Krankenhaus ihren letzten Atemzug aushauchen. Ein Mitglied meiner Gruppe lag da schon, unfähig aufzustehen, schlief während meines Besuchs ständig ein; das war wirklich schlimm zu ertragen. Ich bat ihn, trotzdem zu kämpfen. Zwei Wochen später rief er mich von zu Hause aus an: Er könne schon wieder „drei Schritte" mit dem Rollator gehen und endlich seine Unterlagen ordnen. Er fühlte sich wohl und ist sechs Monate später entspannt zu Hause gestorben. Das klingt profan, ist es aber nicht.

Wir brauchen auch mehr Öffentlichkeitsarbeit, gerne in den U-Bahnen mit Plakaten, im Fußballstadion oder sonst wo. Wir brauchen mehr Coming-Outs zu Prostatakrebs! Wir müssen mit dem Stereotyp vom Starken-Mann-Markieren aufhören. Wir brauchen Mutmachergeschichten. Der Krebs ist sehr gut behandelbar, wenn er früh entdeckt wird.

Und wir müssen die Widersprüchlichkeit in unserem Gesundheitssystem ändern. Da ist so viel Unsinn drin. Gerade mit nicht gedeckten Leistungen, die es für den Mann als Kostenpunkt gibt, für die Frau aber nicht. Manche Gruppenmitglieder bei uns leben von Sozialhilfe. Die können nicht alles finanzieren. Das ärgert mich, zumal die diagnostischen Untersuchungen in den S3-Leitlinien verankert sind. Wenn die hören: „Dann müssen Sie die 1.000 Euro wohl selbst bezahlen …", kommt Panik auf.

Wir wissen doch, es gibt keine Blaupause. Jeder hat eine andere Prostata und einen eigenen Krankheitsverlauf. Einige gute Fachleute sagen deshalb auch, dass wir eine perso-

nalisierte Medizin brauchen. Manches kommt erst im Laufe der Behandlung zum Vorschein. Es muss patientenverständlich erklärt werden und den Männern muss die Angst genommen werden. Man muss sich nach dem Befund regelmäßig untersuchen und überwachen lassen, deshalb müssen engmaschig Termine wahrgenommen werden. Wenn dann was ist, kann man reagieren. Das muss ich aber wissen und vielleicht auch lernen. Nur der gut informierte Patient kann richtig für sich entscheiden.

Als Patientenvertreter wünschen wir uns noch bessere Diagnosetechnologien und eine bessere Beratung zu den jeweiligen Maßnahmen. Insgesamt, und da spreche ich aus eigener Erfahrung, müssen Früherkennung und Vorsorge verbessert werden. Meine Bitte: Gehen Sie zur Früherkennung. Vorsorge kann Leben retten! Holen Sie sich vor einer Therapieentscheidung eine Zweitmeinung ein, z. B. bei der Cancer-Hotline der Charité Berlin. Haben Sie Mut, mit eigenen Worten nachzufragen, ob Sie alles richtig verstanden haben. Bitten Sie darum, vor Ihrer finalen Entscheidung eine Nacht darüber schlafen zu dürfen. Gehen Sie in eines der Prostatakarzinomzentren, die regelmäßig von der Deutschen Krebsgesellschaft (DKG) zertifiziert werden. Erkundigen Sie sich, wer für diese spezielle Therapie die größte Expertise hat und die meisten Eingriffe vornimmt. Sie sind der Patient und nur Sie alleine entscheiden über Ihren Körper!

Bei aller Skepsis und Vorsicht: Vertrauen Sie nicht dem Internet mehr als Ihren Ärzten. Leider sind unseriöse Angebote von seriösen kaum zu unterscheiden. Und suchen Sie bereits bei der Erstdiagnose eine Selbsthilfegruppe auf, die Sie auffängt.

Fokale Therapie

*Prof. Dr. med. Angelika Borkowetz**

Bei der fokalen Therapie geht es darum, nur das vom Krebs betroffene Gewebe zu behandeln und das gesunde Gewebe zu schonen. So sollen vor allem die Nebenwirkungen der Therapie so gering wie möglich gehalten werden. Dabei ist es von wesentlicher Bedeutung, dass das betroffene Gewebe zerstört wird.

Es wird zwischen zwei grundlegenden Methoden unterschieden:

1. **Fokale Ablation:** Der lokalisierte Tumor wird lokal und nur mit einem gewissen Sicherheitsabstand behandelt.

2. **Hemiablation:** Ein größerer Bereich um den lokalisierten Tumor (z. B. ein kompletter Seitenlappen der Prostata) wird behandelt. Die Hemiablation wird vor allem da angewendet, wo der Tumor auf einer Seite der Prostata nachgewiesen wird, aber nicht eindeutig einem Bereich zugeordnet werden kann, oder wenn der Tumor mehreren Bereichen einer Seite zuzuordnen ist.

Wichtig ist, dass sich Patienten an ein Zentrum wenden, das die komplexe Diagnostik und Therapie der fokalen Ablation anbieten kann.

Was sind die Voraussetzungen für eine fokale Therapie?

Nicht jeder Mann mit einem Prostatakrebs kann eine fokale Therapie erhalten: Wenn der Krebs zu aggressiv oder über zu viele Regionen der Prostata verteilt ist, ist diese Behandlungsmöglichkeit keine Option.

In der aktuellen „S3-Leitlinie Prostatakarzinom" wird empfohlen, dass Tumore mit einem niedrigen Risiko, die sich nur auf einer Seite der Prostata befinden, einer fokalen

**Urologin und Klinikdirektorin, Klinik und Poliklinik für Urologie, Universitätsmedizin Rostock*

Therapie zugeführt werden. Da bei der fokalen Therapie ein großer Teil der Prostata nicht behandelt wird, ist es extrem wichtig, dass der Tumor durch die Diagnostik in seiner Aggressivität richtig eingeschätzt und genau lokalisiert wird. Weitere Tumorherde müssen sicher ausgeschlossen werden können. Dazu ist eine sehr präzise Diagnostik mittels mpMRT Voraussetzung (s. S. 135). Allerdings kann auch diese Diagnostikmethode kleine Tumorherde, die aggressiv sein können, übersehen. Die Biopsie (s. S. 135) aus weiteren Regionen ist daher weiterhin notwendig, um weitere Tumorherde sicher auszuschließen.

Eine weitere Voraussetzung ist, dass der Mann eine alleinige Aktive Überwachung des Tumors (s. S. 132) nicht wünscht.

Auch aggressivere Tumore, die lokal begrenzt sind, können mit einer fokalen Therapie behandelt werden. Dies betrifft insbesondere die Tumore mit Gleason Score 7 (3+4) oder ISUP 2. Diese sollten allerdings kein großes Tumorvolumen aufweisen.

Welche Methoden kommen zum Einsatz?

Bei der fokalen Therapie kommen verschiedene Methoden zur Zerstörung des betroffenen Gewebes zum Einsatz. Ob ein Verfahren für einen bestimmten Patienten in Frage kommt, hängt vor allem von zwei Faktoren ab:

1. von dem Bereich, in dem sich der Tumor befindet;

2. von der Größe der Prostata und damit von der Erreichbarkeit des Tumors.

So sind z. B. Tumore im unteren Bereich der Prostata, also nahe dem äußeren Schließmuskel, mit der HIFU-Methode schlechter behandelbar als mit Kryotherapie oder IRE. Und Tumore im vorderen Bereich der Prostata, die sich also weiter weg vom Enddarm befinden, sind insbesondere bei einer großen Prostata am besten mit der TULSA-Methode, Kryotherapie oder IRE behandelbar.

1. HIFU-Methode

High-Intensity Focused Ultrasound, hochfokussierter Ultraschall. Bei der am häufigsten angewendeten Behandlungsmethode werden Ultraschallwellen über eine Ultraschallsonde appliziert, die über den Enddarm eingeführt wird und somit direkt an der Prostata zum Liegen kommt. Diese Ultraschallwellen werden sehr gezielt (= fokussiert) auf einen Bereich in der Prostata gelenkt und erhitzen das Gewebe an dieser Stelle auf etwa 80–100 °C. Dabei kommt es zu einem „Zerkochen" und so zur Zerstörung des Gewebes, und mit der Zeit entsteht Narbengewebe. Der Arzt beobachtet die Prostata über den Ultraschall während der Behandlung und kann damit die Behandlung kontrollieren. Bei der Planung werden die Ergebnisse der mpMRT einbezogen, um zielgenau zu behandeln. Wenn der Tumor aber auf einer Seite der Prostata weiter ausgedehnt ist, kann das Behandlungsareal auch erweitert werden, z. B. auf eine komplette Hälfte der Prostata.

2. TULSA-Methode

Transurethrale Ultraschallablation: Ein weiteres auf Ultraschallwellen gestütztes Verfahren. Bei dieser Methode werden die Ultraschallwellen von einem Katheter abgegeben, der über die Harnröhre eingeführt wird. Die Besonderheit ist, dass die Behandlung im MRT durchgeführt wird und dadurch direkt auf Basis der MRT-Bilder erfolgt. Die Erhitzung des Gewebes wird ebenfalls mit der MRT gemessen. Über diese sogenannte MRT-Thermometrie kann die Hitzeentwicklung im behandelten Gewebe kontrolliert und der Behandlungsplan regelmäßig adjustiert werden.

3. Kryotherapie

Alternativ zu Hitze wird bei dieser Methode starke Kälte (bis zu -40 °C) eingesetzt: Über Sonden werden stark gekühlte, sehr dünne Nadeln in die Prostata eingeführt, die das Gewebe regelrecht „vereisen". Durch die niedrigen Temperaturen zerreißen die Zellwände und das Gewebe wird zerstört. Die Sonden werden unter Ultraschallkontrolle über die Haut und die Muskulatur am Damm in die Prostata eingelegt; dabei werden die Bilder aus der zuvor erfolgten mpMRT digital über die Ultraschallbilder gelegt (s. S. 136), um ein möglichst präzise eingegrenztes Behandlungsareal zu gewährleisten. Temperatursonden kontrollieren den Temperatureffekt während der Behandlung.

Zusammen mit der HIFU-Methode ist die Kryotherapie das am häufigsten angewendete fokale Therapieverfahren. Über diese beiden Verfahren existieren daher auch die meisten publizierten Studien mit einer langen Nachbeobachtungszeit.

4. IRE

Irreversible Elektroporation, Brachytherapie, Mikrowellenablation, Lasertherapie. Diese Methoden sind bislang nur wenig verbreitet und auch wenig im Rahmen von Studien untersucht. Bei der IRE wird mittels über den Damm eingeführte Sonden eine elektrische Spannung angelegt, die die Zellwände zerreißt. Bei der Brachytherapie werden radioaktive Jod-125-Stäbchen (Seeds) eingeführt und verbleiben im Körper: Die Strahlung zerstört das umliegende Gewebe und es vernarbt. Je nachdem, ob die gesamte Prostata mit Seeds versehen wird oder nur der betroffene Bereich, spricht man von LDR-Brachytherapie oder fokaler Brachytherapie.

Wie läuft eine Behandlung ab?

Zunächst erfolgt eine sehr genaue Überprüfung der mitgebrachten Befunde sowie eine Erhebung weiterer Befunde per Ultraschall, z. B. die Prostatagröße oder der Anteil der Verkalkungen in der Prostata, und/oder per erneuter Tastung der Prostata; je nach Datenlage ggf. auch per erneuter Biopsie und/oder mpMRT. Alle Befunde und Untersuchungsergebnisse zusammen führen zu einer möglichst genauen Lokalisation des Tumors. Die meisten fokalen Therapiemethoden erfolgen unter Vollnarkose oder unter Rückenmarknarkose (Spinalanästhesie), da schon kleinste Bewegungen des Körpers die Genauigkeit des Behandlungsverfahrens beeinträchtigen und zu Komplikationen führen können.

Für die Dauer der Behandlung und häufig auch noch für die Tage danach wird ein Blasen- oder ein Bauchdeckenkatheter eingelegt, um die Harnröhre während der Behandlung gut überwachen zu können und damit während und nach dem Eingriff das Wasserlassen vereinfacht wird.

Welche Risiken und Nebenwirkungen gibt es?

Die fokale Therapie ist insgesamt gut verträglich und bringt weniger Nebenwirkungen und Folgeschäden mit sich als aggressivere Eingriffe wie Bestrahlung oder Operation (s. S. 159). Dennoch kann es während und nach der Behandlung zu Beschwerden kommen, die aber in der Regel nur schwach ausgeprägt sind. Mögliche Nebenwirkungen können sein:

- erschwertes Wasserlassen kurzfristig durch das zwischenzeitliche Anschwellen der Prostata oder längerfristig durch das entstandene Narbengewebe. Ersteres kann mit einer zeitweisen Wiedereinlage eines Blasenkatheters erleichtert werden, Letzteres mithilfe von Medikamenten oder einer Entfernung von Prostatagewebe über die Harnröhre (per TUR-P = transurethraler Prostataresektion);

- verstärkter Harndrang, häufigeres Wasserlassen und Blutabgänge im Urin durch Entzündungsreaktionen in der gereizten Prostata; diese klingen jedoch in der Regel rasch von alleine ab;

- sehr selten Inkontinenz durch eine Mitbehandlung des äußeren Schließmuskels besonders bei Behandlungen im unteren Bereich der Prostata;

- sehr selten Impotenz von einer Abnahme der Gliedsteifigkeit bis zu einem totalen Verlust durch eine Mitbehandlung des an der Prostata anliegenden neurovaskulären Bündels besonders bei am Rand liegenden Tumoren.

Wie verläuft die Nachsorge?

Die Nachsorge stützt sich auf zwei wesentliche Elemente:

1. regelmäßige Kontrollen des PSA-Werts

2. Kontroll-MRT; nach dem ersten Kontroll-MRT erfolgt zudem eine erneute Biopsie (s. S. 135) nach 6–12 Monaten; im weiteren Verlauf wird dann nur noch eine Biopsie angesetzt, wenn die MRT-Ergebnisse dazu Anlass geben.

Da der Großteil der Prostata nicht behandelt wird, ist es notwendig, MRT und Biopsie sowohl im unbehandelten als auch im behandelten Bereich der Prostata durchzuführen. So wird der Behandlungserfolg im behandelten Areal überprüft und ggf. neu entstandene Tumorherde im unbehandelten Bereich werden erkannt.

Wie hoch ist das Risiko eines Rückfalls?

Im weiteren Verlauf kann es im unbehandelten, aber auch im behandelten Areal und dessen Randbereichen zu neuen oder bislang unentdeckt gebliebenen, zwischenzeitlich aber gewachsenen Tumorherden kommen. Das Risiko dafür liegt nach 5 Jahren laut verschiedener Studien zwischen 20% und 50%. Durch eine gute Nachsorge und engmaschige Überwachung kann das Wiederauftreten eines Karzinoms frühzeitig entdeckt werden. Die Behandlung eines neuen Tumors muss dann wiederum individuell festgelegt werden, abhängig von seiner Aggressivität und Lage.

Durch eine gute Nachsorge und engmaschige Überwachung kann das Wiederauftreten eines Karzinoms frühzeitig entdeckt werden.

Thomas Barge

„Ich sage immer, mir geht es super.“

Thomas Barge, Jahrgang 1963, ist ein gerade pensionierter Feuerwehrmann, ein großer Mann, zupackend und tätowiert. Er hat bei beruflichen Einsätzen viel erlebt, auch Schreckliches, was ihn nach außen hat hart werden lassen, zu sich selbst wie bisweilen zu anderen. Aber Thomas Barge hat auch eine weiche Seite. Wenn er von seinem Hobby, dem Kochen in kirchlich organisierten Ferienlagern für sozial benachteiligte Kinder, spricht, bekommt er feuchte Augen. Seine Erfüllung fand er zudem neben langen Schichten im Theater, wo er als Brandsicherheitswache arbeitet für die Feuerwehr. Und vor allem im Sport, speziell der Radsport, der ihm die Energie für den Alltag gibt. Als die Prostatakrebsdiagnose kam, wurde seine Welt auf den Kopf gestellt. Er ging dann aber seinen eigenen Weg und ist froh darüber, auch wenn das nicht zu 100% geklappt hat. Sein unermüdlicher Einsatz gegen Ungerechtigkeiten und sein Lebensmotto blieben: Mir geht es super. Ich sterbe lieber Jahre früher, habe bis dahin aber ein geiles Leben.

Nach meiner Diagnose im Jahr 2018 ging es für mich nach Dresden zu einer Ärztin, die mir die Tookad-Behandlung empfohlen und genauestens erklärte hatte, mit allen Vorteilen, aber auch den Risiken. Aufgeschlossen gegenüber Neuem, wie ich nun mal bin, wollte ich das unbedingt ausprobieren. Tookad kommt aus dem Hebräischen und heißt „Licht“. Die Therapie einer minimal-invasiven OP mit Lasertechnik wurde 2016 in Israel entwickelt und soll das Risiko der Inkontinenz und der Impotenz stark minimieren. In Deutschland wurde die Behandlungsmethode im Rahmen einer europäischen Studie unter anderem an der Uniklinik Dresden bestätigt.

Vorbereitungszeit für die OP war eine Stunde, der Eingriff selbst dauerte vier Minuten. Die Tage danach waren anstrengend, zwei Tage muss ich komplett im Dunkeln verbringen auf der Intensivstation. Die Krankenschwestern und Ärzte kamen nur mit Speziallicht in mein Zimmer, weil mich alles andere geblendet hätte. Kein Handy, kein Computer, kein Fernsehen, da wird die Zeit lang ... Aber mein Wert ging runter.

Mein Umfeld kannte mich ja und so gab es kaum negative Reaktionen auf meine Entscheidung. Meine Eltern und einige Freunde nicht, die waren eher geschockt. Als Feuer-

wehrmann bin ich aber pragmatisch. Ich hatte keine Angst zu sterben, dazu hatte ich schon zu viele außergewöhnliche und auch gefährliche Einsätze erlebt und überstanden. Ich habe es natürlich auch allen auf der Wache erzählt, weil die meisten nicht zur Vorsorge gingen. Man muss wissen, dass die Feuerwehr eine eingeschworene und bisweilen äußerst archaische Männerwelt ist. Veränderung ist nicht so gern gesehen. Härte und Standing zählen. Die meisten Kollegen hatten Respekt vor der Untersuchung. Dann erzählte ich von meiner Ärztin, kompetent, nett, mega lustig, einfach ein toller Mensch. Ein paar Männer sind dann tatsächlich gegangen.

Hat man Probleme mit der Prostata, hat man das Gefühl, dass auf einmal überall davon berichtet wird. Das Thema springt einen geradezu an. Unter anderem las ich, dass Prostatakrebs unter Mitgliedern von Feuerwehren weit verbreitet ist. Man fand in den USA und Skandinavien heraus, dass die Zahl der Betroffenen nach Großbränden stieg und dass der Krebs dort als Berufskrankheit anerkannt ist. Es wird vermutet, dass bei Löscharbeiten Schadstoffe aufgenommen werden, die den Krebs triggern.

Mittlerweile habe ich leider ein Rezidiv bekommen. Wir sind dran. Ich lasse mir mein Leben durch all das nicht vermiesen. Ich hatte bis jetzt ein tolles Leben, bin zufrieden und freue mich auf das, was noch kommt, vielleicht schalte ich nur einen Gang runter.

Dass ich erektile Störungen habe, ist nicht toll, doch damit kann ich leben, es gibt ja bunte Tabletten und die halfen gut bei mir. Aber wenn ich nicht mehr Rad fahren könnte oder beim Sport Windeln oder Binden tragen müsste, weil ich inkontinent wäre, dann wäre die Lebensqualität für mich schon dahin.

Wirklich dunkle Stunden kenne ich eigentlich nicht, weil ich immer Ja zum Leben sage. Ich schaue heute nur anders auf mein Leben, denke immer nur an die nächsten ein oder zwei Jahre und mache keine langfristigen Pläne. Ich möchte noch eine Menge machen, im Ehrenamt, das macht mir schon immer Spaß und davon zehre ich. Das habe ich bei der Feuerwehr gelernt, wo ich häufig erleben musste, wie schnell es zu Ende sein kann. Da lernt man das Leben schätzen. Und fährt dann auch mit Helm, weil man gelernt hat, dass man sich selbst aus 1 Meter Höhe den Kopf einschlagen kann.

Ich koche zum Beispiel regelmäßig für eine Kirchengemeinde bei deren Jugendcamps mit sozial benachteiligten Kindern. Dabei höre ich laute Techno-Mucke, das ist meine Musik. Dort wird man gut geerdet, weil es dem meisten Kindern nicht so gut geht und man bekommt viel zurück. Deshalb mach ich das. Dann merke ich auch, wie gut es mir geht.

Ich habe doch alles, Freund und Familie, bis auf Kinder und eine Beziehung. Meine letzte Freundin ist der Mensch, der mich am Besten kennt auf diesem Planeten. Wir sind auch fünf Jahre nach unsere Trennung noch sehr verbunden, auch wenn sie nun eine Partnerin hat.

Dennoch gibt es natürlich Sachen, die mir immer mehr gegen den Strich gehen, zum Beispiel die Zweiklassengesellschaft bei der Krankenversicherung. Da gibt es doch tatsächlich in manchen medizinischen Einrichtungen zwei Eingänge, einen für Privat- und einen für Kassenpatienten. Auch das Essen ist anders; immerhin scheint es zum Glück die gleiche Behandlung zu sein. Und ich finde es fürchterlich, dass Unterschiede bei den Krankheiten gemacht werden.

Nach der OP habe ich in Hamburg einen tollen Therapeuten gefunden, der hilft mir bei Dingen die ich nicht verstehe und mit denen ich aus der Vergangenheit nicht klar komme. Er ist ein wertvoller Mensch für mich.

Wenn mich jemand auf den Krebs anspricht, sage ich immer, mir geht es super, auch wenn die Werte gerade mal wieder nicht stimmen. Nur mit Freunden, von denen es nicht viele gibt, berede ich alles. Die meisten Menschen wollen ja nicht wirklich wissen, dass es einem schlecht geht und warum. Aber warum soll ich mir darüber ständig Gedanken machen? Dann kann ich ja nicht das Hier und Jetzt genießen. Also, weiter geht's, rauf aufs Rad und los!

Bernd Wehmeyer

„Sex ist dann eben nur noch Kreisliga.“

Bernd Wehmeyer, Jahrgang 1952, ist ein ehemaliger Fußballprofi. Er spielte zuerst bei Arminia Bielefeld, dann bei Hannover 96 und anschließend – sowie den Großteil seiner aktiven Zeit – beim Hamburger SV: Ganze 183 Spiele absolvierte er für die Rothosen, er holte mit der Mannschaft unter anderem drei Deutsche Meister-Titel. Nach dem Ende seiner Spielerkarriere wurde er Fußballmanager beim HSV, heute ist er der Vizepräsident des Vereins. Kurzum, Bernd Wehmeyer trägt „die Raute“ im Herzen. Doch auch diese konnte den äußerst gesund lebenden Topsportler nicht vor einer herben gesundheitlichen Niederlage bewahren: Als er im Oktober 2011 mit gerade einmal 59 Jahren einen Herzinfarkt erleidet, stellt sich zusätzlich heraus, dass er an Prostatakrebs erkrankt ist. Keine gute Saison für „Fummel“, so sein Spitzname aus der aktiven Zeit wegen seiner Dribbelkünste. Die Prostata wurde im Januar 2012 entfernt, quasi aus dem Kader gestrichen. Ein gnadenloser Einschlag, wie er gern sagt, und keine Chance, sich aus dieser Situation rauszufummeln.

An den Tod habe ich nicht gedacht, als ich die Diagnose Prostatakrebs bekam. Der Herzinfarkt aus heiterem Himmel warf mich sehr viel stärker aus der Bahn. Ich war damals mit meiner Frau joggen und spürte, dass etwas nicht in Ordnung war, also beschloss ich, in die Klinik zu fahren. Als ich im Universitätsklinikum Hamburg-Eppendorf (UKE) ankam – gefahren war ich selbst –, fand man heraus, dass eine Herzarterie verstopft war. Ich wurde sofort operiert und erhielt einen Stent, mit dem die verschlossenen Herzkranzgefäße wieder geöffnet wurden. Noch mal Glück gehabt, aber schon knapp.

Im Rahmen dieses Eingriffs wurden jedoch noch weitere Untersuchungen angestellt und man stellte einen erhöhten PSA-Wert fest. Komisch, dachte ich mir noch. Ich war ja regelmäßig beim Gesundheitscheck. Der Mannschaftsarzt des HSV hatte das früher schon einmal festgestellt und eine Biopsie veranlasst, doch es konnte nichts gefunden

„Ich habe mir gesagt: Jetzt hast du das eine überstanden, dann wirst du das andere auch noch hinkriegen.“

werden. Dieses Mal klang die Diagnose aber eindeutig: Prostatakrebs im Frühstadium. Der Krebs hatte zwar noch nicht gestreut und galt als lokal gut zu entfernen, trotzdem war das natürlich keine gute Nachricht. Ich habe mir aber gesagt: Jetzt hast du das eine überstanden, dann wirst du das andere auch noch hinkriegen.

Prof. Dr. Graefen von der Martini-Klinik, der meine radikale Prostatektomie durchführte, sagte als erstes zu mir: „Sie kommen eigentlich zehn Jahre zu früh“, ich war ja gerade einmal 59. Die Herzsache war eigentlich auch zu früh. Doch ich wollte kein Risiko eingehen. Also raus mit der Prostata. Da musste ich nicht wirklich lange überlegen. Du bist in guten Händen hier, habe ich mir gesagt. Der wird dir schon helfen. Ich habe da

Hamburger SV ist Deutscher Meister 1982, v.li. Horst Hrubesch, Bernd Wehmeyer, Manfred Kaltz und Lars Bastrup.

ehrlicherweise nicht viel drüber nachgedacht. Ich hatte ja auch schon die Diagnose gut aufgenommen und hatte absolutes Vertrauen zu Prof. Graefen.

Trotzdem war der Eingriff eher kompliziert für die Operateure. Ich musste Blutverdünner einnehmen als Folge des Herzinfarkts und besonders in den ersten Wochen, nachdem der Stent gesetzt worden war, in einer erhöhten Dosis. Deswegen entschieden sich die Operateure für die klassische Herangehensweise, was eine relativ lange Operationszeit nach sich zog, da jede Blutung sofort gestillt werden musste. Die Herausforderung für die Ärzte war dementsprechend groß und mein Körper verkraftete diesen Eingriff nicht so gut wie das Einsetzen des Stent zuvor. Es folgte eine unschöne Erholungsphase, aber als Sportler bin ich es gewohnt zu kämpfen und keinen Ball verloren zu geben. Ich wusste von Prof. Graefen, dass ich eine Chance habe, und die wollte und will ich bis heute nutzen. Also fummele ich immer weiter.

Über Inkontinenz und Impotenz dachten zu Anfang weder meine Frau noch ich nach; im Vordergrund standen mein Überleben und die Schritte, die nun erforderlich würden. Doch selbst wenn ich mir früher Gedanken darüber gemacht hätte, wäre meine Entscheidung nicht anders ausgefallen: Sex ist nach so einem Eingriff eben nur noch Kreisliga, aber wenn man ehrlich ist, ist der Fokus doch eh ein anderer, je älter man wird.

Almuth und Bernd Wehmeyer

Die Schwester, die mir nach der Operation den Katheter gezogen hat, hat mir die Geschichte eines Patienten erzählt, der beim Versuch, seine Männlichkeit zu erhalten, eine Spritze ausprobiert hat, die ihm allerdings dann zu einer Dauererektion verhalf. Diese bescherte ihm direkt seinen nächsten Klinikaufenthalt. Armer Kerl, aber ich merkte daran, dass es mir guttat, diesem Thema mit Humor zu begegnen. Und bei mir funktioniert es einigermaßen, wenn auch trocken.

Seit 2011 lebe ich relativ gut mit meiner Diagnose, doch im Jahr 2019 verstarb plötzlich und unerwartet meine Frau Almuth, und das veränderte meine Wahrnehmung komplett. Herzinfarkt, Prostatakrebs, beides wurde für mich zur Nebensache. Natürlich achte ich auf meinen Körper, vor allem auf Signale, die weitere Herzprobleme andeuten könnten. Und immer, wenn ich wieder zum PSA-Test muss, erfasst mich ein gewisses Unbehagen, bis die Ergebnisse dann da sind. Aber ich grüble nie darüber nach, ob der Krebs wiederkommen könnte. Natürlich ist meine gesundheitliche Situation nicht super, aber durch und mit dem Sport versuche ich mich so gut wie möglich fit zu halten.

Der Prostatakrebs ist in meinem Kopf ziemlich abgehakt und ich sprach von Anfang an sehr offen über meine Erkrankung, alleine schon, weil man als Manager des HSV nicht einfach eine Zeitlang untertauchen kann, ohne dass Gerüchte entstehen. Ich entschloss mich daher, in die Offensive zu gehen und die Situation öffentlich zu machen, was eine große Resonanz erfuhr, nicht zuletzt auch bei anderen Ex-Fußballern und langjährigen Weggefährten. Es ist ein gutes Gefühl, Mitmenschen helfen zu können und die Angst zu nehmen.

Meine Zukunft gehört weiterhin dem HSV. Auch nach über 40 Jahren auf und neben dem Rasen will ich weiterhin aktiv im Verein mitwirken. Ich kann mir kein klassisches Rentnerleben vorstellen für mich und habe das Gefühl, dass der HSV die beste Medizin für mich ist. Die Raute wird auf ewig in meinem Herzen bleiben – ganz sicher.

Die radikale Prostatektomie

*Prof. Dr. Markus Graefen**

Bernd Wehmeyer und Prof. Dr. Markus Graefen

Bei der vollständigen Prostataentfernung (radikale Prostatektomie) wird die gesamte Prostata inklusive ihrer Kapsel und den Samenblasen entnommen. Die rund dreistündige Operation kann offen mittels eines Bauchschnittes oder minimal-invasiv mithilfe eines OP-Roboters („Schlüssellochtechnik") durchgeführt werden. Der Krankenhausaufenthalt beträgt meist weniger als eine Woche.

Die vollständige Prostataentfernung kommt meistens dann in Frage, wenn

- der allgemeine Gesundheitszustand des Patienten gut ist;
- es sich um ein lokal begrenztes Prostatakarzinom handelt, also eines, das noch nicht in andere Organe gestreut hat. Wenn der Krebs bereits lokal fortgeschritten ist und zum Beispiel die lokalen Lymphknoten befallen sind, muss die OP oft durch andere Therapien unterstützt werden (multimodale Therapie).

Generell kann man sagen, dass junge Patienten mit aggressiven Tumoren mehr von der Radikaloperation profitieren als ältere Männer mit Niedrigrisiko-Tumoren.

**Urologe, Mitbegründer und Leitung, Martini-Klinik, Prostatakrebszentrum, Universitätsklinikum Hamburg-Eppendorf*

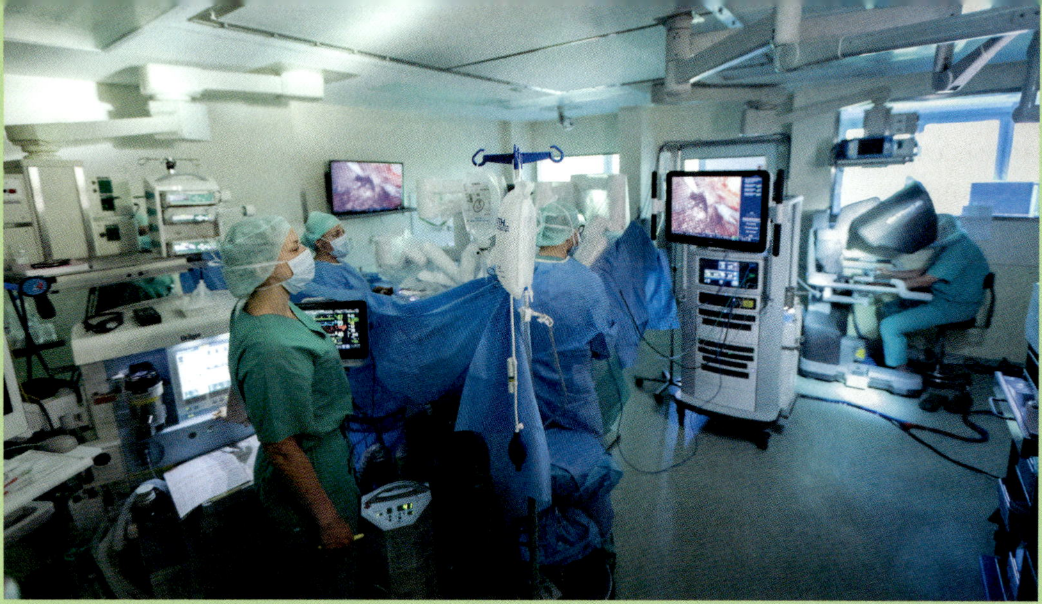

OP-Saal während der computergesteuerten radikalen Prostatektomie. Gesteuert werden die Roboterarme durch den Operateur (rechts im Bild), der die Operation trotz geschlossener Bauchdecke über eine Kamera am Bildschirm mit 10 bis 15-facher Vergrößerung und in 3D-Optik durchführt.

Wie läuft eine radikale Prostatektomie ab?

Bei einer radikalen Prostatektomie wird die Prostata unterhalb der Harnblase und oberhalb des äußeren Schließmuskels (s. S. 26) entfernt. Damit wird das Risiko von Tumorrückständen minimiert. Nach der Entfernung wird die Harnblase über eine Naht (Anastomose) mit dem zurückgebliebenen Harnröhrenstumpf verbunden, damit der Urin später wieder normal über den Penis ablaufen kann. Damit alles gut ohne mechanische Belastung ausheilen kann, erhalten Patienten einen Katheter (Schlauch) für die ersten Tage nach der OP, über den der Urin in einen Beutel ablaufen kann.

Bei weiter fortgeschrittenen Tumoren kann es notwendig sein, die neurovaskulären Bündel (Sexualnerven; s. S. 31) seitlich der Prostata zu entfernen, um nicht zu riskieren, dass Tumorzellen in diesem Bereich im Körper verbleiben. Die Schonung der Sexualnerven ist aufgrund der Auswirkungen auf die Erektionsfähigkeit und die Blasenfunktion ein erklärtes Ziel bei einer Prostatektomie und dies kann insbesondere bei früh erkannten Tumoren häufig erreicht werden. Um zu gewährleisten, dass auch bei Schonung der Sexualnerven der Tumor komplett entfernt wird, gibt es z. B. die Möglichkeit des sogenannten Schnellschnitt-Verfahrens. Hierbei wird zuerst die gesamte Prostata unter Schonung der der neurovaskulären Bündel entfernt. Während der OP untersucht dann ein Pathologe mikroskopisch das Präparat. Falls im Bereich der Nervenbündel noch

Krebs nachgewiesen werden kann, wird nur das entsprechende Areal entfernt. Auf diese Weise können oft beide Bündel oder zumindest Teile davon erhalten werden. Leider ist dieses Verfahren mit großem logistischem Aufwand verbunden und wird daher nicht in allen Kliniken angeboten. Alternativ werden vor dem Eingriff mathematische Modelle oder Bildgebungsverfahren eingesetzt, um bereits vor der OP zu entscheiden, ob man die Bündel entfernt oder mit einem Restrisiko für den Patienten im Körper belässt.

Was geschieht, wenn auch Lymphknoten entfernt werden müssen?

Je nach Einschätzung des Risikos durch die Ärzte werden mitunter während der Prostataentfernung auch Lymphknoten entfernt, da auch diese befallen sein können. Wird hier ein relevanter Befall festgestellt, wird die weitere Therapie des Karzinoms in der Regel intensiviert. Die Entfernung von Lymphknoten kann mit weiteren Komplikationen wie der Ansammlung von Lymphflüssigkeit im Becken (Lymphozele) einhergehen, was beispielsweise die vorübergehende Einlage eines Schlauches von der Flüssigkeitsansammlung nach außen (Drainage) notwendig machen kann.

Die vollständige Prostataentfernung ist eine große Operation mit allgemeinen OP-Risiken wie Blutungen, Infektionen oder Wundheilungsstörungen. Spezifische Risiken sind die Verschlechterung des Wasserhaltens (Kontinenz) und der Erektionsfähigkeit (Potenz). Nach der OP und durch das vorübergehende Tragen eines Katheters muss der Körper das Wasserhalten erst einmal wieder trainieren. Deswegen erleben viele Männer unmittelbar nach der Operation eine vorübergehende Harninkontinenz, insbesondere bei Belastung (z. B. Husten oder Lachen), die sich jedoch in den meisten Fällen innerhalb von einigen Wochen wieder verbessert. Beckenbodentraining vor und nach der OP kann helfen, den Schließmuskel zu stärken.

Wenn die OP nervenschonend erfolgen konnte, besteht die Chance insbesondere bei jüngeren Männern, dass die Potenz langfristig wieder das Niveau vor der OP erreicht. Unterstützend hierzu können Medikamente eingenommen werden, die die Potenz steigern. Aber auch wenn die Nerven entfernt werden mussten, kann mit medizinischen Cremes oder Spritzen, die am Penis selbst angewendet werden, wieder eine Erektion herbeigeführt werden.

Henning Behrmann

„2006 erlebte ich mein ganz persönliches Sommermärchen."

Henning Behrmann, Jahrgang 1949, war bis zu seinem Ruhestand beim Hamburger Verlagshaus Gruner + Jahr angestellt, in seiner Jugend begeisterter Fußballspieler und zeitlebens ein riesiger Fan dieses Rasensports. Kurz vor der Fußballweltmeisterschaft 2006 wurde er in der Martini-Klinik erfolgreich an der Prostata operiert. Was er damals erlebte, war gesundheitlich sein ganz persönliches Sommermärchen und wurde mit dem Kauf eines neuen, großen Fernsehers zelebriert. Henning Behrmann feiert seitdem jedes Jahr am 11. Mai den „Geburtstag seines zweiten Lebens", wie er es nennt. Dann fährt er in die Klinik und redet mit Männern, die es noch vor sich haben. Fußball ist ein Mannschaftssport, und auch diese Krankheit kann nur im Team bewältigt werden. Das hat viel mit Wohlfühlen zu tun, aber auch mit Kommunikation und guter Abstimmung.

Meine Geschichte fing typisch an und nahm dann einen eher ungewöhnlichen Verlauf. Mein damaliger Hausarzt, bei dem ich jährlich zur Vorsorge ging, war der Meinung, dass ich trotz eines gestiegenen PSA-Werts nichts weiter zu tun bräuchte. Das wäre normal und Urologen seien nur Geldschneider, so seine Aussage. Glücklicherweise flüsterte mir seine Sprechstundenhilfe beim Rausgehen zu: „Gehen Sie unbedingt zum Urologen." Ich bin ihr bis heute unendlich dankbar dafür und habe sie im Nachhinein auch mit einem riesigen Blumenstrauß bedacht. Den musste sie allerdings unter ihrem Tisch verstecken.

Die Woche zwischen Biopsie und Ergebnis war eine sehr schlimme Zeit für mich. Einmal hätte ich mich sogar wegen einer Lappalie in der U-Bahn fast mit jemandem geprügelt, so sehr stand ich neben mir. Die Diagnose selbst war dann eher eine Erleichterung für mich und meine Frau: Nun konnten wir endlich etwas tun.

„Ich kann nur empfehlen, in Begleitung zu den wichtigsten Arztgesprächen zu gehen."

Ich kann nur empfehlen, in Begleitung zu den wichtigsten Arztgesprächen zu gehen und auch die Arztberichte immer mit Unterstützung von Fachkundigen zu lesen. Man ist nach so einer Diagnose wie benebelt, sodass man gewisse Dinge nicht mehr mitbekommt bzw. auch nicht nachfragt, und in den Berichten steht so viel Fachchinesisch. Und ich würde mir auch immer wieder eine Zweitmeinung einholen.

Bei mir war schnell klar, dass es zu einer OP kommen würde, denn der Krebs hatte noch nicht gestreut. Die Martini-Klinik gefiel mir gleich mit ihrem schönen Garten und den Sitzgelegenheiten außen herum. Sie wirkte fast wie ein Wohnzimmer.

Als Kassenpatient war meine erste Frage, was es kosten würde. Die Antwort: ca. 15.000 Euro. Das war zu viel für meine finanziellen Verhältnisse, und weder meine Krankenkasse noch meine Zusatzversicherung wollten zahlen. Ich hatte aber irgendwo gelesen, dass der Vorstandsvorsitzende meiner Krankenkasse ein sehr umgänglicher Mensch sei. Also habe ich seine Mailadresse herausgefunden und ihm eines Abends um 20:05 Uhr eine Mail geschickt – in der Hoffnung, dass er so spät abends seine Mails persönlich lesen würde und sie nicht von seiner Sekretärin bearbeiten ließe. Und tatsächlich, oh Wunder, um 20:20 Uhr rief er an. Er könne die Kosten nicht übernehmen, versprach aber, mit der Kulanzabteilung zu sprechen. Und was soll ich sagen: Die Kasse hat die 13.000 Euro, die es letztendlich geworden sind, zusammen mit der Zusatzversicherung doch übernommen. Mein Eigenanteil waren 56 Cent. Sommermärchen, sage ich nur.

Und wo wir gerade bei Märchen sind: Eine gute Atmosphäre ist bei all den Anspannungen, die so eine Operation mit sich bringt, extrem wichtig. Das hat sehr viel mit den Ärzten, den Pflegekräften, ja, sogar mit dem Reinigungspersonal zu tun. In meiner Klinik war das alles top, es herrschte fast schon eine familiäre Atmosphäre, es gab gutes Essen, eine freundliche Kommunikation. Nur die eine Schwester Rabiata trieb mich etwas unsanft einen Tag nach der OP schon aus dem Bett. Aber auch das musste wohl so sein.

Ich habe sogar vieles an Humor erlebt bei aller Schwere dieses Themas. Der operierende Arzt etwa hat meine Frau nach der OP sofort angerufen und ihr mitgeteilt, dass alles gutgegangen sei. Und dass er mein Geschlecht schon mal angestupst hätte, und es hätte normal reagiert. Also keine Sorge wegen Impotenz! Darüber lachen wir heute noch.

Auch ein Pfleger ist mir besonders in Erinnerung geblieben, weil wir uns so angeregt über die anstehende Fußball-WM unterhalten haben. Es ging viel um Zinédine Zidane, den französischen Ausnahmespieler, und ich hatte scherzhaft behauptet, dass er sein Können von mir hätte. Ab da wurde ich jeden Tag mit „Zinédine Behrmann" begrüßt. Das hat mir richtig gut getan, wenn ich so mit Katheter und Beutel über die Flure schlich. Zum Abschied gab es von mir Pralinen für die weiblichen Angestellten und einen guten Lederfußball für die männlichen Ärzte und Pfleger, die einmal die Woche zusammen gekickt haben. Mein fünf Jahre älterer Bruder, der auf meine Empfehlung hin erneut zur Untersuchung gegangen ist, wurde ebenfalls dort operiert und übernahm mein Zimmer kurz nach meiner Entlassung. Die mussten nicht mal das Namensschild ändern. Nur der Vorname war nicht mehr „Zinédine".

„Die Psyche ist einfach nicht zu unterschätzen.“

Seitdem gehe ich jedes Jahr am Tag meiner OP in die Klinik, trinke mindestens einen Espresso im „Wohnzimmer“ und rede mit jedem, der möchte und es noch vor sich hat. Das kommt sehr gut an und ich habe auch schon vorgeschlagen, ob man das nicht als Service anbieten könnte. Auch dem Personalchef von Gruner + Jahr habe ich dieses Angebot gemacht, für alle Mitarbeiter. Er stimmte sofort zu. Es waren zwar nicht sonderlich viele, ein paar pro Jahr, die sich getraut haben, mit mir darüber zu sprechen, aber die, die das Angebot genutzt haben, denen konnte ich wirklich helfen. Einer meiner Beratungsfälle hatte nur den Begriff „Krebs“ am Anfang des Arztschreibens gelesen und es dann weggelegt. Wir haben uns das Schreiben dann zusammen angesehen, und siehe da: Er war gesund, seine Panik war umsonst gewesen. Natürlich ging es nicht immer so gut aus. Aber gerade deswegen sind Austausch und das Zusammenspielen so wichtig.

In meinem Umfeld hatte die Krankheit gewisse Verunsicherungen und Verhaltensänderungen zur Folge. Viele Bekannte haben drumherum geredet, weil sie mit ihrer eigenen Angst vor Krebs nicht umgehen konnten, einige haben mich gemieden und zogen sich

komplett zurück. Einen großen Zusammenhalt, auf ärztlicher Seite wie auch auf Patientenseite, habe ich dafür in der Martini-Klinik erlebt. Hier hatte ich stets das Gefühl, dass man sich als echte Mannschaft versteht, und mich entsprechend gut aufgehoben gefühlt in diesem Miteinander. Die Psyche ist einfach nicht zu unterschätzen.

In diesem Bereich hatte ich denn auch nach der OP keine Beratung oder Therapie nötig; mir ging es nur um die Wiederherstellung von Körperfunktionen. Die Impotenz war für mich dabei kein großes Thema. Ich bekam zwar nach der Entlassung aus der Klinik drei blaue Pillen mit, wie wohl jeder, aber als ich die erste nahm – im Urlaub auf unserem Gartengrundstück an der Küste, in der Mittagspause –, ließ ich mich danach von der Gartenarbeit ablenken, die ich plötzlich in einem rasanten Tempo erledigen konnte. Dass ich da gerade eine Chance vertan hatte, fiel mir erst auf, als meine Frau mich darauf aufmerksam machte. Wir haben uns königlich amüsiert. Und bis heute habe ich keine blaue Pille gebraucht. Mehr beschäftigte mich mit meinen 56 Jahren die Inkontinenz, doch die hatte ich durch Beckenbodentraining ohnehin bereits im Griff.

Also insgesamt muss ich sagen, ich hatte wirklich glückliche Umstände, eine couragierte Praxishelferin, eine einsichtige Krankenkasse, das große Los mit der Selbstbeteiligung von 56 Cent und eine komplette Heilung. Nach der Operation habe ich mit Freude weitergeraucht, Bourbon-Cola getrunken, Sport gemacht. Nein, Spaß beiseite: Ich habe großes Glück gehabt und das macht mich sehr zufrieden. Der Krebs war mein persönliches Sommermärchen, zum Glück mit langer Nachspielzeit.

Joachim Konrad

„Die Natur kennt keine Ungerechtigkeit.“

Joachim Konrad, Jahrgang 1963, ist die letzten 15 Jahre als Luftfahrtingenieur und Sanierer tätig gewesen und ein deutscher Ingenieur, wie er im Buche steht: analytisch, regeltreu, präzise, produktiv, zielorientiert. Dazu kommt die Diagnose ADHS (Aufmerksamkeitsdefizit/Hyperaktivitätsstörung) – Impulsivität, eine starke Selbstregulation, körperliche Unruhe. Eigentlich muss Joachim Konrad „immer etwas machen“. Trotz einer familiären Vorbelastung geht er nicht zur Vorsorge. Als er vor drei Jahren die Diagnose bekommt, fällt er aus allen Wolken – und ärgert sich gleichzeitig über seine Ignoranz. Der Krebs hat gestreut, seine Lebenserwartung rechnet er in Wochen. Er verarbeitet das vermeintliche „Todesurteil“ mit den Gesetzen der Natur und mit dem Philosophen Seneca, der vor allem für seine Trostschriften bekannt ist, aber auch den berüchtigten römischen Kaiser Caligula beriet und von dessen Nachfolger Kaiser Nero zum Selbstmord gezwungen wurde.

Bei mir hat der Krebs massiv gestreut. Ich habe Metastasen auf den Knochen und in den Lymphknoten, aber zum Glück in keinem Organ. Der Krebs stoppte kurz vor meinem Kopf. Dennoch, es gibt definitiv keine Heilung mehr für mich. Es ärgert mich schon sehr, dass ich hier so ignorant war, wo ich doch ansonsten alles, was mich beschäftigt, immer so präzise wie möglich analysiere und umsetze. Aber vielleicht war es auch einfach nur dieses menschliche Phänomen der Bequemlichkeit.

Nach der ersten Chemo habe ich den Geschmack verloren und in den Fußsohlen und Handflächen sind alle Nerven kaputt gegangen, beides ist nur teilweise wieder zurückgekehrt. Es ist so, als ob man dauerhaft eingeschlafene Finger oder Gliedmaßen hat. Jetzt versuche ich gerade eine neue Therapie, die so gut angeschlagen hat, dass ich nicht mehr genau einschätzen kann, wie sich der Krebs bei mir gerade verhält. Demnächst geht es wieder zur Nachuntersuchung und das macht mich jetzt schon nervös. Wenn die Werte dann nur wenig gestiegen sind – momentan sind sie kaum messbar –, dann bleiben mir wieder drei bis vier oder fünf oder doch noch ein paar mehr Monate bis zur nächsten Therapieeinheit. Das heißt, ich bekomme dann noch einmal einen Lebensaufschub, ein weiteres Vierteljahr oder gar ein halbes Jahr, und vielleicht eine weitere Anschlusstherapie. Das sind jetzt die Zeiteinheiten, mit denen ich mich beschäftige. Sollte der Wert aber drastisch gestiegen sein, bedeutet das, dass ich austherapiert bin und damit auch fast automatisch mein Lebensende erreiche, also irgendwann im September. Und das bereitet meinem Kopf große Schwierigkeiten; zu wissen, ich habe eigentlich nur noch ein halbes Jahr, aber mit ganz viel Glück können es noch ein Jahr oder auch eineinhalb Jahre werden.

Ich fand das mit dem Krebs auch total ungerecht anfangs. Mein Leben lang hatte ich mich bemüht, viel Sport getrieben, auf eine gesunde Ernährung geachtet. Und nun weiß ich nicht, ob ich Weihnachten noch mal erlebe. Diese Ungewissheit macht mir ein un-

gutes Gefühl, und das Warten auf die nächste Kontrolle. Ich glaube, das ist eine Taktik der Ärzte: Erstmal abwarten, nicht direkt die nächsten Untersuchungen machen, die Patienten so lange wie möglich schonen. Ich bin aber so überhaupt nicht der Typ fürs Geschont werden. Ich bin Ingenieur und damit an Fakten und klare Richtlinien gewöhnt. Ich will es genau haben und brauche immer einen Plan. Dass ich sterben muss, okay, damit kann ich umgehen. Aber ich möchte schnellstmöglich alle Informationen haben, um den Zeitpunkt eingrenzen zu können und mich darauf vorzubereiten. Und um zu schauen, welche Therapien noch möglich wären. Ich will selber erfahren und mitbestimmen, wo man eventuell noch ansetzen könnte. Es bewegt sich ja sehr viel in der Forschung, sagt mir auch meine Urologin, und nicht alle Ärzte sind immer auf dem neuesten Stand der Entwicklungen. Ich habe beispielsweise über eine Freundin von einer Radioliganden-Therapie gehört. Das hatte mir keiner meiner Ärzte erzählt, dabei war diese Methode zu dem Zeitpunkt schon seit fünf Monaten in Deutschland zugelassen. Man, was war ich stinksauer.

Ich möchte informiert sein und selbst mitarbeiten; wenn ich diese Möglichkeit nicht habe, fühle ich mich einfach nur machtlos und ausgeliefert, wie etwa bei der Chemo, vor der mich keiner über die Heftigkeit der möglichen Nebenwirkungen aufgeklärt hatte.

Von der Frau meines besten Freundes, die als Pflegedienstdirektorin und Psychologin in der Psychiatrie arbeitete, kamen zu Anfang die ersten hilfreichen Tipps. Sie empfahl mir unter anderem ein Buch des Philosophen Seneca, in dem es um den bewussten Umgang mit dem Leben ging, aber auch seine Trostschriften erwähnt wurden. Diese handeln nicht hauptsächlich vom Tod, sondern eher von der Verbannung aus dem gewohnten Umfeld. Wenn ich auf mein bisheriges Leben zurückblicke, fällt mir vor allem die Intensität auf, die es hatte: Ich war mit einer Frau verheiratet mit vier zum Teil behinderten Kindern, zu denen ich immer noch ein sehr gutes Verhältnis habe. Ich war Betriebsratsvorsitzender, habe für unser Unternehmen Millionen besorgt, damit es bestehen bleiben konnte. Ich habe viel Sport gemacht und mich zum Judo-Trainer ausbilden lassen.

» Ich will es genau haben und brauche immer einen Plan.«

Die meisten Krebspatienten haben noch mindestens zehn oder 20 Jahre Leben vor sich und denken sicherlich nicht so intensiv über den Tod nach wie ich mit meiner Diagnose. Weil der Tod so nahe scheint, ist er bei mir immer präsent. Ich muss mir viel Mühe geben, nicht darüber nachzudenken. Das heißt also, dass ich manchmal so tun muss, als ob es ihn nicht gibt, ansonsten würde ich nämlich kirre werden. Darum versuche ich, mich abzulenken. Ich tue eigentlich nur noch Dinge, die mir Spaß machen, bemühe mich, mich nicht mehr zu ärgern. Ich bin zum Teil egoistisch geworden, will von gewissen Sorgen, Nöten und Themen überhaupt nichts mehr wissen.

Gelegentlich führe ich Gespräche mit der Sterbehilfe und ich habe mich auch bei diversen Hospizen über deren Arbeitsweise informiert. Ich muss nicht am Leben bleiben, aber ich will mein Leben und auch das Lebensende ganz bewusst selbst bestimmen, vor allem das Ende. So sehr hänge ich nämlich nicht an meinem Leben, dass ich mir diese ganzen Quälereien antun muss.

Die Natur kennt keine Ungerechtigkeit, auch wenn ich meine Erkrankung am Anfang so empfand. So ein menschliches Konstrukt gibt es in der Natur nicht. Es ist eine rein statistische Tatsache, ob und wann ein Falke eine Taube schlägt. Genauso gilt das auch für mich und meine Erkrankung. Die Diskussion über Gerechtigkeit ist von uns Menschen

„Ich tue eigentlich nur noch Dinge, die mir Spaß machen, bemühe mich, mich nicht mehr zu ärgern."

gemacht. Und wenn ich das wieder auf mich beziehe, ist es nicht ungerecht, dass ich den Krebs bekommen habe; ich kann also auch keine Wut empfinden. Mancher würde sagen: Pech gehabt. Und wenn ich mich jetzt auch noch dagegenstemme, weil ich es nicht akzeptieren will, dann ist das kontraproduktiv.

Seneca und seine Trostschriften haben mir hier sehr geholfen. Als er für mehrere Jahre in die Verbannung nach Korsika gehen musste, hat er seiner Mutter folgende Worte geschrieben: „Lass dir sagen, wie du dir mich vorstellen sollst: Ich bin fröhlich und lebhaft, als sei alles zum Besten. Es ist ja auch alles zum Besten, da mein Verstand von jeder mühevollen Beschäftigung entlastet ist, für eigene Arbeiten Zeit hat und sich manchmal an leichteren Studien erfreut, manchmal zur philosophischen Betrachtung seines eigenen Wesens und der Beschaffenheit der Welt sich erhebt." Diese Herangehensweise hat mir sehr geholfen. Ist die Verbannung, für ihn aus Rom, für mich aus den Routinen meines Lebens, wirklich etwas so Schlimmes? Ist mein Tod wirklich schlimm?

Deshalb möchte ich es noch einmal wiederholen: Die Natur kennt keine Ungerechtigkeit. Auch bei Prostatakrebs nicht. Das mag hart zu akzeptieren sein, aber beinhaltet auch eine enorme Kraft und Trost. Es ist nicht meine Schuld. Wir sind nicht auf der Welt, um nur Lutscher-Entscheidungen zu treffen. Manchmal müssen wir uns auch mit diffizileren Dingen auseinandersetzen. Das ist auch keine Frage der Bildung. Ich habe in meinem Leben so viele schlaue Menschen ohne relevante Abschlüsse erlebt und genauso viele Doofe mit Doktortitel. Helfen können wir letztendlich nur uns selbst und denen, die sich helfen lassen wollen.

Alexander Hold

„Im Namen des Volkes.“

Alexander Hold, Jahrgang 1962, ist Jurist und Landtagsabgeordneter der Freien Wähler in Bayern. Bekannt wurde er vor allem durch die TV-Gerichtssendung „Richter Alexander Hold“ (2001–2013). Er war der erste Richter, der eine tägliche Fernsehserie bekam, in der er teils spektakuläre Strafrechtsfälle verhandelte, die auf wahren Verfahren und Verbrechen beruhten. Seit 2018 ist er Mitglied des Bayerischen Landtags, heute sogar einer von dessen Vizepräsidenten. Hold vertritt auch hier die Interessen der Bürger. Seit im April 2024 seine Prostata entfernt wurde und er mit seiner Erkrankung an die Öffentlichkeit ging, gibt er neben seinen Urteilen im Namen des Volkes auch Empfehlungen im Namen der männlichen Bevölkerung.

Ich bin ein Mensch, der gerne in Wahrscheinlichkeiten und Statistiken denkt, wo dies sinnvoll ist. Und der sich bei einer solchen Diagnose fragt, was bedeutet das statistisch für die nächsten fünf Jahre, dafür, wie ich leben oder mit welcher Wahrscheinlichkeit ich überleben werde, und dann kann ich das ganz gut einordnen.

Prostatakrebs ist die zweithäufigste Krebserkrankung von Männern in Deutschland. Manche sagen, das ist gar kein richtiger Krebs. Denn fast 90 Prozent der Erkrankten in Deutschland überleben, nicht zuletzt dank des medizinischen Fortschritts. Dennoch sterben in Deutschland auch jährlich über 15.000 Männer an einem Prostatakarzinom. Mit einem Anteil von rund 11,6% steht das Prostatakarzinom hinter Lungenkrebs an zweiter Stelle bei den zum Tode führenden Krebserkrankungen bei Männern in Deutschland. Beeindruckende Zahlen.

Wie bei allen Krebsarten erhöht Früherkennung die Heilungschancen. Die meisten Männer gehen aber ungern zur Vorsorge. Wir schieben ja Gesundheitsthemen eher weg. Zudem ist es gefühlt eben doch ein Unterschied, ob man sich von einem Arzt an der

"Ich bin immer schon regelmäßig zur Vorsorge gegangen, egal ob Kardio, Darm oder Prostata."

Alexander Hold der TV-Richter, 2011

Nase oder am Knie anfassen lässt oder da unten, in einer höchst intimen Region. Und mancher mag sich auch keine Blöße geben. Deswegen machen das viele einfach nicht, was natürlich katastrophal sein kann für eine mögliche Diagnose. Das ist alles erklärbar – aber auch vollkommen unvernünftig. Ich selbst bin immer schon regelmäßig zur Vorsorge gegangen, egal ob Kardio, Darm oder eben Prostata.

Prostatakrebs hat so etwas Mortales, Beängstigendes, undefiniert Seniles und auch tendenziell ein Schmuddel-Image, Stichwort Inkontinenz und Impotenz – ist der noch ganz dicht oder kann der noch. Darüber wird nach Möglichkeit nicht geredet, schon gar nicht öffentlich, denn es ist ein schambehaftetes Thema.

Mittlerweile nehmen mich immer wieder Männer beiseite und gestehen, dass auch sie schon Probleme mit der Prostata hatten. Doch das geschieht eher flüsternd, als fühlten sie sich dadurch wie Aussätzige. Dabei ist das ja keine selbstverschuldete Geschlechtskrankheit und zumindest meiner Erfahrung nach wird man auch von niemandem so behandelt, als wäre man selbst daran schuld oder gar ansteckend, nur weil man offen darüber spricht.

Dass ich letztlich damit an die Öffentlichkeit gegangen bin, hatte verschiedene Gründe: Zum einen haben mich diese Scham und diese Heimlichtuerei irritiert. Ich habe meine Erkrankung daher als Chance verstanden, andere Männer zu ermutigen, sich einen Ruck zu geben und zur Vorsorgeuntersuchung zu gehen, aber auch offener mit dem Thema umzugehen.

Und zum anderen sind mir eben die Mechanismen der Öffentlichkeit sehr bewusst, in der ich zunächst als TV-Richter und nun als Politiker stehe. Da brodelt die Gerüchteküche schnell und heiß. Wer bei zwei Veranstaltungen nicht mit seiner Frau auftaucht, gerät sofort in Verdacht, sich getrennt oder zumindest eine Ehekrise zu haben. Und in einer politischen Führungsposition ist man nun einmal öffentlich sehr präsent. Wer da von heute auf morgen für Wochen oder Monate von der Bildfläche verschwindet, sorgt definitiv für Spekulationen – und das sind nicht immer positive. Politisch weniger Wohlmeinende dichten einem da schnell mal einen Burnout oder gar eine Entzugskur an.

Da wollte ich lieber für offene, klare Verhältnisse sorgen, wenngleich mir viele davon abgeraten hatten, die Diagnose zu veröffentlichen: Was machen womöglich politische Gegner daraus? Funktioniert der Mann noch? Ist der angezählt, nicht mehr voll belastbar? Heute weiß ich aber, das Wichtigste ist Offenheit gegenüber Spekulationen und

Alexander Hold als Vizepräsident im Bayrischen Landtag, 2023

„Es darf nicht sein, dass eine Krankheit stigmatisiert wird, häufig von den Betroffenen selbst.“

Selbstvertrauen im Umgang mit der Krankheit. Man sollte keine Angst haben, dass etwas als Schwäche empfunden oder missverstanden wird. Andere Beeinträchtigungen behält man auch nicht für sich. Im Gegenteil: Ein Knochenbruch, eine Sportverletzung werden sogar gern publik gemacht und instrumentalisiert. Denn da haben alle Mitleid, melden sich und wünschen alles Gute.

Es darf aber nicht sein, dass eine Krankheit stigmatisiert wird, häufig von den Betroffenen selbst. Durch die eigene Offenheit habe ich eine ganz große Offenheit auch bei anderen erlebt. Viele meiner Bekannten haben angefangen, zur Vorsorge zu gehen, und viele teilen mir auch die Ergebnisse und Erfahrungen mit, die zum Glück weitestgehend positiv sind. Damit habe ich viel von dem erreicht, was ich wollte.

So eine Diagnose ist ein Einschnitt, der einem aber emotional auch helfen kann: Man überdenkt vieles noch einmal, ordnet Dinge neu, mistet aus in seinem Leben. Ich habe jedenfalls festgestellt, dass ich viele Dinge zu lange aufgeschoben habe, weil ich völlig verdrängt habe, dass mir die Lebenszeit durch die Finger rinnt. Allein die Erkenntnis, dass ich nie weiß, wie viel Zeit mir noch bleibt, und dass ich daher das Leben mit meinen Liebsten jetzt genießen und dafür Wertigkeiten verschieben muss, war die Erfahrung der Krankheit wert.

Natürlich habe ich auch an einen möglichen Tod gedacht. Mehr beschäftigt hat mich aber die Frage, ob es doch noch schlimmer kommt, weil sich die Krankheit vielleicht in ganz andere Organe ausgebreitet haben könnte. So eine Vermutung gab es im Verlauf der Erkrankung. Nach umfangreichen Untersuchungen war der Befund dann aber doch gutartig. Mach dir keine Sorgen, hieß es, das wird auch nie bösartig. Aber klar, diese Sorge ist jetzt mein ständiger Wegbegleiter.

Was ich mit dem Teilen meiner Geschichte erreichen möchte, ist, dass die Krankheit nicht als Schwäche wahrgenommen oder ausgenutzt wird, sondern dass der offene Umgang damit als Stärke verstanden wird. Und ich möchte die Menschen natürlich dazu ermuntern, zur Vorsorge zu gehen. Es ist ein großer Unterschied, ob eine potenziell tödliche Krankheit früh erkannt wird oder zu spät. Schon die Gewissheit, alles getan zu haben, um eine Erkrankung rechtzeitig zu erkennen, gibt einem ein Gefühl von Sicherheit. Das ist den Gang zum Arzt allemal wert!

Salvage-Strahlentherapie nach radikaler Prostatektomie

*Prof. Dr. Thomas Wiegel**

Die sogenannte Salvage-Strahlentherapie (SRT) nach radikaler Prostatektomie wird angewendet,

- wenn der PSA-Wert nach der OP dauerhaft nicht den Nullbereich erreicht;
- wenn der PSA-Wert im Nullbereich war, aber wieder ansteigt.

Das Ziel der SRT ist es, den PSA-Wert (wieder) in den Nullbereich zu bringen. Nur wenn dieser Nullbereich erreicht wird, hat der Patient eine Chance auf Genesung; es handelt sich also um eine kurative Therapie mit dem Ziel der Heilung.

Idealerweise beginnt man sofort mit der SRT, wenn der PSA-Wert nach der OP aus dem Nullbereich ansteigt und nach erneuter Kontrolle weiter ansteigt bzw. wenn der PSA-Wert den Nullbereich gar nicht erst erreicht hat. Die Wahrscheinlichkeit, durch eine SRT den PSA-Wert wieder in den Nullbereich zu bringen, liegt zwischen 60 und 70%, gerechnet auf 5 Jahre.

Wie läuft eine Strahlentherapie ab?

Die Standardtechnik ist die intensitätsmodulierte Bestrahlung (IMRT), die meist in der schnellsten Form, der sogenannten Volumetric Arc Radiotherapy (VMAT), erfolgt, in typischer Weise 1× täglich, 5× in der Woche, 6–7 Wochen lang. Die IMRT wird täglich durch die sogenannte bildgestützte Strahlentherapie (Image Guided Radiotherapy, IGRT) in Form eines Niedrigdosis-CT direkt vor Beginn der Bestrahlung überprüft und die Behandlung daraufhin optimal eingestellt. Ganz konkret muss die Blase bei der Bestrahlung standardmäßig vor jeder Sitzung gefüllt werden, indem der Patient z. B. 1 Stunde vor der Behandlung 1 Liter Mineralwasser ohne Kohlensäure trinkt. Dadurch sind große Anteile der Blase nicht im Bestrahlungsvolumen enthalten und bekommen wesentlich weniger von der Dosis ab, als wenn die Blase leer wäre.

**Radioonkologe, Strahlentherapeut und Klinikdirektor, Klinik für Radioonkologie und Strahlentherapie, Universitätsklinikum Ulm*

Außerdem kann die SRT mit anderen Verfahren kombiniert und unterstützt werden. Dazu gehört etwa die antihormonelle Therapie (ADT), die vor allem bei Patienten mit hohem Risiko zusätzlich gewählt wird. Eine Untersuchungsmethode, die häufig kombiniert wird, ist das bildgebende Verfahren der Positronen-Emissions-Tomografie in Kombination mit Computertomografie (PET/CT). Bei Prostatakarzinompatienten werden hiermit im Speziellen mittels PSMA-PET/CT die Stellen im Körper identifiziert, an denen sich das prostataspezifische Membranantigen (PSMA) findet – ein Indiz für Prostatakarzinomzellen.

Welche Nebenwirkungen können auftreten?

Generell ist die SRT gut verträglich, jedoch können auch Nebenwirkungen auftreten.

Mögliche Akutnebenwirkungen (innerhalb von 90 Tagen auftretend):

- erhöhte Miktionsfrequenz (Harndrang)
- erhöhte Stuhlfrequenz (gelegentlich Durchfälle)
- Erschöpfungssymptomatik („Fatigue")

Diese Nebenwirkungen bilden sich in der Regel 6 Wochen nach Ende der Therapie wieder zurück.

Mögliche Spätfolgen (später als nach 90 Tagen auftretend; selten):

- chronische Entzündungen des Enddarmes (Risiko schwerer Ausprägungen bei < 3–5%). Wenn diese Entzündungen mit Blutungen aus dem Enddarm verbunden sind, können sie sehr gut mit einer Lasertherapie behandelt werden.
- chronische Entzündungen der Harnblase (Risiko bei < 3–5%)
- Tumor in der Region des Bestrahlungsvolumens (Risiko bei ca. 1% innerhalb von 10 Jahren)

Wird die SRT z. B. mit einer ADT verbunden, ergeben sich hieraus weitere potenzielle Nebenwirkungen, z. B. Verschlechterung der Kontinenz, Libido- und/oder Potenzverlust (in der Regel reversibel).

Wie geht es nach der Therapie weiter?

Nach Ende der SRT werden Patienten von ihrem behandelnden Urologen weiter betreut. Mit den behandelnden Strahlentherapeuten werden in größeren Abständen potenzielle Spätfolgen im Auge behalten.

Primäre Strahlentherapie des Prostatakarzinoms

Die primäre Strahlentherapie des Prostatakarzinoms ist eine Standardtherapieoption neben der radikalen Prostatektomie (s. S. 135) und der Aktiven Überwachung. Die onkologischen Ergebnisse sind mit denen der radikalen Prostatektomie vergleichbar, dieses ist in großen randomisierten Studien belegt. Das Ziel der Bestrahlung von außen über die Haut (perkutane Strahlentherapie) oder mit kleinen radioaktiv strahlenden Teilchen, die mittels Hohlnadeln in die Prostata eingebracht werden (LDR-Brachytherapie (low dose rate) oder HDR-Brachytherapie (high dose rate)), ist die vollständige Heilung.

Für wen ist die primäre Strahlentherapie geeignet?

Bei günstigem Prostatakarzinom (PSA <10 ng/ml, T1c, ISUP 1) kann eine alleinige Strahlentherapie ohne zusätzliche antihormonelle Therapie (ADT; s. S. 268) durchgeführt werden. Dies gilt auch teilweise für Patienten mit einem günstigen mittleren Risiko (PSA 10–20 ng/ml, ISUP 2, Gleason Score 7a). Patienten mit einem ungünstigen intermediären Risiko (PSA 10–20 ng/ml, ISUP 3, Gleason Score 7b) erhalten zusätzlich zur perkutanen Strahlentherapie eine 4–6-monatige ADT. Die Dauer der ADT steigt mit der Tumorkategorie, Patienten mit hohem Risiko (PSA >20 ng/ml, cT3, Gleason Score 8–10) erhalten deshalb eine ADT über die Dauer von 2–3 Jahren.

Wie läuft eine primäre Strahlentherapie ab?

Die Standardtechnik der perkutanen Bestrahlung ist die intensitätsmodulierte Bestrahlung (IMRT), die meist in der schnellsten Form, der sogenannten Volumetric Arc Radiotherapy (VMAT), erfolgt. Diese wird typischerweise über 8 Wochen hinweg durchgeführt, 5× die Woche, 1× täglich. Dabei wird die Lagerung des Patienten in der Regel täglich durch die sogenannte bildgestützte Strahlentherapie (Image Guided Radiotherapy, IGRT) in Form einer Niedrigdosis-Computertomografie direkt vor Beginn der Bestrahlung überprüft. Wenn notwendig, wird die Tischposition korrigiert und dann optimal eingestellt. 1 Stunde vor der Behandlung soll der Patient 1 Liter Mineralwasser ohne Kohlensäure trinken, um die Blase zu füllen und so große Teile der Blase außerhalb des Bestrahlungsvolumens zu bringen, die dadurch wesentlich besser geschont wird.

Darüber hinaus gibt es bei der perkutanen Strahlentherapie auch kürzere Bestrahlungsschemata, z. B. die sogenannte moderate Hypofraktionierung, bei der die Bestrahlung bei erhöhter Einzeldosis und niedrigerer Gesamtdosis auf 4 Wochen verkürzt werden kann. Die Ergebnisse und die Risiken potenzieller Nebenwirkungen sind vergleichbar. Als neuere Entwicklung gilt die sogenannte extreme Hypofraktionierung, bei der 5–7 Bestrahlungssitzungen mit sehr hoher Einzeldosis erfolgen, 5× die Woche oder an jedem 2. Werktag. Nach der aktuellen S3-Leitlinie kommt die extreme Hypofraktionierung im ungünstigen intermediären Risikoprofil zum Einsatz.

Welche Nebenwirkungen können auftreten?

Generell ist die perkutane Strahlentherapie wie auch die Brachytherapie eine gut verträgliche Therapie. Selbstverständlich können jedoch auch bei beiden Nebenwirkungen auftreten.

Mögliche akute Nebenwirkungen (definiert als innerhalb von 90 Tagen auftretend):

- vermehrter Harndrang
- gelegentliche Durchfälle und erhöhte Stuhlfrequenz
- hämorrhoidale Beschwerden
- Erschöpfungssymptomatik (Fatigue)

In der Regel bilden sich diese Akutreaktionen 6 Wochen nach Ende der Therapie wieder zurück.

Mögliche Spätfolgen:

- chronische Entzündung des Enddarms oder der Harnblase (Risiko etwa 3–5%)
- Entwicklung eines malignen Tumors in der Region des Bestrahlungsvolumens (sehr selten, Risiko innerhalb von 10 Jahren etwa 1%).

Wird wie beschrieben die ADT zusätzlich eingesetzt, ergeben sich hieraus weitere potenzielle Nebenwirkungen wie ein Libido- und Potenzverlust, ein Gewichtsverlust, psychische Veränderungen, vermehrte Erschöpfungssymptomatik, Hitzewallungen sowie erhöhte Risiken bei vorbestehenden Herz-Kreislauferkrankungen. Nach Ende der ADT sind diese Nebenwirkungen mit einer längeren Latenz in der Regel reversibel.

Michael Diegelmann

„Es gibt immer Entwicklungen, die neue Möglichkeiten eröffnen."

Dr. Michael Diegelmann, Jahrgang 1951, ist promovierter Physiker, Professor an der Technischen Hochschule Rosenheim und ein rational denkender und informiert handelnder Mann. Er kann als Wissenschaftler die Funktionsweise eines PET/CT-Geräts vermutlich besser erklären als manche Ärzte; die Diagnose und die richtigen Behandlungsmethoden dafür überlässt er natürlich den Medizinern. Dabei möchte Michael Diegelmann mitreden, stellt Fragen, ergründet Zusammenhänge, berechnet seine Chancen und vertraut vor allem der Innovationskraft der Wissenschaft: Auch aus Irrwegen können neue Wege werden. Er lebt seit nunmehr fast einem Vierteljahrhundert mit metastasiertem Prostatakrebs, eine lange Zeit. Er bleibt trotz mancher temporären Rückschläge positiv gestimmt, und das sogar mit viel Humor. Noch ist der letzte Pfeil im Köcher der Behandlungsmöglichkeiten nicht verschossen. Und er ist davon überzeugt, dass immer wieder neue Pfeile dazu kommen werden.

Ich habe bei vielen wichtigen Lebensthemen immer sehr rational gehandelt. Das hat die Beziehung zu meiner früheren Freundin und jetzigen Frau nicht immer einfach gemacht. Sie wollte Kinder, während ich, der als Wissenschaftler anfangs immer nur befristete Arbeitsverträge bekam, glaubte, Kinder in dieser Situation nicht verantworten zu können. Dazu gibt es sogar Statistiken: Laut einer ZDF-Sendung sind die Geburtenraten in Universitätsstädten signifikant niedriger als in anderen Städten. Meine jetzige Frau trennte sich von mir, aber wir haben Jahre später wieder zueinander gefunden. Nachdem ich damals mit Ende 40 endlich eine feste Stelle hatte, sah nun auch ich mich in der

„Ich habe bei vielen wichtigen Lebensthemen immer sehr rational gehandelt.“

Lage, eine Familie mit Kindern zu gründen. 2000 hat mir meine Frau an einem Sommertag nach dem Abendessen ein Ultraschallbild gezeigt. Wir haben uns beide darüber natürlich riesig gefreut. Unser Sohn wurde im März 2001 geboren. Unsere Hochzeit hatten wir bereits vorher für September 2001 geplant.

Es gab zwar in meiner Familie keine gesundheitliche Vorbelastung, aber der Vater meiner Frau war mit 56 Jahren an Darmkrebs verstorben. Auch deshalb haben wir uns, nachdem wir jetzt auch für unseren Sohn Verantwortung zu tragen hatten, beide einer gründlichen Vorsorgeuntersuchung unterzogen. Meine Frau war Gott sei Dank kerngesund, aber bei mir wurde Anfang Juli 2001, zwei Tage vor meinem 50. Geburtstag, ein PSA-Wert von 30 ng/ml gemessen – ein untrügliches Zeichen für einen weit fortgeschrittenen Prostatakrebs. Eine radikale Prostata-OP war unvermeidlich. Panik pur!

Ich habe daraufhin einen Freund angerufen, der Chefarzt für Neonatologie war. Er sagte: „Gib mir eine Stunde, ich höre mich mal um.“ Als er zurückrief, hatte er für mich bereits einen Termin im Münchener Klinikum rechts der Isar (in der Urologie eine allererste Adresse) vereinbart. Das war aus heutiger Sicht ganz entscheidend, denn damit war mein Zug auf die richtige Anfangsschiene gesetzt. Ich habe dadurch eine Abfolge von Glück gehabt, immer an die richtigen Ärzte, Diagnosen und Behandlungen zu geraten.

Unsere Hochzeit wollten wir nach der Geburt unseres Kindes groß feiern, aber nach dieser Diagnose war uns nicht wirklich nach Party zumute. Um die Familie noch vor der Operation in gesicherte Verhältnisse zu bringen, sind wir mit dem Kind zum Standesamt gefahren, um uns zu informieren, welche Unterlagen wir für eine vorgezogene standesamtliche Trauung noch bräuchten. Wir stellten etwas überrascht fest, dass wir eigentlich alles dabeihatten. Und als ich dem Standesbeamten sagte, dass ich kurzfristig wegen einer kritischen OP ins Krankenhaus müsse, da sagte der: „Na, dann machen wir das doch gleich.“ Und zack, waren wir verheiratet.

Es war ein sonderbarer Tag. Nach der kurzen Zeremonie wollte ich unseren Sohn im Kinderwagen in einem sehr engen Aufzug alleine nach unten fahren lassen und selber die Treppe nehmen. Schieres Entsetzen bei meiner Frau: „Wenn der jetzt stecken bleibt, was ist dann mit unserem Kind?" Also sind wir mit unserem Sohn im Arm zu Fuß nach unten gegangen und haben nur den leeren Kinderwagen in den Aufzug gestellt – der dann tatsächlich nach einem halben Stockwerk stecken blieb. Es hat gefühlt ewig gedauert, bis der Hausmeister kam und den Kinderwagen befreite. Währenddessen bekamen wir wegen der inzwischen abgelaufenen Parkuhr ein Knöllchen. Nachdem wir jedoch der Politesse unsere Geschichte erzählt hatten, hat sie uns gratuliert und das Knöllchen ganz unbürokratisch zerrissen. Der Tag hielt aber noch eine weitere Überraschung für uns bereit. Bei unserer Rückkehr stellten wir fest, dass der Spiegelschrank im Bad von der Wand gefallen war, quasi Polterabend am Hochzeitstag. Des Rätsels Lösung war, wie ich später herausfand, ein schwaches Erdbeben, also doch kein böses Omen. An so etwas glaube ich ohnehin nicht: Für mich zählt die Ratio.

Die Entfernung der Prostata war sicherlich der harte Weg. Aber ich habe mich bewusst dafür entschieden und zunächst schien auch alles gut zu sein. Doch nach zehn Jahren begann der PSA-Wert wieder anzusteigen. Verdacht auf ein Lokalrezidiv und Empfehlung meines Urologen, mich einer Strahlentherapie z. B. in der Ulmer Universitätsklinik (auch dieser Vorschlag wieder eine entscheidende Weichenstellung in die richtige Richtung) zu unterziehen. Und damit begann ein stetes Auf und Ab: PSA-Wert-Anstieg, PET/CT, Strahlentherapie, PSA-Wert-Absturz. Dann ein paar Jahre Ruhe. Danach erneuter PSA-Wert-Anstieg usw. Es war schon alles dabei, von einer Knochenmetastase, die bestrahlt und gestoppt wurde, bis zu befallenen Lymphknoten. Und so arbeiten wir uns gerade von Lymphknoten zu Lymphknoten weiter.

Dann im Sommer 2023 plötzlich ein um den Faktor 8 beschleunigter PSA-Wert-Anstieg und Verdacht auf eine Mutation und Streuung der Metastasen, was eine systemische Therapie, also eine Chemo- und Hormontherapie statt punktueller Bestrahlung erfordert hätte. Aber meine Münchener Urologin wollte die weitere Entwicklung zunächst noch eine Zeitlang beobachten, um nicht vorzeitig ihre Pfeile im Köcher zu verschießen. Ergebnis: Doch keine Streuung, sondern nach wie vor nur eine einzige Metastase, die dann Anfang 2024 wie zuvor wieder strahlentherapeutisch eliminiert werden konnte, gefolgt von einem dramatischen Absturz des PSA-Werts.

Belastend fand ich, dass unser Kind mit meiner Krankheit groß werden musste. Nach der Erstdiagnose hatte ich gelesen, dass die mittlere Überlebenszeit fünf bis sechs Jahre

„Nutze den Tag, kann ich nur sagen, und mach dich schlau.“

beträgt. Würde ich die Einschulung unseres Sohnes noch miterleben? Heute wissen wir, dass man auch metastasierten Prostatakrebs jahrzehntelang überleben kann – vorausgesetzt, man hat die richtigen Ärzte und auch ein gehöriges Quäntchen Glück. Wer total operiert worden ist, kann zwar auch geheilt sein, aber meine Ärzte waren ehrlich: An Heilung sei bei mir nicht zu denken, es würde jedoch immer Verfahren geben, die das Leben verlängern. Das hat mir Mut gemacht. Und wohl auch unserem Sohn.

Er war im Vorschulalter bei Nachuntersuchungen oft dabei, hat im Wartezimmer gemalt und kleine Rechenaufgaben gelöst. Hat die Ärzte erlebt. Natürlich im Sprechzimmer auch die Gespräche mitbekommen, in denen den Ärzten mal wieder etwas Neues eingefallen ist und es für mich wieder eine neue Perspektive gab. Die Idee, Medizin zu studieren, kam ihm mit 14 oder 15 Jahren, unter anderem auch weil er schon als Kleinkind erfahren hatte, dass eine Klinik nichts Furchteinflößendes sein muss, sondern ein Ort, an dem Patienten wirklich geholfen wird. Und er möchte auch als angehender Arzt auf der Vater-Sohn-Ebene bleiben und nicht meine Werte analysieren, wenngleich er sicherlich hier und da ein paar Tipps parat hat. Das verstehe ich.

Gesprächen mit Psychologen stehe ich eher reserviert gegenüber. Ich bin als Physiker jemand, der klar ist mit sich und der Welt. Für mich bieten solche Gespräche wenig Hilfe. Ich vertraue meinen Urologen und anderen Ärzten und halte mich an deren Fakten. Mit all diesen psychologischen Dingen kann ich nicht viel anfangen. Dasselbe gilt für Selbsthilfegruppen. Der Tag wird kommen, an dem ich mir wünsche, dass es mir noch mal so gut geht wie heute. Also „Carpe diem“, nutze den Tag. Das ist meine Devise und meine Herangehensweise. Und deswegen setze ich auf die Wissenschaft.

In einer Fernsehsendung habe ich als Physiker einmal aufzeigen sollen, wie man über Wasser gehen kann. Unter bestimmten physikalischen Gegebenheiten geht das! Ich hatte zunächst eine fachlich dafür besser geeignete Kollegin vorgeschlagen. Sie wollte aber nur mitmachen, wenn ich auch dabei bin. Also haben wir das zu zweit gemacht. Es gab kein Drehbuch, wir mussten somit improvisieren, Experimente vorschlagen, und dann wurde einfach gedreht. Das wurde so gut, dass wir nach der Ausstrahlung sogar von Kollegen darauf angesprochen wurden.

Nutze den Tag, kann ich nur sagen, und mach dich schlau. Ich habe selbst immer wieder Berechnungen über den Verlauf meines PSA-Werts angestellt, um zu extrapolieren, wo die Entwicklung wahrscheinlich hingehen würde. Mein 2017 an die Uni Würzburg berufener langjähriger Münchener Urologe war zuerst etwas irritiert. Dann sagte er mit einem Augenzwinkern: „Wechseln Sie Ihren Mathematiker, der Mensch ist keine Maschine.“ Da musste ich ihm natürlich Recht geben. Trotzdem stimmte meine Prognose auf 5 Tage genau mit der späteren Messung überein.

Und so machen wir gemeinsam weiter. Hieß es anfangs: „Wir operieren Sie jetzt erstmal, um Sie am Leben zu halten“, so schauen wir nun, was noch geht. Es gibt immer wieder Entwicklungen, die dann neue Therapieformen ermöglichen.

Natürlich werden nicht alle Innovationen zu Gamechangern oder funktionieren auf Anhieb oder zu 100 Prozent, aber es geht fast immer weiter. Davon bin ich als rational denkender Mensch fest überzeugt.

Digitale Therapien bei Prostatakrebs

PD Dr. Severin Rodler[1] und PD Dr. Jan-Niclas Mumm[2]

Digitale Therapien sind eine neue Klasse an Therapien, die ähnlich wie Medikamente einen strengen Zulassungsprozess durchlaufen und eine klar definierte Krankheit behandeln müssen. Sie können jede Art von Softwareanwendung sein, doch am häufigsten findet man sie als App.

Solche Apps unterscheiden sich inhaltlich von gängigen Lifestyle- und Fitness-Apps, die vor allem Unterhaltungswert haben; in der Zugänglichkeit aber sind sie gleich wie diese: Man installiert sie einfach auf dem Smartphone.

Was können digitale Therapien leisten?

Ihre Aufgabe ist eine elementare Supportivtherapie für alle Probleme, die durch die Erkrankung und mögliche Behandlungsformen auftreten. Sie können Versorgungslücken schließen, die sich beispielsweise im Bereich Rehabilitation, Physiotherapie, Versorgung und Nachsorge ergeben. Dabei sind sie als wichtige Ergänzung zu den behandelnden Ärzten und Therapeuten zu betrachten.

Die App Uroletics wurde im Januar 2020 von den Urologen PD Dr. Jan-Niclas Mumm und PD Dr. Severin Rodler veröffentlicht. Die Idee dafür entstand, als eine Lösung für digitales Beckenbodentraining vor und nach urologischen Operationen gesucht wurde. Während der COVID-19-Pandemie, als viele Patienten keinen Zugang zu effektiven Therapien und Rehabilitationen hatten, wurde diese Notwendigkeit einer digitalen Gesundheitsanwendung noch einmal deutlicher.

Entwickelt wurde die App in Zusammenarbeit mit erfahrenen Ärzten und Physiotherapeuten. Sie richtet sich an Patienten, die eine Prostata-Operation hinter sich haben oder sich darauf vorbereiten und hilft diesen dabei, Inkontinenz und erektile Dysfunktion zu bewältigen. Um Uroletics vollumfänglich nutzen zu können, ist ein Rezept oder ein Diagnosenachweis von einem Arzt erforderlich. Viele Krankenkassen übernehmen die Kosten für die App.

[1,2] Urologe und Entwickler von Uroletics

Urolectics bietet umfassende Therapieoptionen, die sich auf die Leitlinien der Universitätsmedizin stützen. Dazu gehören:

- **3-D-Beckenbodentraining:** Über 100 Videos bieten Anleitungen für effektive Übungen, die die Kontinenz und die sexuelle Funktion verbessern.

- **Therapie- und Nachsorgepläne:** Patienten werden durch individuell angepasste Therapiepläne und Nachsorgeerinnerungen unterstützt.

- **Mentale Unterstützung:** Ein psychoonkologischer Mentalcoach hilft den Nutzern, mit der Diagnose und den Herausforderungen der Therapie umzugehen.

- **Komplikationsmanagement:** Die App überwacht den Fortschritt und warnt bei möglichen Komplikationen nach der Operation.

Sascha Purket

„Boah, Stoppschild, Rot! Wenn der Aufstieg zur Nebensache wird.“

Der Pfälzer Sascha Purket, Jahrgang 1969, ist eine Sportskanone und sowohl als Spieler als auch als Torwarttrainer eine echte Fußballerlegende. Zwischen 1992 und 2007 stand er bei Borussia Neunkirchen in mehr als 700 Spielen zwischen den Pfosten, war zeitweilig Kapitän und wurde als einziger Torwart im Saarland zum Sportler des Jahres gewählt. Als Torwarttrainer schaffte er 2023 mit dem SV Elversberg den Aufstieg in die 2. Bundesliga. Fußball ist sein Leben, ebenso der Umgang mit den Jungs, das Training, die Spiele, Siege und Niederlagen, das gemeinsame Bierchen und die Männergespräche. Sasch, wie ihn alle nennen, ist ein Motivator, trägt immer einen flotten Spruch auf den Lippen. Die Welt ist in Ordnung, das Ehe- und Familienleben so, wie er es sich wünscht. Bis zum Tag der Diagnose. Die Feier zum Aufstieg kann er nicht wirklich genießen, denn am nächsten Tag wird er an der Prostata operiert.

Boah, was für eine Feier! Was für eine Stimmung! Schöner können Fußball und die Welt drum herum nicht sein. Wir waren in die 2. Liga aufgestiegen! Es fühlte sich an wie im siebten Himmel, wir begingen quasi den Weltfeiertag beim SV Elversberg. 5000 Leute, also mehr als die Hälfte der Einwohner, kamen dafür ins Stadion, alle freuten sich auf eine Party ohne Ende. Nur ich nicht. Bei dem, was mir bevorstand, kam keine Feierstimmung auf. Meine Frau merkte das und meinte nur: „Sasch, Du willst nach Hause, gell?“ Sie hatte Recht.

Feiern und Aufregen, über Fußball oder über sonst etwas, aber auch hart Trainieren, das war bisher mein Leben gewesen. Ein typisches Fußballerleben eben. Ich hatte vorher nie etwas. Nach einer routinemäßigen Darmspiegelung jedoch tastete der Arzt meine Prostata, machte eine sogenannte „Hafenrundfahrt“ – und er fühlte etwas.

„Es fühlte sich an wie eine Niederlage.“

Der anschließende Test des PSA-Werts bestätigte den Verdacht. Einen Termin für eine Biopsie zu bekommen, war nicht einfach, der Eingriff selbst, bei lokaler Betäubung, dann schmerzhaft. Das Schlimmste war aber, dass man an 12 Stellen Volltreffer landete. Es fühlte sich an wie eine Niederlage.

Zuerst glaubte ich noch an eine einfache Entzündung. Krebs kam mir nicht in den Sinn, obwohl mein Vater mit 64 Jahren an Lungenkrebs gestorben war. Bei der Übermittlung der Diagnose dann konnte ich nach zwei Sätzen schon nicht mehr zuhören. Totale Leere. Stoppschild. Rote Karte. In den Tagen danach musste ich zuerst meine Gedanken ordnen. Gut, dass ich jeden Tag eine Stunde von meinem Wohnort zum Verein fahre. Das wurde meine Nachdenkzeit.

Ich habe es zuerst meiner Familie erzählt, die natürlich geschockt war, mir aber komplette Rückendeckung gab. Den Trainer und die Mannschaft habe ich auch sofort informiert. Und so begann auch mein Heilungsprozess, bereits vor der OP. Ständig schoss mir durch den Kopf: Ich therapiere mich selbst, mit Fußball. Und ich kämpfe, wie beim Fußball eben. Ich wollte mir das Erleben des Märchens, das wir mit dem Aufstieg begonnen hatten, nicht nehmen lassen. Ich wollte weiter Vollgas geben, auch im Job.

Vier Tage nach der OP wurde ich aus dem Krankenhaus abgeholt und als wir auf dem Rückweg waren, sagte ich: „Bieg hier bitte ab und fahr mich zum Stadion." Meine Frau sagte nur: „Du spinnst wohl." Doch ich wollte sofort wieder hin und arbeiten. Ich habe keinen Tag gefehlt. Klar, ich habe mich brav zurückgehalten und keine Bälle geschossen, was ich als Torwarttrainer eigentlich hauptsächlich tun muss. Bei der OP war alles gut verlaufen und ich war fit, manche Tage waren nicht so gut und manchmal war ich einfach platt. Aber ich war präsent! Und ich war bei meinen Jungs. Es gibt für mich nichts Schöneres, als Teil einer Mannschaft zu sein. Das ist wie eine zweite Familie. Nach ungefähr vier Wochen waren wir auf dem Weg zu unserem ersten Bundesliga-

DFB-Pokal, Borussia Neunkirchen gegen den deutschen Meister Bayern München, 2003

„Prostatakrebs ist in der Welt des Fußballs eher ein Tabuthema. Ich aber wollte offen damit umgehen.“

spiel, das in Hannover stattfand. „Heute scheppert es“, verkündete ich. „Heute trete ich den Ball!“ Die Jungs haben mich dafür gefeiert und wir holten uns gleich unseren ersten Auswärtspunkt.

Getrübt wurde meine positive Grundstimmung, als bei meiner Frau Gebärmutterkrebs diagnostiziert wurde und auch sie sich operieren lassen musste. Auch wenn ich aus meinem Leben Kummer gewohnt war – ich hatte 12 Jahre lang in der Suchttherapie gearbeitet und schwer Heroin- und Kokainabhängige betreut –, fragte ich mich in dieser Zeit, ob es nun nicht langsam reichte. Der Krebs zwang mich, insgesamt etwas vom Gas zu gehen, und das hat mir tatsächlich dann doch gutgetan. Mittlerweile freue ich mich auf den Ruhestand, darauf, etwas mehr Ruhe zu haben und kürzer treten zu dürfen. Und ich bin demütig geworden und dankbar. Nicht zuletzt dafür, dass der Sex bei mir noch relativ problemlos funktioniert. Natürlich bedeutete der trockene Orgasmus zunächst eine Umstellung, aber ich finde, dass das Gefühl so manchmal sogar intensiver ist. Die Autofahrten zwischen Wohnort und Stadion helfen. Eine Stunde nachdenken. Die Angst ist weg seitdem. Dass da vielleicht was wiederkommen könnte, das macht mir schon Sor-

gen, aber nicht immer. Ich gehe alle drei Monate den PSA-Wert testen. Das meiste spielt sich eh im Kopf ab. Die Nacht davor ist immer etwas schlaflos.

Ich bewege mich noch immer viel, auch wegen meines Asthmas. Ich gehe täglich mindestens 15.000 Schritte, selbst meinem Hund wird das manchmal zu viel. Eine Herausforderung war die Kommunikation der Erkrankung. Natürlich habe ich es zuerst meiner Familie erzählt, dann dem Trainer und der Mannschaft. Prostatakrebs ist in der Männerwelt des Fußballs eher ein Tabuthema. Die Teams sind meist verunsichert, wissen nicht, wie sie reagieren sollen, und auf der anderen Seite stehen die kranken Menschen, die sich mit ihrer Situation isolieren, alleine zurechtkommen und dazu noch die Starken spielen müssen. Journalisten haben in solchen Situationen auch manchmal die Aufgabe, das zu akzeptieren, ohne bohrende und vertiefende Fragen zu stellen. Ist es einen Bericht wert, das sensible System zu sprengen und dadurch Menschen zu schaden?

Ich wollte offen damit umgehen. Ich bin nun mal ein Redner, ein Motivator und ein Trainer, und ich denke: Wenn ich von 100 nur einen erwische, der wegen meiner Geschichte zur Vorsorge geht, dann habe ich alles richtig gemacht. Die Zeitungen haben das dann auch geschrieben: „Sascha Purket bricht Tabuthema!" Das scheint gut angekommen zu sein, denn mir wurde und wird bis heute innerhalb der Fußballwelt große Unterstützung entgegengebracht. Selbst von Leuten, die man sonst eher nicht so mag. Und es melden sich viele bei mir, die es auch haben und von denen man das gar nicht vermutete. Nur eine Sache stört mich, es gab einige, die sagten, na ja, ist ja gut heilbar ... Da sagte ich: Halt die Fresse, du hast keine Ahnung.

Nachsorge beim Prostatakarzinom

Prof. Dr. Andreas Becker[1] und Dr. Frank Becker[2]

Die aktuelle „S3-Leitlinie Prostatakarzinom“ der Arbeitsgemeinschaft der Wissenschaftlichen Medizinischen Fachgesellschaften e. V. (AWMF) empfiehlt für Prostatakrebspatienten 3-monatliche Kontrollen („Tumornachsorge“) in den ersten 2 Jahren nach Therapie, dann halbjährliche Kontrollen für weitere 2 Jahre.

Hiernach sollte regelmäßig einmal jährlich eine fachurologische Kontrolle erfolgen. Die Kontrollen erfolgen in der Regel beim ambulant tätigen Urologen. Nicht zuletzt dadurch entsteht idealerweise ein Vertrauensverhältnis zwischen Betroffenem und Urologen, das für ein offenes Ansprechen von Problemen sehr wichtig ist.

Bei der Tumornachsorge wird in erster Linie das Behandlungsergebnis überprüft. Sollten sich dabei Abweichungen vom zu erwartenden Verlauf zeigen, sollten die Abstände der Kontrollen wieder individuell verkürzt werden.

Bei Hinweisen auf ein Wiederauftreten der Erkrankung (Rezidiv) können zudem frühzeitig weiterführende Diagnostik und – falls erforderlich – eine erneute Therapie eingeleitet werden: Wenn das Rezidiv früh genug erkannt wird, ist es in vielen Fällen möglich, erneut eine Heilung anzustreben. Wenn eine kurative (heilende) Therapie nicht möglich oder erwünscht ist, kann eine Hormonentzugstherapie das Fortschreiten der Erkrankung verzögern.

Was wird bei der Nachsorge konkret gemacht?

Konkret wird entsprechend der Empfehlungen der Leitlinie nach Therapieende 3-monatlich eine körperliche Untersuchung durchgeführt und der PSA-Wert bestimmt, um den Erfolg der Therapie zu beurteilen. Dieser sollte

- nach erfolgreicher Prostatektomie nicht mehr nachweisbar sein,
- nach Bestrahlung in einen niedrigen Bereich abfallen und sich stabil im niedrigen Niveau halten.

[1] Urologe, Urologisches Zentrum Boxberg, Neunkirchen, [2] Urologe, Urologisches Zentrum Boxberg, Neunkirchen

Gleichzeitig werden die sogenannten funktionellen Ergebnisse der Therapie beurteilt und versucht zu optimieren. Dabei geht es hauptsächlich um eventuell aufgetretene Folgeerscheinungen der Therapie wie

- Probleme mit der Kontinenz,
- Probleme mit der sexuellen Funktion,
- Probleme mit der Darmtätigkeit,
- andere körperliche und/oder psychische Folgen der Therapie, z. B. Fatigue-Symptomatik, Auswirkungen einer Hormonentzugstherapie auf Muskulatur, Knochen, Sexualität und Psyche.

Häufig wird daraufhin eine ambulante oder stationäre Rehabilitationsmaßnahme eingeleitet, bei der sowohl die körperlichen als auch die psychischen und sozialen Folgen der Therapie behandelt werden können.

Wurde eine Hormonentzugstherapie angewendet, werden in der Regel danach ebenfalls alle 3 Monate eine körperliche Untersuchung durchgeführt, der PSA-Verlauf kontrolliert und die Folgen der Therapie erfasst. Zusätzlich erfolgen regelmäßig Laborwertkontrollen zur Abklärung einer Anämie (Hb-Wert) und in größeren Abständen wird der Testosteronlevel erhoben. Während sich die Kontinenzsituation meist nach einigen Wochen bis Monaten auf dem individuellen Niveau stabilisiert, können Verbesserungen der Erektionsfähigkeit noch nach bis zu einem Jahr auftreten.

Mit zunehmendem zeitlichem Abstand zur Therapie und Stabilisierung der Situation verlängern sich die Abstände der Kontrolluntersuchungen. Im Falle einer Kombination mit einer Chemotherapie oder einer Hormonentzugstherapie müssen die Kontrollintervalle engmaschiger gewählt werden.

Peter Kunz

„Ein Ziel vor Augen haben – weiterleben.“

Herr Kunz, Jahrgang 1958, ist ein großer Mann, gelernter Handwerker, pensionierter Postbeamter und ehemaliger Mitarbeiter in einem Briefzentrum, der den Raum ausfüllt, wenn er erscheint, und den man automatisch respektvoll anspricht. Aber Herr Kunz ist auch ein Mann aus dem Leben, humorvoll, hemdsärmelig, zupackend, direkt, natürlich, mit klaren Ansagen, aber auch viel Herz, wenn man es sich denn verdient hat. Die Entdeckung seiner Prostataerkrankung war reiner Zufall. Nicht unproblematisch, auch weil es den frühen Tod des geliebten Vaters wieder in ihm aufwühlte. Doch Herr Kunz wäre nicht Herr Kunz, wenn er nicht binnen kurzer Zeit seinen Kampfgeist wiedergewonnen hätte. Und deshalb war schnell klar: Das Ziel ist Leben! Und nach der Behandlung noch mehr als vorher.

Nach so einer Diagnose fällt man erstmal in sich zusammen. Der Verdacht lag nahe, dass der Krebs die Kapsel bereits verlassen hatte, hochaggressiv war und mit großer Wahrscheinlichkeit Metastasen gebildet hatte – und ich mich somit auf ein langsames Sterben vorbereiten musste. In der Nacht danach habe ich mir ordentlich einen hinter die Binde gegossen und eine Schachtel Zigaretten (meine letzte) geraucht, Und auch wenn ich schon am nächsten Tag meinen Kampfgeist wiedergefunden hatte, war das die härteste Zeit meines Lebens. Dieses Warten und das elendige Kopfkino.

Ich hatte als Junge meinen Vater an den Lungenkrebs verloren. Mein Vater und ich waren ein tolles Gespann, ein bisschen wie Kopf und Hintern. Wir haben alles zusammen gemacht. Er hat mir nach seinem Tod immer sehr gefehlt. Ich bin in der Nähe von Saarbrücken aufgewachsen, in einem rauen Klima, um mich herum viele Kinder von Hüttenarbeitern und Bergleuten. Als ich noch kleiner war, habe ich oft Prügel bezogen, weil ich keinen Vater mehr hatte und auch keinen großen Bruder, der mir beigestanden hätte. Ich hatte nur meine Mutter und zwei Schwestern.

Der Krebs ist bei mir 2023 durch Zufall entdeckt worden. Ich habe jedes Jahr meinen Check-up gemacht, allerdings ohne den PSA-Wert testen zu lassen. Mein Arzt hielt das nicht für notwendig. Dann habe ich mal gesagt, mach doch einfach, und bumms, der PSA-Wert war bei 27, eine Woche später schon bei 38. Mein Urologe sagte diesen einen Satz, den ich mein Leben lang nie vergessen werde: „Ich begleite Sie bis zum Schluss."

Sofort wurde eine Hormontherapie begonnen, um mögliche Metastasen zu bekämpfen, dann wartete ich über einen Monat auf das Screening der Knochen und der Weichteile, um weitere Metastasen auszuschließen. Eine OP wäre nur möglich, wenn der Krebs nicht gestreut hätte. War sie! Ich habe sofort meine Frau angerufen, die fast durch den Hörer gesprungen ist vor Freude. Die OP ist dann auch sehr gut verlaufen, wurde sehr sorgfältig durchgeführt und hat wirklich alles wegbekommen.

In der Reha habe ich alle Anwendungen mitgenommen, die es gab, selbst die für die Psyche, was anfangs nicht leicht war. Inkontinenz war zum Glück nicht lange ein Thema dank gutem Beckenbodentraining, und Impotenz konnte mich nicht schrecken: Aus dem Alter war ich bereits raus, die Prioritäten sind heute andere als vor 30 Jahren.

Nach der Krebsdiagnose habe ich viel über früher nachgedacht und jetzt verstehe ich viele Handlungen und Reaktionen besser. Meiner Frau habe ich gesagt: „Menschen werden sich von uns abwenden. Nicht weil sie uns nicht mehr mögen, sondern weil sie es nicht ertragen können." Und tatsächlich, mein Freundeskreis hat sich zeitweise verkleinert. Ich nehme heute auch weniger Rücksicht auf andere – meine Frau natürlich ausgenommen. Mir war immer wichtig, dass ich für sie alles geregelt habe, falls es dann doch zu Ende gehen sollte.

Ich mache mehr für mich, gehe ins Fitnessstudio, wandere fast jeden Tag fünf, sechs Kilometer oder mehr durch den Wald. Dafür gibt es Belohnungen, Bierchen und Süßigkeiten etwa. Ich greife nicht mehr immer zu, aber mir ist eben bewusst, dass es morgen vorbei sein kann. Darum lass ich mir das Leben nicht vermiesen. Ich hätte ehrlich nicht gedacht, dass ich so schnell wieder fit bin. Aber selbst wenn es anders wäre, würde ich es wieder genauso machen und mich operieren lassen. Ein Leben mit Inkontinenz beispielsweise ist doch immer noch besser als keines mehr. Mein Motto ist eindeutig: Alles machen, was hilft. Ein Ziel vor Augen haben: Weiterleben. So vernünftig wie möglich, so fit wie möglich. Das Leben mit meiner Partnerin genießen und mitnehmen, was geht.

Wir haben das Glück, dass wir nicht unbedingt am Hungertuch nagen, und auch unsere Kinder sind beide sehr gut gestellt. Meiner Frau habe ich sofort nach der Diagnose gesagt, wenn das Ganze einigermaßen überstanden ist, dann wird gelebt. Noch extremer als bisher. Wir fahren seit zehn Jahren im Dezember auf die Kanaren. Und jetzt fahren wir eben auch mal zweimal im Jahr, wenn wir wollen. Ganz einfach.

»Ein Leben mit Inkontinenz ist doch immer noch besser als keines mehr.«

Jürgen Mahren

„Alles ohne Jammern.“

Jürgen Mahren, Jahrgang 1965, ist Kriminalbeamter, genauer gesagt Kriminalhauptkommissar beim Landeskriminalamt in Saarbrücken, zuständig für Todesermittlungen, Tötungsdelikte und Sexualdelikte. Kein einfacher Job. Der Tod spielt in seinem beruflichen Alltag eine prägende Rolle. Und auch privat kennt er sich mit Ausnahmesituationen aus, etwa mit Krebs innerhalb der Familie und den dazugehörigen Leiden. Man könnte seine Persönlichkeit mit folgenden Attributen beschreiben: kundig, abgeklärt, sachlich, notwendigerweise ein wenig distanziert, aber auch ambitioniert. Die Belastung durch seinen außergewöhnlichen Job und auch wohl durch sein außergewöhnliches Leben gleicht er mit Sport aus – mit viel Sport. Jürgen Mahren powert sich gerne vollständig aus. Die Diagnose hat ihn nicht geschockt, sein Umgang mit der Krankheit ist, so könnte man sagen, vorbildlich professionell.

Ich habe keine Angst vor dem Krebs, denn das Thema ist bei uns in der Familie nicht neu. Meine Mutter hatte mit 50 das erste Mal Krebs, Darmkrebs, danach kam der Leberkrebs. Sie ist sehr gut behandelt worden, ihr Körper hat auf die Behandlungen angesprochen und heute, mit über 80 Jahren, ist sie wieder kerngesund. Ich weiß also, dass Krebs, auch Prostatakrebs im Speziellen, kein Todesurteil sein muss. Andere haben sich da fast mehr Sorgen um mich gemacht als ich selbst. Aber vielleicht ist das auch ein bisschen eine Selbstschutzbehauptung.

Zudem hatte meine Frau, die an der angeborenen Stoffwechselerkrankung Mukoviszidose leidet, Brustkrebs. Durch die Mukoviszidose ist ihre Lunge schwer geschädigt – ihr Lungenvolumen liegt bei 50%, sie kann nicht gut atmen und muss daher täglich mehrmals inhalieren. Dazu gehört eine ganze Menge Kraft und Disziplin. Mit 61 Jahren ist sie eine der ältesten Patientinnen mit dieser Erkrankung; die meisten werden nicht so alt. Unsere Schicksale haben uns deshalb wirklich gut zusammengeschweißt, auch durch

unsere Akzeptanz und Dankbarkeit. Und natürlich hat das Einfluss auf unsere Lebensplanung.

Der Tod spielt bei uns privat trotzdem eine eher untergeordnete Rolle. Ich habe keine Angst vor dem Sterben. Ich habe jeden Tag beruflich damit zu tun und allein schon aus professionellen Gründen eine gewisse Distanz zum Tod entwickelt. Seit über 20 Jahren bin ich in diesem Bereich tätig. Da ist man (oder wird man) pragmatisch und geht auch nicht (mehr) so emotional damit um. Beispielsweise Eltern, deren Kind gestorben ist, wollen häufig mit jemandem sprechen, der einfach sachlich erklären kann, was da passiert ist. Viele wollen in diesem Stadium keine psychologische Betreuung, das ist ihnen zu extrem. Daher habe ich auch keine Angst vor solchen Gesprächen. Ich weiß, dass es ausreicht, wenn ich authentisch und neutral bin.

Natürlich macht man sich bei eigener Betroffenheit andere Gedanken. Dennoch habe ich die nach der OP angedachte Reha mit psychologischer Betreuung für mich persönlich als nicht notwendig empfunden. Ich bin eher stabil, gehe offen damit um, mit allem Für und Wider.

Überhaupt war ich nicht überrascht von meiner Diagnose, da ich regelmäßig und engmaschig beim Arzt gecheckt wurde und mein PSA deshalb unter ständiger Beobachtung stand. Und irgendwann stieg er bis an einen Punkt, an dem man was tun musste.

„Damit ordentlich Endorphine ausgeschüttet werden, gebe ich meistens Vollgas.“

Meine Frau war beim Gespräch mit dem Arzt dabei und wir haben alle Themen gemeinsam angesprochen. Am Wichtigsten waren für mich folgende Inhalte: Hat der Krebs gestreut? (Hatte er nicht.) Wie ist das mit einer möglichen Inkontinenz? Mit Erektion und Orgasmus? Und kann ich danach problemlos Sport treiben? Der Sport ist mir sehr wichtig, da ich auf gehobenem Niveau Vereinstennis spiele und durch viel Sport das Maximum an Ausgleich schaffen muss, den mein harter Job fordert. Damit ordentlich Endorphine ausgeschüttet werden, gebe ich meistens Vollgas. Meine Frau schimpft manchmal schon, ich solle es nicht übertreiben. Übrigens gefiel mir besonders, dass der Radiologe kein „Verkaufsgespräch“ mit mir geführt hat. Er war sachlich, ehrlich und direkt, so wie ich es mag, und machte eine 50/50-Aussage in Sachen Bestrahlung oder OP. Ich hatte mich sodann für die OP entschieden.

Da meine Frau und ich, aufgrund ihrer Erkrankungen, sowieso sehr offen und häufig auch über solche Themen reden, waren wir nicht überrascht über die Nebenwirkungen nach der OP. Thema Erektion: Gibt es noch, zwar nicht mehr so wie früher, aber wir haben „Mittel“ und Wege gefunden, mit denen wir sehr gut klarkommen. Man sollte nämlich wissen, nach einer OP ist der Orgasmus trocken.

Was das Problem der Inkontinenz betrifft, war das ebenfalls kein großes. Am Anfang habe ich noch Einlagen getragen, ich nannte sie Kaffeefilter, und damit ging auch nicht viel in die Hose. Aber ich bin dann ganz schnell wieder trocken geworden, dank meines

» **Niemand konnte glauben, dass ich an Prostatakrebs erkrankt war, und ich wurde ein wenig bedauert, was ich nicht gut fand.«**

ambulanten Beckenbodentrainings, verbunden mit fleißigem Training und viel Disziplin. Heute ist das Thema Inkontinenz vollkommen abgehakt.

Dazu noch eine kleine Anekdote. Vorab: Ich bin kein Jammerlappen. Nach der OP in Hamburg wollte ich unbedingt zum Wochenende entlassen werden, mit Katheter. Und da ich nicht solange mit dem Zug nach Hause fahren wollte, habe ich einen Flieger gebucht. Schon im Bus zum Flughafen habe ich gemerkt, dass sich die Flüssigkeit im Katheter rot verfärbte, und ich hatte Schmerzen. Bei der letzten Ultraschalluntersuchung, bei der kontrolliert wurde, ob die Naht zwischen Blase und Harnleiter dicht ist, wurde festgestellt, dass dem leider nicht so war. Daher musste ich den Katheter noch 2 Wochen tragen. Am Hamburger Flughafen schleppte ich mich zum Check-In, doch man wollte mich in diesem Zustand nicht mitnehmen: „Sind Sie überhaupt flugtauglich? Das muss der Pilot entscheiden!“ Ich habe auf die Zähne gebissen und erstmal gute Miene gemacht. In der Zwischenzeit habe ich den Katheter geleert und versucht, einen Kollegen in Uniform zu finden, der mich heimlich an der Sicherheitskontrolle durchschleust. Doch keine Chance. Zu allem Überfluss hatte ich noch Thrombosespritzen dabei, sodass ich vielmehr wie ein Verbrecher kontrolliert wurde. Ich musste mich freimachen und mein Urinbeutel wurde tatsächlich auf Sprengstoff untersucht. Doch endlich ging es dann in Richtung Gate für mich, zwar mit Schmerzen und humpelnd und mit einem Urinbeutel, der sich immer schneller rot verfärbte. Den Beutel hatte ich in einer Stofftasche versteckt, und der Pilot gab mir letztendlich sein OK. Ich wurde sogar in die erste Reihe gesetzt. In der Luft gerieten wir dann noch in einen Sturm – die nächste Katastrophe. In Saarbrücken war ich der Erste, der aussteigen durfte, der Erste auf dem Klo und der Letzte, der den Sicherheitsbereich verließ. Es fühlte sich an wie das Ende eines Horrortrips. Ich musste mir eingestehen, mich ein bisschen überschätzt und die Situation unterschätzt zu haben.

Mein Bekannten- und Freundeskreis wollte natürlich wissen, wie die OP gelaufen ist. Nachdem ich mein Umfeld in einem angemessenen Rahmen – offen, aber nicht aufdringlich – informiert hatte, bekam ich viele Anrufe von Freunden („… darf ich deine Nummer weitergeben …“) und musste sogar Tipps geben. Als wäre ich ein Experte auf diesem Gebiet. Mir wurde bewusst, wie stark das Thema PSA/Prostata bei einer gewissen Zielgruppe verankert ist. Niemand konnte glauben, dass ich an Prostatakrebs erkrankt war, und ich wurde ein wenig bedauert, was ich nicht gut fand. Ich wollte nämlich wieder so schnell wie möglich zurück in den Alltag. Also keine lange Schonphase, erst recht nicht im Job.

Nach sechs Wochen Krankschreibung bin ich wieder ins Büro, zunächst für nur vier Stunden am Tag. Das war für den Anfang genug, auch für die Harnkontrolle. Mein Ziel war es immer, zurück in die Normalität zu finden, in mein Familienleben, in mein Berufsleben und in mein Sportlerleben. Weiter so, als wäre nichts gewesen. Das hat auch relativ schnell und gut geklappt.

Der Zeitraum zwischen den ersten kritischen PSA-Werten, der Diagnose, der OP und der Rehabilitation prägt einen schon. Manchmal hat man dann solche Gedanken, dass man einige Dinge jetzt vielleicht noch ein bisschen mehr genießt. Aber eigentlich konnte ich schon immer genießen. Ich weiß nämlich auch, dass es wiederkommen kann. Aber als Sportler nehme ich das wie eine Challenge. Angehen und erledigen, ohne zu jammern.

Prostatakrebs und ein „gesunder Lebensstil“

Prof. Dr. Ahmed Magheli[1] und Dr. Quynh Chi Le[2]

Die Diagnose von Prostatakrebs geht oft mit Ratlosigkeit und Bestürzung einher: Nicht selten fällt es jenen Patienten, die einen gesunden Lebensstil verfolgen, schwer, ihre Krebsdiagnose nachzuvollziehen. Tatsächlich ist die Entstehung von Prostatakrebs ein „multifaktorielles“ Geschehen. Es kommen also mehrere Faktoren zusammen (s. S. 56), die die Entstehung von Prostatakrebs begünstigen können.

Dazu zählen beispielsweise:

- genetische Faktoren
- Alter
- ethnische Herkunft
- Umwelteinflüsse
- chronische Entzündungen
- psychische Belastung und Stress
- hormonelle Faktoren
- allgemeine körperliche Verfassung

Die verschiedenen Faktoren können dabei in unterschiedlichem Maße Einfluss auf die Entstehung und das Fortschreiten der Krebserkrankung einnehmen. Einige Faktoren stehen in direktem Zusammenhang mit der Erkrankung (genetische Faktoren, Alter, ethnische Herkunft), andere (Belastung, Stress, Lebensstil) sind mit der Entstehung von Prostatakrebs assoziiert, ohne dass wir die zugrundeliegenden Mechanismen genau kennen.

Nichtsdestotrotz können und sollen Patienten durch einen gesunden Lebensstil ihr allgemeines Wohlbefinden fördern und damit ihre Lebensqualität während der Krebstherapie aktiv mitgestalten.

[1]Urologe und Ärztlicher Direktor, Vivantes Klinikum Am Urban, Berlin, sowie Chefarzt, Klinik für Urologie und Kinderurologie, Vivantes Klinikum im Friedrichshain, [2]Urologin, Klinik für Urologie, Universitätsmedizin Frankfurt am Main, sowie Stellvertretende Vorstandsvorsitzende, German Society of Residents in Urology (GeSRU)

Welche Rolle spielt eine ausgewogene Ernährung?

Eine ausgewogene Ernährung, die reich an Obst, Gemüse und gesunden Fetten (z. B. Olivenöl) ist, liefert wichtige Vitamine, Mineralstoffe und Antioxidantien, die der Körper benötigt, um Zellen vor Schäden zu schützen und das Immunsystem zu stärken. Ein gesundes Immunsystem ist gerade bei Patienten, die eine Systemtherapie (Chemotherapie, Hormontherapie) erhalten, von hoher Bedeutung.

Ballaststoffreiche Lebensmittel wie Vollkornprodukte, Hülsenfrüchte und Nüsse können die Darmgesundheit unterstützen und die Rückaufnahme von Östrogenen vermindern. Dies ist wichtig, da Östrogene mit einem erhöhten Risiko für die Entstehung von Prostatakrebs verbunden sind. Tierische Proteine können über den Verzehr von fettarmem Fleisch sowie Meeresfrüchten (z. B. Fisch) bezogen werden.

Wichtig ist immer, dass die Ernährung abwechslungsreich, ausgewogen und vielfältig ist. Die oben beschriebenen Lebensmittel bilden eine Ernährungsform, die als „mediterrane Diät“ bezeichnet wird. Diese hat nicht nur einen positiven Effekt auf das allgemeine Wohlbefinden, sondern ist auch mit einem verringertem Krebsrisiko assoziiert.

Welche Lebensmittel sollten gemieden werden?

Gesättigte Fettsäuren, Transfette und zuckerhaltige Lebensmittel und Getränke sollten derweil reduziert werden. Diese kommen besonders in industriell verarbeiteten Lebensmitteln sowie Fast oder Junk Food vor. Durch den Verzicht auf diese Nahrungsmittel können viele potenziell krebsfördernde Mechanismen wie Entzündungen, Einflüsse auf das Hormonsystem oder eine Insulinresistenz vermieden werden.

Patienten können damit zudem ihr Körpergewicht optimaler kontrollieren, Muskeln aufbauen und Risikofaktoren für Herz-Kreislauf-Erkrankungen, z. B. Bluthochdruck und Diabetes, vermeiden. Bezogen auf den Prostatakrebs konnten Studien zeigen, dass Übergewicht mit einer aggressiveren Art von Prostatakrebs assoziiert ist und die Wahrscheinlichkeit erhöhen kann, an der Erkrankung zu versterben.

Gute Ernährung ist Teamwork. Beziehen Sie Ihren Partner oder Ihre Partnerin bzw. die Familie in die Planung und Umsetzung eines gesunden Lebensstils ein. Dadurch lassen sich mögliche Herausforderungen am Anfang einer Ernährungsumstellung leichter bewältigen und der positive Effekt einer gesunden Ernährung kann auf Ihre Angehörigen übertragen werden. Gemeinsames Einkaufen, Kochen und Essen können sich positiv auf Ihre mentale Gesundheit auswirken und dadurch Wohlbefinden und Lebensqualität weiter steigern.

Welchen Einfluss hat sportliche Aktivität?

Sport tut bekanntermaßen gut – nicht nur dem Körper, sondern auch dem Geist: Durch sportliche Aktivität werden Glückshormone und Botenstoffe ausgeschüttet, die Zufriedenheit und Belohnung fördern und Stress sowie Angstzustände abbauen.

Eine Studie aus Schweden mit fast 60.000 Teilnehmern konnte feststellen, dass eine erhöhte Fitness assoziiert war mit einem niedrigeren Risiko, Prostatakrebs zu entwickeln. Weitere Studien haben ergeben, dass körperliche Aktivität ungewünschte Auswirkungen einer Hormontherapie (Verlust an Muskelmasse, erhöhtes Risiko für Herz-Kreislauferkrankungen) vermindern konnte. Der Beginn der körperlichen Aktivität wird dabei mit Beginn der Hormontherapie empfohlen, da im späteren Verlauf ein möglicherweise bereits erlittener Muskel- und Kraftverlust nicht mehr kompensiert werden kann.

Welche Sportarten eignen sich gut?

Abhängig von Ihrer körperlichen Verfassung und Fitness zu Beginn der Therapie können und sollen unterschiedliche Übungen durchgeführt werden. Eine moderate Steigerung des Trainings zeigte in der o.g. schwedischen Studie einen positiven Effekt in Bezug auf die Risikoreduktion, an einem Prostatakrebs zu erkranken.

Eine aktuelle Studie testet zudem die Auswirkung von intensivem Training auf das allgemeine Überleben von Patienten mit metastasiertem Prostatakarzinom. Die spannenden Studienergebnisse werden 2028 erwartet.

Geeignete Übungen bzw. Sportarten sind:

- Ausdauertraining (Gehen, Laufen, Radfahren, Schwimmen)
- Krafttraining (Muskeltraining, Widerstandstraining)
- Dehnübungen

Empfohlen werden mindestens 150 Minuten moderates Ausdauertraining sowie zwei bis drei Einheiten Krafttraining pro Woche.

Wie kann man gut mit Stress umgehen?

Stress und psychische Belastung können den Krankheitsverlauf, den Umgang mit einer Therapie und die Lebensqualität bei Krebspatienten maßgeblich negativ beeinflussen. Insbesondere im Zuge einer Krebsdiagnose, bei Beginn einer Therapie oder beim Auftreten von Nebenwirkungen durch eine Therapie kann die psychische Belastung für den Patienten und seine Angehörigen besonders herausfordernd sein. Wichtig ist daher, Stressoren zu erkennen und Bewältigungsstrategien zu erlernen, z. B. Meditation, Musik oder Entspannungsübungen. Eine psychoonkologische Betreuung bietet den optimalen Rahmen, um sich von spezialisierten Psychiatern und Psychologen beraten und unterstützen zu lassen.

Ein gesunder Lebensstil ist grundsätzlich ein essenzieller Bestandteil der Gesundheit eines jeden Menschen, aber insbesondere bei Krebspatienten ein wichtiger Faktor, der sich auf die Verträglichkeit der Therapie, die Genesung und das allgemeine Überleben auswirken kann. Eine ausgewogene Ernährung, regelmäßige sportliche Aktivität, Stressbewältigung und das allgemeine Wohlbefinden beeinflussen einerseits biochemische Prozesse im Körper und andererseits die Lebensqualität und das Wohlergehen des Patienten. Das Schöne daran ist: Ein gesunder Lebensstil ist ein Faktor, den Sie als Patient selbst in die Hand nehmen und aktiv mitbestimmen können!

Christian und Michael Nobis

„Geteiltes Leid ist halbes Leid.“

Zwillinge gelten in den meisten Kulturen als etwas Besonderes. Oft werden sie bei der Geburt als gutes Omen gefeiert, mancherorts derweil als Unheilbringer gefürchtet. In Berlin-Rudow, wo die Zwillinge Christian und Michael Nobis, Jahrgang 1965, zu Hause sind, stellt man sich solche Fragen eher nicht. Das Leben der beiden Brüder verläuft normal, sozusagen störungsfrei, eher gutbürgerlich, unspektakulär. Michael ist angestellt, Christian ist seit einigen Jahren Hausmann, beide haben intakte Familien und wohlerzogene Kinder, unternehmen viel gemeinsam und engagieren sich in der evangelischen Gemeinde.

Michael: Ich bin seit meinem 45. Lebensjahr regelmäßig zur Vorsorgeuntersuchung gegangen und beobachtete, wie der Wert langsam stieg. Dennoch traf mich die Diagnose Prostatakrebs total unvorbereitet und lähmte mich zunächst. Trotzdem galt mein erster Gedanke meinem Zwillingsbruder, den ich sofort aufforderte, sich ebenfalls untersuchen zu lassen. Dass er es auch hatte, löste bei uns und in unseren Familien einen echten Ausnahmezustand aus. Der Krankheits- und Behandlungsverlauf bestätigte viele Stärken, die uns Zwillingspaaren nachgesagt werden, sorgte aber auch für unvorhergesehene Herausforderungen. Denn gleich ist doch nicht immer ganz gleich. Am Ende heißt es aber, Gott sei Dank: Geteiltes Leid ist halbes Leid.

Christian: Bei der Vorsorge war ich etwas nachlässiger und machte zudem den Fehler, nie den PSA-Wert testen zu lassen. Deshalb saß bei mir der Schock sehr tief, als der Anruf von Michael kam mit seiner Diagnose und seinem Wert von 4,8. Seine Aufforderung, mich sofort untersuchen zu lassen, bestätigte die Befürchtungen: PSA-Wert über 20! Heute ärgere

„Wir wollten nicht tatenlos zusehen, sondern handeln."

ich mich über meine damalige Einstellung, ein altes Auto checkt man häufiger als sich selbst, dabei ist doch klar, je älter man wird, umso öfter muss man „zum TÜV". Zum Glück hatten wir beide keine Beschwerden, wir fühlten uns vollkommen normal. Nach dem ersten Schock besannen wir uns auf unsere Stärke – wir sind Zwillinge! –, und ein gemeinsamer Behandlungsplan wurde entwickelt. Das stärkte auch den individuellen Willen: Wir wollten nicht tatenlos zusehen, sondern handeln. Dabei schossen wir mitunter etwas übers Ziel hinaus, sodass eines Tages der gute Rat eines Arztes lautete, immer einen Schritt nach dem anderen anzugehen. Das nahmen wir an.

Michael war bereits bei Dr. Magheli im Urban-Krankenhaus (Vivantes Klinikum Am Urban) in Behandlung und erzählte ihm auch von meinem Fall und dem viel höheren PSA-Wert. Dr. Magheli sorgte dann dafür, dass wir quasi alle Untersuchungen und auch die Operationen gemeinsam und innerhalb von nur drei Monaten umsetzen konnten. Wir haben Dr. Magheli unheimlich viel zu verdanken.

Er nahm sich immer Zeit, war verbindlich, gab uns Vertrauen. Die Visiten nahm er persönlich vor und er informierte auch unsere Frauen ausführlich über die bevorstehenden OPs und mögliche Konsequenzen. Letztere, also unsere Familien, sowie unsere Freunde spielen für uns eine äußerst wichtige Rolle, natürlich auch während und nach der Behandlung und bis heute. Die Gespräche innerhalb der Familie wurden intensiver und besonders unsere Söhne versprachen Achtsamkeit im Umgang mit ihrer Gesundheit und den entsprechenden Vorsorgemaßnahmen. Das half auch meiner anfänglich besonders starken Besorgnis, dass wir diese Erkrankung möglichweise vererben würden. Es gab deswegen viele schlaflose Nächte bei uns beiden, aber wir wissen, dass der Krebs bei früher Erkennung gut behandelbar ist.

Unser christlicher Glaube half uns zusätzlich durch diesen Ausnahmezustand. In der Kirchengemeinde wurde sogar eigens ein Lied für uns einstudiert und vorgetragen und es fanden regelmäßig gemeinsame Gebete statt.

„Wir haben durch die Krankheit das Zulassen und die Dankbarkeit noch einmal auf eine neue Art und Weise kennengelernt."

Michael: Trotzdem war es eine tränenreiche Zeit. Ich habe es aber im Nachhinein fast als das Wichtigste erachtet zu erkennen: Ich, der Mann, darf und muss zu meinen Gefühlen stehen, ich darf weinen und das auch zeigen. Keine falsche Scham.

Christian: Unsere Ehefrauen spielten auch hier eine besondere, weil verständnisvolle Rolle, explizit im Umgang mit den Potenzproblemen: Bei mir konnten nach der OP auf der einen Seite keine Nerven erhalten werden.

Wir haben durch die Krankheit das Zulassen und die Dankbarkeit noch einmal auf eine neue Art und Weise kennengelernt. Natürlich war es auch immer eine große Unterstützung, einen Zwillingsbruder zu haben, mit dem man Dinge bespricht und sie gemeinsam durchsteht, von den Untersuchungen über die OP bis hin zur Reha. Das gab uns zusätzliche Kraft und Zuversicht. Geteiltes Leid ist halbes Leid, geteilte Freude ist doppelte Freude.

Die Aufforderung meines Bruders, mich untersuchen zu lassen, hat mich auch seelisch gerettet. Und sollte es doch noch schlimmer kommen, weiß ich mich jederzeit gut aufgehoben.

Dr. Magheli operierte uns am selben Tag, den einen um 8 Uhr, den anderen um 11 Uhr. Die Oberschwester protestierte zunächst, denn sie plagte die Angst vor einer Verwechslung, und auch wir selbst kannten das Thema nur zu gut. Denn natürlich gab es einen für Zwillinge typischen „Das doppelte Lottchen"-Moment. Viele werden sich an das Kinderbuch von Erich Kästner erinnern, in dem die Zwillingsschwestern ihre Rollen tauschten und so für Verwirrung sorgten. Als Jugendliche wurden bei uns gleichzeitig die Mandeln herausgenommen. Aus Jux hatten wir im Krankenhaus morgens vor der OP die Betten getauscht. War aber alles gutgegangen. Bei der unterschiedlichen Diagnose unserer Prostataerkrankung und bei dem, was jeweils zur Heilung weggeschnitten werden musste, hätte das natürlich fatal enden können. Jeder Spaß hat eben auch Grenzen.

Michael: Als wir uns nach den OPs im Aufwachraum von Bett zu Bett die Hände reichten, versprachen wir uns, dass nun auch alles Weitere gut werden wird. Diese Erfahrung hat uns noch mehr zusammengeschweißt und war ein guter Start für die gemeinsame Reha und unsere weitere Genesung. So Gott will.

Wir haben ein paar einfache und dennoch wichtige Tipps für alle Leser: 1) Geht zur Vorsorge, bezahlt den PSA-Test, der kostet nur ein paar Euro, und lasst eure Prostata abtasten, das dauert nur Sekunden und ist halb so schlimm. 2) Die OP im Fall des Falles ist gut zu überstehen, Zahnarzt ist fast schlimmer. 3) Inkontinenz bekommt man in den Griff und auch der Sex ist regelbar. Erotik ist nicht so wichtig wie die Gesundheit.

Heiner Wember

„Der Krebs wird mich nicht töten, aber vielleicht begleiten."

Heiner Wember, Jahrgang 1959, ist Historiker, langjähriger Stammautor der WDR-Radiogeschichtssendung Zeitzeichen und des Kalenderblatts beim Deutschlandfunk. Er ist Radiojournalist und hat in seinem Leben nicht zuletzt dank seiner vielseitigen Arbeit schon einiges erlebt. Als er vor fünf Jahren die Diagnose Prostatakrebs erhielt, wurde ihm klar, dass auch für ihn der Tod nun greifbar wird. Die familiäre Vorbelastung war da, und so ging Heiner regelmäßig zur Vorsorge. Dennoch traf er anfangs eine falsche Entscheidung und hätte den Krebs fast übersehen. Doch seinem Urologen sei Dank wurde die Erkrankung noch rechtzeitig entdeckt und behandelt. Heute hat er eine radikale Prostatektomie und eine Bestrahlung aufgrund eines Rezidiv-Verdachts hinter sich und noch viel Lebenszeit vor sich, die er noch mehr zu schätzen weiß als zuvor. Heiner ist sich sicher: Der Krebs wird ihn nicht töten, aber weiter begleiten.

Als mein Arzt mir am Telefon sagte, dass der Verdachtswert weiter stark gestiegen sei, befand ich mich gerade am Bodensee, Netzwerktreffen mit Kollegen. Was würden Sie tun, wenn Sie Krebs hätten? Ich hab erstmal geheult, mich selbst in den Arm genommen – und bin dann in den See gesprungen. Eine Stunde lang schwamm ich mir gegen die Wellen die Angst von der Seele. Dann habe ich meinen Kolleginnen und Kollegen davon erzählt, denn Reden hilft. Geteilte Angst ist halbe Angst. Meine naive Unschuld jedoch, dieses Gefühl, eigentlich unverletzlich zu sein, war der Gewissheit gewichen, dass er greifbar wird, der Tod.

Prostatakrebs, davor schützt einen nichts. Er ist weitgehend Schicksal. Mein Urologe sagt: „Beim Lungenkrebs oder beim Blasenkarzinom spielen Substanzen wie Nikotin eine Rolle. Beim Prostatakarzinom gibt‘s das nicht. Es hat auch wenig Zweck, sich eine bestimmte

„Den PSA-Test muss man selbst bezahlen, allerdings ist er günstiger als ein Abendessen beim Italiener.“

Diät auszusuchen, um nicht an einem Prostatakarzinom zu erkranken.“ Und ich war immer ein Kandidat für Prostatakrebs. Krebs ist unsere Familienseuche. Meine Mutter starb an Pankreaskrebs, meine vier Geschwister hatten ebenfalls alle Krebs, bei einem älteren Bruder und auch bei meinem Vater war es ebenfalls Prostatakrebs. Mein älterer Bruder wurde erfolgreich operiert, genau wie ich, aber der Vater hatte keinen schönen Tod.

So wollte ich nicht enden. Und doch machte ich zwei Mal den gleichen Fehler. Mein PSA-Wert stieg stark an, ein Verdachtswert. Es gibt nicht den einen Hinweis auf Prostatakrebs, sondern eine Kombination aus PSA-Wert, Prostatagröße, Tastbefund und Ultraschall. Die Standardvorsorge, das Abtasten, wird von den Kassen ab 45 bezahlt, bei Risikopatienten wie mir ab dem 40. Lebensjahr. Den PSA-Test muss man selbst bezahlen, allerdings ist er günstiger als ein Abendessen beim Italiener. Und auch eine Ultraschalluntersuchung der Prostata bezahlt die Kasse in der Regel nicht.

Wir machten zunächst ein MRT, eine ungefährliche Schichtaufnahme des Beckens. Auf den Bildern ist der Krebs immer zu erkennen, davon war der Radiologe in Münster fest überzeugt. Seine frohe Botschaft werde ich nie vergessen: „Da ist nichts. Und wenn da was wäre, würde ich es sehen." Als der PSA-Wert danach weiter stieg, landete ich wieder im MRT. Und der Radiologe fand dieselben Worte nochmal: „Da ist nichts. Und wenn da was wäre, würde ich es sehen."

Mein Urologe war allerdings anderer Meinung. Er wusste, dass bei etwa jedem siebten Mann der Krebs im MRT nicht zu sehen ist. An seinen Satz kann ich mich auch noch erinnern, denn der hat vielleicht mein Leben gerettet: „Ja, Herr Wember, wenn ich Ihnen nicht zu einer Biopsie raten würde, dann würde ich fahrlässig handeln, in Ihrem Fall sogar grob fahrlässig." Der Fall lag so: Mein PSA-Wert hatte sich binnen Jahren mehr als verdreifacht. Das hätte normal sein können, wenn die Prostata sich stark vergrößert hätte, was bei einem 59-Jährigen nicht ungewöhnlich ist. War bei mir aber nicht so, sie hatte immer noch in etwa die Größe einer Walnuss. Das erschien meinem Urologen als sehr verdächtig.

Nach der Mahnung meines Arztes fand ich mich bei ihm zur Biopsie ein. Alles halb so schlimm, jede Wurzelbehandlung beim Zahnarzt ist schmerzhafter. 12 Piekse, fertig. Viele machen das auch mit kurzer Vollnarkose, in der Regel beschwerdefrei. Probleme bekam ich erst später aufgrund einer Prostatitis, mit Blutung, Schüttelfrost und Fieber. Ich landete im Krankenhaus. Und versuchte, mich nicht von den Ängsten beherrschen zu lassen. Was aus der Entzündung würde und ob ich tatsächlich Krebs hätte. Zwei Tage später rief mein Urologe an: In sieben der zwölf Proben waren Krebszellen. Eine mittelmäßig aggressive Form.

Als ich aus dem Krankenhaus kam, ging ich mit meiner Frau und meiner Tochter erstmal gegenüber auf dem Feld Erdbeeren pflücken. Das Leben spüren, sehen, fühlen, riechen, schmecken, anfassen. Es gibt den sogenannten Haustier-Krebs. Mit dem kann

„Ich bin der Typ, der Probleme ganz aus der Welt schaffen will. Erkennen und daran arbeiten, ohne Kompromisse und dauerhaft."

man leben. Die meisten ganz alten Männer haben dieses ungefährliche Haustier in der Prostata. Deshalb raten viele Urologen bei älteren Patienten und einer wenig aggressiven Krebsart zur Aktiven Überwachung. Abwarten und gucken, ob es schlimmer wird. Und erst bestrahlen oder operieren, wenn der Krebs wächst. Bei jüngeren Patienten oder solchen mit einem aggressiven Krebs in der Prostata rät mein Urologe direkt zur Bestrahlung oder Operation: „Der Vorteil der Operation besteht darin, dass das Karzinom vollständig entfernt wird, dass die Lymphknoten entfernt werden und man dadurch ein sehr gutes Bild vom Ausmaß des Prostatakarzinoms erlangt, weil die Prostata komplett histologisch untersucht wird. Und die Langzeit-Erfolgsaussichten sind bei operierten Patienten doch etwas höher als bei der Bestrahlung." Also habe auch ich mich für die Operation entschieden. Ich bin ohnehin der Typ, der Probleme ganz aus der Welt schaffen will. Erkennen und daran arbeiten, ohne Kompromisse und dauerhaft. So muss ich auch bei meinen Produktionen arbeiten, organisiert und wenig dem Zufall überlassend.

Es sollte kein Bauchschnitt werden, sondern mikro-invasiv. Ich sah die weiße Ameise mit vier Armen, als ich in den OP-Saal geschoben wurde. Das war der daVinci-Operationsroboter. Er wurde in Amerika entwickelt, ursprünglich für das Militär, um in Kriegsgebieten Verwundete damit zu operieren, während der Chirurg ganz woanders sitzt, vielleicht sogar auf einem anderen Kontinent, und am Bildschirm operiert. Auch die Präzision steigt bei dieser OP-Methode: Die Kamera liefert eine zwölffache Vergrößerung, der Chirurg guckt quasi direkt mit dem Auge auf die Prostata.

Drei Ängste treiben uns Männer nach so einer OP um. Als erstes natürlich, ob er gestreut hat, der Krebs? Dann die Angst vor Inkontinenz. Mein Operateur beruhigte mich bei diesem Thema: „Einige Patienten gehen aus dem Krankenhaus und sind bereits bei Entlassung kontinent. Viele verlieren am Anfang ein bisschen Urin, beim Husten, Niesen oder auch beim Aufstehen. Dass ein Jahr nach dem Eingriff noch eine nachhaltige Inkontinenzstörung vorliegt, ist in der Regel sehr, sehr, sehr selten." Beim Wasserlassen gibt es bei mir sogar eine Verbesserung. Viele ältere Männer haben eine vergrößerte Prostata. Sie drückt die Harnblase nach oben, sodass sich in der Blase rund um den Abfluss eine Art Graben bildet, in dem sich Urin staut. Die Blase hat weniger Volumen und kann sich nicht mehr ganz entleeren. Häufiger Harndrang ist die Folge.

Was die Sexualität betriff, gibt es häufiger OP-Folgen; das ist die dritte Angst. Die Libido, das Lustempfinden, bleibt zwar wie zuvor, und auch an der Orgasmusfähigkeit ändert sich wenig, der Orgasmus ist halt trocken. Es können jedoch Potenzstörungen auftreten. Da helfen Medikamente, zum Beispiel erektionsfördernde Mittel wie Viagra, eine sogenannte Vakuumpumpe oder Spritzen. Ich hatte Glück, in allen Belangen, und brauchte keine Unterstützung.

In der Reha machte ich reinen Tisch mit dem leichtfertigen Radiologen. Ich schrieb ihm, dass seine Fehldiagnose für mich tödlich hätte enden können. Einen Tag später rief er mich an – und versprach, nie wieder so gewagte Prognosen abzugeben. Mein PSA-Wert ging wie gewünscht auf null zurück. Körperlich war ich bald fitter denn je. Spätfolgen hatte ich keine. Ich empfinde bis heute vor allem Dankbarkeit, dass ich wieder gesund bin, dass unser Gesundheitssystem so gut funktioniert. Dass ich heile davongekommen bin.

„Stets hoffe ich auf das Beste, rechne aber mit dem Schlimmsten. Denn so würde eine Hiobsbotschaft mich nicht umwerfen."

Nur einmal im Vierteljahr wird mir etwas blümerant zumute – wenn es zur nächsten Nachsorge geht. Stets hoffe ich dabei auf das Beste, rechne aber mit dem Schlimmsten. Denn so würde eine Hiobsbotschaft mich nicht umwerfen: Mir geht's einfach besser, wenn ich nicht überrascht werde. Vor zwei Jahren dann das erste Mal wieder eine Spur von PSA, Tendenz steigend. Das durfte nicht sein. Doch Krebs bleibt unberechenbar. Mein Urologe sagt: „Ein Rezidiv entsteht auf zellulärer Ebene, gerne an dem Ort der Operation. Warum das so ist, ob Zellnester stehengeblieben sind, weiß man nie." Er würde in meinem Fall eigentlich noch aktiv abwarten. Ich aber nicht. Am Ende stimmt die Tumorkonferenz der Klinik einer Bestrahlung zu, auch wegen des starken Therapiewunschs des Patienten, wie es im Bericht heißt. So werde ich der Krebspatient mit dem niedrigsten PSA-Wert, der dort bislang bestrahlt worden ist. Acht Wochen lang jeden Werktag radele ich zum Krankenhaus und nutze die Zeit ohne Außentermine, mache jeden Tag eine Stunde Sport, gönne mir jeden Tag nach der Bestrahlung eine Belohnung: Milchkaffee mit Croissant, Reibeplätzchen auf dem Markt oder ein Glas Primitivo. Der Umgang mit einer Krankheit kann einen auch lebendig machen, aufmerksamer, dankbar.

Der Krebs ist weg, mein PSA-Wert ist wieder gleich null. Nun weiß ich: Der Krebs wird mich nicht töten, aber vielleicht begleiten. Durch die Krankheit geht etwas verloren, aber was bleibt, das wird wertvoller. Es kommt einem vieles nicht so selbstverständlich vor. Den Wert der Partnerschaft mit meiner Frau würde ich jetzt viel, viel höher einschätzen. Wir genießen jeden Morgen unseren Kaffee im Bett, mindestens eine halbe Stunde; muss ich um 6 Uhr los, ist das dann bereits um 5 Uhr. Wir singen in verschiedenen Chören, vor allem in unserem Jazzchor VoiceChoice, mit dem wir auch Stücke auf Youtube veröffentlichen. Noch schöner sind die Konzerte: Sternstunden des Menschseins. Ich arbeite noch immer viel, fast mehr als früher, aber fokussierter und bewusster. Meine Frau musste mich nicht begleiten, mich nicht managen, wie es in manchen anderen Beziehungen ist, aber die Gespräche mit ihr sind wichtig. Auch sie hat sich nach einem schweren Fahrradunfall intensiver mit dem Tod und der Vergänglichkeit auseinandergesetzt. Sie ist von meinem Vertrauen in „Wir schaffen das" positiv beeinflusst und weiß aber doch, dass es für die Angehörigen besonders schlimm ist, „übrig zu bleiben", mit dem Verlust leben zu müssen. Am Tag der OP fiel ihr dann doch vor Angespanntheit der Hörer aus der Hand, trotz des vom Arzt mitgeteilten positiven und beruhigenden Verlaufs. Beunruhigend empfand sie einzig, dass die Samenblase mit entfernt wurde, weil der Krebs doch schon nah am Rand war.

Ich bin heute produktiver und kreativer bei meiner Arbeit als Radiojournalist, weil ich alles lockerer angehe. Durch meine Rente könnte ich aufhören zu arbeiten und nur noch mit unserem VW-Bus durch die Lande ziehen, aber das will ich nicht. Meine Arbeit macht mir Spaß, und ich will auch etwas für die Gemeinschaft, die Gesellschaft tun. Ich bin nach wie vor neugierig, mich in die Lage von Menschen zu versetzen, über Dinge

„Durch die Krankheit geht etwas verloren, aber was bleibt, das wird wertvoller.“

und Hintergründe zu berichten und aufzuklären. Das ist mir wichtig und gibt mir ein Gefühl, dass ich wirksam bin mit meinen Idealen.

Ich habe keine Angst zu sterben. Nicht zuletzt meine Mutter ist mir da ein Vorbild. Sie war eine Bäuerin mit großem Herzen. Als ich sie fragte, wie sie es mit dem Tod halte, zuckte sie mit den Schultern und entgegnete: „Ich halte es mit meiner eigenen Mutter, die sagte: Wenn du dran bist, bist du dran!“ Das möchte ich auch sagen können – wenn es so weit ist. Doch für heute genieße ich, dass ich da bin. Und noch lange bleiben will.

Ernährung bei Prostatakrebs

*Stefan Pappert**

Die Diagnose Prostatakrebs kann eine überwältigende Erfahrung sein, die viele Betroffene dazu veranlasst, ihr Leben grundlegend zu überdenken. Ein wichtiger Aspekt dabei ist oft die Ernährung. Ein bewusster Lebensstil mit Fokus auf Ernährung bietet nicht nur Vorteile für die physische Gesundheit, sondern trägt auch zur Verbesserung der mentalen Gesundheit und Lebensqualität bei.

Während und nach einer Strahlentherapie oder Operation ist eine gesunde, nährstoffreiche Ernährung essenziell, um den Körper widerstandsfähig zu halten und die Heilung zu unterstützen. Bei fortgeschrittenem Prostatakrebs, der mit einer Hormontherapie oder Chemotherapie behandelt wird, ist es besonders wichtig, Muskelmasse und Gewicht zu halten. Eine ausgewogene Ernährung, die ausreichend Proteine und gesunde Fette enthält, kann dazu beitragen.

Wissenschaftliche Studien haben gezeigt, dass eine Ernährung, die reich an Obst und Gemüse ist, gesundheitsfördernd sein kann. Obst und Gemüse enthalten eine Vielzahl von Vitaminen, Mineralstoffen und Antioxidantien, welche die Zellen vor Schäden schützen und das Immunsystem stärken. Besonders hervorzuheben sind dabei Tomaten, die das Antioxidans Lycopin enthalten: Lycopin wird mit einem verminderten Risiko für Prostatakrebs in Verbindung gebracht. Weitere wichtige Nahrungsmittel sind Ballaststoffquellen wie Vollkornprodukte, Hülsenfrüchte und Nüsse, denn Ballaststoffe unterstützen die Darmgesundheit.

Wie sollte die Ernährung am besten umgestellt werden?

Obwohl es verständlich ist, dass man sofort drastische Änderungen vornehmen möchte, sollte die Ernährung schrittweise umgestellt werden. Eine sofortige und radikale Änderung der Ernährungsgewohnheiten kann stressig und überfordernd sein. Der Körper, aber auch der Geist benötigen Zeit, um sich an neue Routinen zu gewöhnen. Versuchen Sie, sich an folgende Schritte zu halten:

** MasterChef of Great Britain, Koch von Queen Elizabeth von 2017 bis 2022 und Lead Chef Wembley Stadium, bekocht und berät nationale und internationale Fußballmannschaften (u.a. die österreichische Nationalmannschaft) und ist bekannt für seine innovative, bayrisch inspirierte und weltweite Küche.*

Obwohl es verständlich ist, dass man sofort drastische Änderungen vornehmen möchte, sollte die Ernährung schrittweise umgestellt werden.

1. Analysieren Sie Ihre aktuellen Essgewohnheiten: Führen Sie ein Ernährungstagebuch über mehrere Tage, um ein klares Bild davon zu bekommen, was Sie essen und trinken. Dies hilft, Muster zu erkennen und Bereiche zu identifizieren, in denen Verbesserungen möglich sind.

2. Setzen Sie sich realistische und erreichbare Ziele und konzentrieren Sie sich auf eine oder zwei Verbesserungen pro Woche. Dies könnte zum Beispiel sein, mehr Obst und Gemüse in Ihre Mahlzeiten zu integrieren oder den Konsum von zuckerhaltigen Getränken zu reduzieren.

3. Fügen Sie Ihrer täglichen Ernährung mehr ballaststoffreiche Lebensmittel wie Vollkornprodukte, Hülsenfrüchte und Nüsse hinzu.

4. Ersetzen Sie fett- und/oder zuckerhaltige Snacks durch gesündere Alternativen wie Obst oder Nüsse.

5. Probieren Sie regelmäßig neue Rezepte aus, die Ihre Veränderungen unterstützen. Dies hält die Ernährung abwechslungsreich und das Essen bleibt spannend.

6. Planen Sie Ihre Einkäufe im Voraus und erstellen Sie eine Einkaufsliste mit gesunden Lebensmitteln. Vermeiden Sie es, hungrig einkaufen zu gehen, um impulsive und ungesunde Käufe zu verhindern.

7. Sprechen Sie mit Ihrem Arzt, einem Ernährungsberater oder einem anderen Gesundheitsexperten, um individuelle Ratschläge zu erhalten. Unterstützung von Familie und Freunden kann ebenfalls wertvoll sein, um motiviert zu bleiben.

Eine Ernährungsumstellung kann beispielsweise so aussehen:

Woche 1:	Woche 2:	Woche 3:	Woche 4:
Frühstück: Fügen Sie jeden Morgen eine Portion Obst hinzu. **Mittagessen:** Ersetzen Sie Weißbrot durch Vollkornbrot.	**Snacks:** Ersetzen Sie Chips und Süßigkeiten durch gesunde Alternativen wie Nüsse oder Möhren-Sticks. **Abendessen:** Fügen Sie zu jeder Mahlzeit eine Portion Gemüse hinzu.	**Getränke:** Reduzieren Sie den Konsum von zuckerhaltigen Getränken und trinken Sie mehr Wasser oder ungesüßten Tee. **Kochen:** Probieren Sie ein neues Rezept aus, das reich an Ballaststoffen und gesunden Fetten ist.	**Fette:** Ersetzen Sie gesättigte Fette durch gesunde Fette, wie sie in Fisch, Nüssen und Olivenöl vorkommen. **Proteine:** Integrieren Sie mehr pflanzliche Proteinquellen wie Bohnen und Linsen in Ihre Mahlzeiten.

Welche Lebensmittel sind förderlich?

Der Weg zu einer gesunden Ernährung beginnt lange, bevor das Essen auf Ihrem Teller landet – er beginnt im Supermarkt, auf dem Bauernmarkt oder sogar in Ihrem eigenen Garten. Die Qualität und Frische der Lebensmittel, die Sie kaufen, spielt eine entscheidende Rolle für Ihre Gesundheit, insbesondere wenn Sie gegen Krebs kämpfen. Hier sind einige Tipps, wie Sie die besten Lebensmittel für sich auswählen können:

- Wählen Sie saisonale Produkte, da diese den höchsten Nährwert haben und oft auch kostengünstiger sind.
- Wählen Sie Bio-Lebensmittel. Diese sind frei von schädlichen Pestiziden und anderen Chemikalien, die Ihre Gesundheit beeinträchtigen können, und haben die höchste Qualität.
- Wählen Sie lokal produzierte Lebensmittel: Diese sind oft frischer, weil sie kürzere Transportwege hinter sich haben.
- Reduzieren Sie bewusst den Kauf von verarbeiteten Lebensmitteln, die häufig viel Zucker, Salz und ungesunde Fette enthalten. Sollten Sie doch welche kaufen, überprüfen Sie die Zutatenliste und wählen Sie Produkte, die keine künstlichen Zusatzstoffe, Konservierungsmittel oder raffinierten Zucker enthalten: Je natürlicher die Zutaten, desto gesundheitsfördernder das Produkt.

- Wählen Sie hochwertiges Fleisch, Geflügel, Fisch und Meeresfrüchte: Diese liefern für den Körper wichtige Nährstoffe wie Protein, Omega-3-Fettsäuren und Eisen.

Wie viel oder wenig sollte ich essen?

Oft wird betont, dass Portionierung entscheidender ist als grundsätzlicher Verzicht. Insbesondere für Krebspatienten kann die richtige Portionierung von Mahlzeiten einen großen Einfluss auf die Energieversorgung und das Wohlbefinden haben, vor allem wenn Sie unter Gewichtsverlust oder anderen ernährungsbedingten Problemen leiden. Indem Sie Ihre Mahlzeiten in angemessenen Portionen essen, stellen Sie sicher, dass Sie die notwendigen Nährstoffe erhalten, ohne Ihren Körper zu belasten.

Welche Mahlzeit ist besonders wichtig?

Das Frühstück wird oft als die wichtigste Mahlzeit des Tages bezeichnet, und das aus gutem Grund: Nach einer Nacht ohne Nahrung benötigt Ihr Körper Energie. Krebspatienten beispielsweise, die unter Fatigue leiden, kann ein ausgewogenes Frühstück helfen, den Tag mit mehr Vitalität zu beginnen. Dabei sollte auf eine gute Mischung aus Proteinen, Ballaststoffen und gesunden Fetten geachtet werden. Proteine helfen, die Muskeln zu erhalten und den Körper zu stärken, während Ballaststoffe die Verdauung fördern und den Blutzuckerspiegel stabilisieren können. Gesunde Fette liefern langanhaltende Energie und unterstützen die Aufnahme von fettlöslichen Vitaminen.

Gesunde Frühstücksoptionen für Krebspatienten sind beispielsweise:

- Vollkorngetreide mit griechischem Joghurt und frischem Obst
- Rührei mit Spinat und Vollkornbrot
- Haferflocken mit Nüssen und Beeren
- ein Smoothie aus grünem Gemüse, Obst und einer Proteinquelle wie Mandelmilch bzw. Proteinpulver

Neben einem ausgewogenen Frühstück ist es wichtig, über den Tag verteilt regelmäßige Mahlzeiten und Snacks einzunehmen. Essen Sie lieber häufiger und dafür kleinere Portionen, um den Energiepegel konstant zu halten und mögliche Nebenwirkungen wie Übelkeit oder Appetitlosigkeit zu minimieren.

Martin Engel

„Die Welt besteht nicht nur aus Porno."

Martin Engel, Jahrgang 1960, kommt aus Duisburg, ist seit Kurzem in Rente und genießt sein Leben, auch wenn das emotionale Spannungsfeld aus Angst und Sehnsucht schon seit Langem mit ihm Achterbahn fährt: Er ist ein Langzeitbetroffener. Erst mit 40 Jahren hatte Martin sich zu seiner Homosexualität bekannt, die Angst vor Stigmatisierung überwunden und seine Sehnsucht nach einer schwulen Alltäglichkeit zugelassen. 2008 schürte die Diagnose Prostatakrebs eine neue Angst, nämlich genau diese hart erkämpfte Normalität seines Lebens wieder zu verlieren. Das intensive Ausleben von Sexualität spielt bei Martin zwar keine besondere Rolle, aber Impotenz oder Inkontinenz gehen irgendwie auch nicht.

Als ich die Diagnose nach der Biopsie bekam, war mein Kopf erst einmal komplett leer. PSA 5,26 bei einem Gleason Score von 3+4 = 7a, T1c, kleiner Tumor, aber aggressiv. Operation so schnell wie möglich! Zu Hause habe ich dann realisiert, was das eigentlich bedeutet, und erst einmal geheult. Ich war erst 48 Jahre alt, zu jung für diese schwere Krankheit und vor allem zu jung zum Sterben. Mir war sofort klar, der Krebs muss raus. Was danach kommt, war mir in diesem Moment egal. Für mich stand der Wunsch im Vordergrund, den Krebs zu besiegen.

Natürlich hat mich die Situation belastet. Der letzte Gedanke des Tages beim Einschlafen galt dem Krebs, der erste Gedanke beim Aufwachen galt dem Krebs. Was macht die Krankheit mit meiner Beziehung? Nur eineinhalb Jahre vor der Diagnose lernte ich meinen heutigen Ehemann kennen. Ich fühlte mich ständig wie auf einer Achterbahnfahrt, etwas, was ich emotional nur allzu gut kannte.

Nach der Diagnose habe ich natürlich mit meinem Mann, aber auch mit allen möglichen Leuten darüber gesprochen, ob Arbeitskollegen, Freunde oder Verwandte, und teilweise auch ob sie wollten oder nicht. Das hat mich unheimlich befreit und mir wirklich gutgetan.

„Man geht ins Krankenhaus, hat gefühlt nichts, die Prostata wird rausgenommen und man ist malade!“

Über eine mögliche Inkontinenz und Impotenz war ich mir im Klaren. Das war belastend, aber zunächst nicht zentral. Nach meinem Comingout mit meinem Schwulsein acht Jahre zuvor dachte ich zwar, endlich Sex mit Männern, und das soll jetzt alles wieder vorbei sein? Doch vor allem wollte ich wieder gesund werden. Mein damaliger Freund und heutiger Ehemann hat mich auf dem Genesungsweg wunderbar unterstützt, wofür ich ihm sehr dankbar bin. Das scheint nicht selbstverständlich zu sein. Insbesondere betroffene Singles tun sich oft schwer, einen Sexualpartner zu finden.

Nur sechs Wochen nach der Diagnose lag ich auf dem OP-Tisch. Ich hatte zwei Operationen. Zuerst wurde eine minimal-invasive Entfernung der Lymphknoten aus dem Bauchraum vorgenommen, Befund negativ. Dann, vier Tage später, wurde die Prostata per Dammschnitt entfernt, beidseitig nervenschonend, wie man so schön sagt. Das Karzinom war nur innerhalb der Prostata, die Kapsel war nicht durchbrochen. Gute Nachrichten also, trotzdem war es eine schwere OP.

Danach fühlte ich mich wirklich krank. Das ist ja das Irre, man geht ins Krankenhaus, hat gefühlt nichts, die Prostata wird rausgenommen und man ist malade! Ich konnte nicht sitzen, nicht liegen, alles war gereizt und wund. Eine Woche nach der OP wurde der Harnröhrenkatheter gezogen und die Naht an der Harnröhre auf Dichtigkeit geprüft. Erfreulicherweise war ich sofort „dicht".

Was mir vor der OP nie mitgeteilt wurde: Wenn die Harnröhre mit der Blase vernäht wird, wird bei vielen der Penis kürzer, je nach Durchmesser der Prostata. Meine Prostata war verhältnismäßig klein, die Verkürzung war zu meiner Erleichterung nur minimal. Gerade wenn man die Diagnose in jüngeren Jahren bekommt, ist das ein großes Thema, denn meiner Meinung nach haben wir ein etwas anderes Verhältnis zu unserem Penis („size matters") und gehen sehr viel freier und offener mit Sexualität um als Heterosexuelle. Auch darum machte mir das Thema Impotenz zu schaffen. Ich war immer sexuell aktiv und wollte das auch wieder sein. Auf mein Drängen hin bekam ich schon in der Reha zwei Tabletten Levitra verschrieben, die ich „bedarfsorientiert" nehmen und mit denen ich mich in einer stillen Stunde „stimulieren" sollte. Der Erfolg war bei beiden Selbstversuchen mäßig, neben einer verstopften Nase und einem heißen Kopf brachten sie nur, dass sich mein Penis leicht verdickte – aber immerhin! Ich nahm es als ein Ergebnis, das hoffen ließ.

Anschließend wurde stärkeres Geschütz in Form von SKAT aufgefahren. Die erste Spritze mit der niedrigsten Dosis von 2,5 Mikrogramm verabreichte mir der Arzt. Nach zwei Stunden sollte ich noch einmal vorstellig werden und die erreichte Erektion auf einer Skala von E1 (= keine Reaktion) bis E5 (= knüppelhart) mitteilen, wobei „GV-Fähigkeit" (GV = Geschlechtsverkehr) erst bei E4 beginnt. Die Wirkung setzte bereits nach fünf Minuten ein, doch leider hat es nur für ein mageres E3 gereicht, und schmerzhaft war das Ganze auch noch. Aber hey, so eine Spritze kostet nur 13 Euro, und nach zehn Spritzen sollten keine Schmerzen mehr auftreten, wurde mir in Aussicht gestellt.

Die zweite SKAT-Spritze mit der doppelten Dosis habe ich mir selbst gesetzt. Wie zuvor fing das Mittel nach fünf Minuten an zu wirken und ich kam auf ein E4. „GV" wäre also theoretisch möglich gewesen – wenn die Erektion nicht nach fünf Minuten wieder auf E3 abgestürzt wäre und wenn sich nicht zumindest rein gefühlsmäßig mit der Verdoppelung der Dosis auch die Schmerzen dabei verdoppelt hätten. Schließlich verschrieb mir mein Urologe Viagra. Alle zwei Tage sollte ich eine Vierteltablette vor dem Schlafengehen nehmen, um nächtliche Erektionen anzuregen. Nach einer Weile meinte ich eine leichte Wirkung zu spüren, von einer gewissen Spannung in der Eichel bis hin zu einer minima-

len Verdickung. Im Laufe der Zeit kehrte die Potenz zurück, wenn es auch nie mehr ganz so wie vor der Operation wurde. Heute verwende ich beim Sex einen Cockring oder ein Lederband, was die Erektion härter und stabiler macht. Und ich habe einen Orgasmus, wenn auch trocken.

Warum beschreibe ich das so genau? Man muss ja einen Lerneffekt haben. Man hat das Glück, eine Krebserkrankung überstanden zu haben, ist nicht inkontinent, die Potenz ist zurück und man kann schöne Orgasmen haben. In dieser Situation auf das bisschen Flüssigkeit zu bestehen, das ist doch Porno. Gerade Schwule lassen sich so sehr von Pornos beeinflussen, aber für Pornos werden ja extra Männer ausgewählt, die besonders standhaft sind, große Geschlechtsteile haben und möglichst viel und oft abspritzen können. Das ist nicht die Wirklichkeit. Man kann auch guten Sex haben, ohne abzuspritzen. Trocken dauert oft länger, es ist intensiver als feucht und man kommt sogar mehrmals.

Bei meinem Mann und mir stand der Sex eh nie so wirklich im Vordergrund, er hat mich während der ganzen Zeit großartig unterstützt und mir nie Druck gemacht. Nichts ist wichtiger als eine vertraute Person an der Seite. Ein kleiner Stachel bleibt aber natürlich trotzdem.

Womit ich bis heute weniger gut umgehen kann, ist diese ständige Achterbahnfahrt mit der Angst, dass der Krebs zurückkommt. Ich gehe unregelmäßig und in mittlerweile größeren Abständen zum Urologen und lasse meinen PSA-Wert checken. Diese Warterei auf das Ergebnis ist fast schlimmer als die Krebsdiagnose selbst. Jedes Mal aufs Neue: Der Urologe geht an den Rechner, die Spannung steigt, ich höre fast einen Trommelwirbel. Der Wert ist gut! Danke. Erleichterung.

Dennoch habe ich für mich herausgefunden, dass ich keine Selbsthilfegruppe oder andere psychische Beratung brauche. Während der Reha hatte ich mich dahingehend schlau gemacht, mich dann aber dagegen entschieden. Ich bin lediglich in einem Online-Forum aktiv, vermeide es jedoch tunlichst, schlaue Ratschläge zu geben, und teile nur meine persönlichen Erfahrungen. Gerade im Internet muss man aufpassen, Dr. Google hatte zum Beispiel geraten, viel Granatapfelsaft zu trinken, um den PSA-Wert zu senken. Sauteures Zeug und geholfen hat es nicht, aber es hat mich zumindest temporär psychisch beruhigt. Ich hatte das Gefühl, etwas getan zu haben. Mein Urologe nahm mir jedoch jegliche Illusion: „Wenn Sie's haben, dann haben Sie's."

Mittlerweile habe ich mich gefügt. Was soll ich denn anderes machen? Auf die übliche Warum-Frage bekommt man sowieso keine Antwort. Ich hatte Glück im Unglück, der PSA-Wert ist seit nunmehr 15 Jahren bei null. Von mir aus kann es so bleiben. Im Nachhinein bin ich vor allem meinem Urologen dankbar, der mir die IGEL–Leistung des PSA-Checks geradezu aufgequatscht hat: Das hat mir aus heutiger Sicht vermutlich das Leben gerettet! Deshalb, und auch wenn es unfair ist, dass wir Männer dafür bezahlen müssen, aber Frauen für eine Mammografie nicht: Macht es, Männer!

„Auch wenn es unfair ist, dass wir Männer dafür bezahlen müssen, aber Frauen für eine Mammografie nicht: Macht es, Männer!"

Klaus-Dieter Petersen

” Früh erkannt, früh gebannt.“

Klaus-Dieter Petersen, Jahrgang 1968, wird von allen nur „Pitti“ genannt und ist eine Handballlegende aus Hannover. Er war Kreisläufer, trotz seiner fast zwei Meter Körpergröße, wurde Europameister, vielfacher Deutscher Meister, ist Rekordnationalspieler und Olympiasilbergewinner; nach seiner aktiven Zeit betreute er als Trainer einige Topmannschaften der Bundesliga, darunter ab 2015 den THW Kiel. Sowohl als Spieler als auch als Trainer weiß Pitti, dass die körperliche und mentale Vorbereitung und die Bereitschaft, zu trainieren, die Schlüssel zum Erfolg sind. Genau so ging er im Jahr 2022 auch mit seiner Krebsdiagnose um: Krankheit sei ebenfalls ein Teamsport, Vertrauen zu sich, zu den eigenen Fähigkeiten und zu den Ärzten inklusive. Der Trainingsplan und seine konsequente Umsetzung seien entscheidend.

Als ehemaliger Leistungssportler musste ich über einen längeren Zeitraum abtrainieren; mein Herz war durch den Leistungssport größer als der Durchschnitt. Schon deswegen ging ich regelmäßig zum Kardiologen. Bei einer solchen Routineuntersuchung im Jahr 2022, ich war gerade einmal 54 Jahre alt, wurde ein erhöhter PSA-Wert festgestellt. Beim nachfolgenden MRT entdeckte der Arzt einen kleinen schwarzen Punkt in der Prostata – und damit hatte ich eine Krebsdiagnose. Glücklicherweise bin ich nicht so leicht zu erschrecken. Vielmehr schalte ich schnell um: Was ist die Lösung, wie geht es weiter? Ich beschäftige mich intensiv mit neuen Herausforderungen und bespreche mich am liebsten direkt mit einem professionellen Umfeld, das relevante Hinweise geben kann. Genau wie im Sport und bei der Vorbereitung auf ein wichtiges Spiel oder Turnier geht es mir darum, erfolgreich zu sein. Und wie nach einer Verletzung beim Sport baut man sich wieder auf, schaut nach vorne und sucht den Weg, um wieder gesund zu werden und im Idealfall sogar stärker zurückzukommen als vorher.

Klaus-Dieter Petersen im Spiel Spanien gegen Deutschland, Georgia World Congress Center, 1996

Nun ist Prostatakrebs keine Sportverletzung, aber es ist ein weit verbreiteter Krebs und es gibt viele Informationen dazu und viele Behandlungsansätze. Es bestehen gute Heilungschancen und man kann lange Zeit damit leben, vor allem wenn es früh erkannt wird. Eigentlich ist es wie bei allen anderen Herausforderungen im Leben: früh erkannt, früh gebannt. Ich habe mich nach reiflicher Überlegung für die Operation entschieden. Und weil ich mich gut informiert hatte und auch Vertrauen in die Medizin habe, hatte ich nie Angst vor dem Tod.

Ich weiß, dass ich als Krebspatient vermutlich nie komplett geheilt sein werde, aber die OP ist gut verlaufen, was ein wichtiger erster Schritt war. Prostatakrebs ist kein Sprint, eher ein Marathon, also muss man mit der Herausforderung wachsen: Man muss ständig trainieren und nachjustieren, mit einem vernünftigen Plan arbeiten, mit der richtigen Betreuung, also einem Trainerstab sozusagen, sonst kann man diesen Marathon

Handball U21 WM - Finale - Deutschland - Ungarn, , Co-Trainer Klaus-Dieter Petersen jubelt mit dem Pokal, 2023

„Der Kopf muss sich mit etwas Positivem beschäftigen, nämlich mit der Aussicht, gut vorbereitet zu sein.“

nicht erfolgreich durchhalten. Und durch dieses Fitmachen des Körpers wird auch die Psyche beruhigt, was wichtig ist, denn ebenfalls wie beim Sport ist auch hier die mentale Seite nicht zu vernachlässigen: Der Kopf muss sich mit etwas Positivem beschäftigen, nämlich mit der Aussicht, gut vorbereitet zu sein. Das macht definitiv glücklich.

»Ich lebte immer schon ziemlich bewusst und gesund. Seit der Krebsdiagnose gehe ich vielleicht noch gelassener und wertiger mit Dingen um, die mir wichtig sind.«

Ich habe also immer wieder Gespräche mit Ärzten geführt und mit Bekannten, die es auch hatten oder haben. Schnell war klar, dass ich bezüglich der möglichen Inkontinenz ein Trainingsprogramm für den Beckenboden brauchte. Mit Hilfe einer Physiotherapeutin fing ich schon zwei Monate vor der OP damit an, was den entsprechenden Erfolg brachte. Und auch in Bezug auf meine generelle körperliche Verfassung habe ich vorgesorgt und mein Immunsystem mit Mineralien und Vitaminen auf Vordermann gebracht. Mir war es wichtig, in Topform zu sein für den Heilungsprozess.

Nach der Operation habe ich mich für eine Reha entschieden. Mir erschien es wichtig, nach so einem großen Eingriff bewusst zur Ruhe kommen zu können und Abstand zu gewinnen. Das beruhigt auch die Familie, die sieht, dass man das alles ernstnimmt und gut aufgehoben ist. Meine Frau hat sich manches Mal mehr einen Kopf gemacht über meinen Gesundheitszustand als ich. Ich lasse mich ja nicht so schnell verrückt machen. Vielleicht bin ich als Spieler wie als Trainer mental gut genug geschult, auch mit dieser Ausnahmesituation zurechtzukommen. Ich suche Lösungen und ich verfolge Ziele, z. B. nach der Reha in fünf oder sechs Wochen wieder im Job zu sein. Bei den OPs nach diversen Sportverletzungen hatte ich gelernt, den Ärzten zu vertrauen. Gemeinsam einen Plan machen und tun, was noch nötig ist; und dann schauen, wie es weitergeht.

Heute fühle ich mich so, als wäre ich fast wieder der Alte. Ich lebte immer schon ziemlich bewusst und gesund. Seit der Krebsdiagnose gehe ich vielleicht noch gelassener und wertiger mit Dingen um, die mir wichtig sind. Ich habe insgesamt ein wenig runtergefahren, nehme mir mehr Zeit, lasse mich nicht mehr so treiben und genieße vieles

mehr. Ich stehe zum Beispiel mit meiner Frau jeden Tag um 5:15 Uhr auf; dann gehen wir zusammen walken und lassen uns mit Vogelgezwitscher, den ersten Sonnenstrahlen und unseren Gesprächen dafür belohnen. Manche Dinge sind heute anders, aber man lernt, damit umzugehen. Stressinkontinenz zum Beispiel – ich stelle mich heute eben darauf ein, dass ich schon beim ersten Anzeichen nach einer Toilette Ausschau halten muss und nicht erst, wenn es wirklich dringend wird. Oder beim Thema Sexualität. Meine Frau und ich haben uns damit sofort auseinandergesetzt und mit offenen Karten gespielt. Wir sind Eltern von zwei Töchtern, also war die Familienplanung kein Thema mehr. Aber Intimität gehört zu einer guten Partnerschaft dazu. Wir sind daher sehr froh, dass aufgrund der frühen Diagnose eine nervenerhaltende Operation bei mir möglich war und auch durchgeführt wurde.

Ein offener Umgang mit der Krankheit war für mich von Anfang an wichtig. Dafür erhielt ich sehr viel Zuspruch, gerade von den Handballern, zum Beispiel den Zwillingsbrüdern Michael und Uli Roth. Und es ist interessant, wie auf einmal Tabus fallen und man ganz offen mit Leuten redet, denen man sich ansonsten nicht öffnen würde – weil sie ebenfalls Betroffene sind.

Deshalb lauten meine Tipps: 1.) Geht zur Vorsorge. 2.) Wenn etwas entdeckt wurde, bleibt so gelassen wie möglich und sucht nach einer Lösung, und zwar gemeinsam mit guten Ärzten. 3.) Setzt euch Ziele. 4.) Geht gut vorbereitet in die Situationen rein und bleibt immer dran.

Für alles andere drücke ich die Daumen.

Alex Halm

„Ich bin froh, nicht mehr so viel Mann zu sein.“

Alex Halm, Jahrgang 1966, sagt von sich selbst, er sei „ein kleiner Beamter im Mittleren Dienst“. Körperlich war er vor seinen Erkrankungen eher ein „Schrank“ mit 105 Kilo und entsprechendem Selbstvertrauen. Alles nur Image und Projektion von außen, so Alex, innen sei er immer schon anders, weicher, bewusster. Ein gesundheitlicher Doppelschlag – Speiseröhrenkrebs mit Totaloperation, zwei Jahre später Prostatakrebs – ließ seine sensible Seite sichtbar werden, brachte Alex aber auch dazu, innere Härte aufzubauen. Der unfreiwillige Rollenwechsel krempelte sein Leben komplett um, zum Vorteil für ihn selbst, sein Seelenheil, seine Familie und seine echten Freunde. Eine Motivation für alle Betroffenen!

Die erste Diagnose Speiseröhrenkrebs bekam ich 2019, ein Zufallsbefund. 2020 wurden ¾ der Speiseröhre mit dem daVinci-Roboter operativ entfernt. Anschließend wird beim sogenannten Magenhochzug zuerst der obere Teil des Magens entfernt, um aus der Magenblase einen Schlauchmagen zu formen; dieser wird durch das Zwerchfell

"Bei Prostata hat man Zeit, heißt es. Ich aber wusste, ich habe keine Zeit ..."

hochgezogen und mit dem Rest Speiseröhre verbunden. Die Nahrungsaufnahme ist jetzt schwieriger, weil durch die „Ersatzspeiseröhre" nicht mehr alles so leicht runtergeht, was reinkommt. Fast süffisant sagte mein Arzt: „Sie dürfen alles essen, was drinbleibt." Und dabei habe ich noch Glück, denn Speiseröhrenkrebs ist wie Lungen- oder Bauchspeicheldrüsenkrebs meist ziemlich schnell tödlich. Doch ich lebe nach mehr als vier Jahren immer noch. Da sind mir diese Konsequenzen eindeutig lieber. Manchmal übergibt man sich halt, hat Durchfall oder verspürt eine andauernde Übelkeit. Länger als ein Jahr habe ich gebraucht, um mich mit der Situation abzufinden und einigermaßen zurechtzukommen.

Bei einer der regelmäßigen Tumornachsorgeuntersuchungen ist dann Ende 2022 die Prostatavergrößerung aufgefallen. Tastuntersuchung und Ultraschall brachten keinen Befund, jedoch führte mich der über vier Jahre hinweg kontinuierliche Anstieg des PSA-Werts, von 0,6 auf 4,6, direkt ins MRT. Da war im oberen Teil der Prostata deutlich was zu erkennen. Biopsie, Ganzkörper-MRT, Gleason Score 4+3 = 7b. Bei Prostata hat man Zeit, heißt es. Ich aber wusste, ich habe keine Zeit, nicht bei meiner Vorgeschichte und in meinem Alter. Raus damit, das war sofort mein Entschluss, aber auch die Empfehlung der Ärzte.

Meine Erfahrungen bei der Behandlung des Speiseröhrenkrebses haben mich ungeduldig werden lassen. Auch jetzt dauerte mir alles zu lang. Es galt ja eigentlich nur sofort zu eruieren, wer wann mit welcher Methode operieren konnte. Gut, dass ich mich schlau

gemacht hatte, dass ich immer wieder nachgehakt, fast penetrant penibel auf gewissen Dingen bestanden habe und dadurch letztendlich in den richtigen Händen gelandet bin! Dabei war mir die Prostata-Selbsthilfegruppe sehr hilfreich. Ein ehemaliger Chirurg, selbst erkrankt, gab mir den entscheidenden Tipp für den Operationsort und im Jahr 2023 wurde die Prostata entfernt, wieder mit dem daVinci-Roboter.

Gleason Score jetzt „nur noch“ 3+3 = 6. Damit würde man eigentlich nicht operiert, für meinen Kopf war es aber der richtige Weg. Dank der Operationsmethode und dem sehr guten Operateur sind die üblichen Folgeerscheinungen kein großes Problem bei mir.

Zwei Krebsdiagnosen in so kurzer Zeit, da fällt wohl jeder erstmal in ein tiefes Loch. Dann wird man aktiv, sucht sich vielleicht eine Selbsthilfegruppe – in meinem Fall sogar zwei, die aber nicht unterschiedlicher hätten sein können. Für den Speiseröhrenkrebs habe ich eine Gruppe aus Frauen und Männern an der Uni Köln gefunden, begleitet von einer Intensivkrankenschwester und einem Arzt, denen man regelmäßig Fragen stellen kann. Viele Teilnehmer bringen ihre Partner mit, denn die sind ja auch Betroffene, wenn auch anders, und können sich mit anderen Angehörigen austauschen. Trotz der Erkrankung wird dort viel gelacht.

Bei der Prostatagruppe fühlte ich mich am Anfang wie im Club der alten Männer. Klar, Prostata ist halt ein Männerproblem. Dankbar bin ich für die vielen hilfreichen Rat-

schläge und die Geduld, die man mit mir Ungeduldigem hatte. Mittlerweile ist mir diese Gruppe ebenso ans Herz gewachsen wie die Speiseröhrengruppe.

Und ich habe mein Leben neu sortiert, Dokumente, Besitz und Beziehungen aufgeräumt, vieles verkauft und aufgelöst, sehr viel mehr Zeit mit der Familie verbracht. Mitleid kann ich einfach nicht gebrauchen und toxische Freundschaften wurden mir plötzlich stark bewusst: Ich merke heute, wenn andere mehr absaugen, als sie selbst mit einbringen, dann brauche ich sie nicht. Ich wollte meinen Kopf „reinigen" und in den Griff bekommen. Sehr wichtig waren in dieser Zeit meine Tante in Stade und mein Onkel in München. Der Onkel ist Psychologe und wir haben uns intensiv ausgetauscht, nicht zuletzt, weil er selbst Krebs hat.

Ich habe mir vorgenommen, einfach zu leben, weniger zu arbeiten, mit meinen Liebsten viel mehr Zeit zu verbringen. Wir haben als Familie in den letzten Jahren vier Angehörige verloren, drei an Krebs. Inkontinenz und Impotenz waren da nie unsere wichtigsten Themen. Meine Frau ist zwar sensibel, aber auch pragmatisch: „Das schaffen wir jetzt auch noch. Du bist bei mir und am Leben, das ist das Wichtigste." Was gut tut, macht man, alles Andere lässt man.

Schwieriger war die Situation sicher für meine Tochter. Sie war knapp über 20 bei der Diagnose. Mittlerweile haben wir drei mitunter auch mal nervige, aber immer so wunderbare Enkel, und es ist so schön, dass ich das alles erleben darf. Wenn die Kinder uns ihre Liebe zeigen, ist das einfach ein großes Geschenk.

Mein Vater war bei meiner ersten Diagnose 77 Jahre alt. Er fuhr mich zu allen Untersuchungen. Vier Ohren sind besser als zwei. Wir haben beide einen trockenen Humor. Er meinte: „Geht ja nicht, dass du vor mir gehst." Mit 81 bekam er selbst die Diagnose Prostatakrebs. Er wurde bestrahlt. Der Krebs wird mit ihm sterben, nicht er am Krebs. Dann ist es auch gut mit dem Leben, sagt er immer und feixt, der große Vorteil, mich immer begleitet zu haben, läge darin, dass er selbst sofort genau wusste, wo er nach der Diagnose überall hinmusste.

Ich bin ehrlich dankbar, dass ich seit der Speiseröhren- und der Prostata-OP ohne Chemo und andere anstrengende Nachbehandlungen gut leben kann. Den Speiseröhrenkrebs kann ich nicht so einfach abhaken. Ich musste meine Ernährung und Essgewohnheiten umstellen und wenn ich mich nicht daran halte, reagiert mein Körper sofort. Ich würde damit gerne so gelassen umgehen, wie es nach außen wirkt; kann ich aber leider nicht.

» Ich gehe heute andere Wege, für mich, meine Lieben, und ich bin innerlich definitiv gewachsen an dem allem. «

Ich habe seit meinen Erkrankungen nicht viel gearbeitet und würde am liebsten ganz aufhören, aber das würde so hohe Einbußen bei der Pension bedeuten, dass das noch nicht geht. Gleichzeitig merke ich, dass die Selbsthilfegruppen gut für mich sind und ich da auch zunehmend in die Verantwortung gehen möchte, um anderen Mut zu machen.

Ich habe mir Hilfe in der Psychoonkologie der Uniklinik gesucht und in den Gruppen so viel über Menschen und individuelle Problembewältigung gelernt, auch bezogen auf mich selbst. Ich reagiere heute auf Herausforderungen erst, wenn ich damit direkt konfrontiert werde. Ansonsten ist meine Devise: Ich bin Herr über mein Leben. Am Tag nicht mehr als eine Stunde über die Erkrankung reden oder nachdenken und die Büchse der Pandora danach wieder schließen. Ich bin irgendwie auch richtig froh, nicht mehr so muskulös zu sein, nicht mehr „so viel Mann". Ich gehe heute andere Wege, für mich, meine Lieben, und ich bin innerlich definitiv gewachsen an dem allem – auch wenn ich äußerlich geschrumpft bin.

Verfahren aus der Nuklearmedizin:

PSMA-Radioliganden-Therapie

*Prof. Dr. Ken Herrmann**

In den letzten Jahren ist ein altes und beim Schilddrüsenkarzinom sehr erfolgreiches Behandlungsprinzip wieder in Mode gekommen: radioaktive Strahlen gegen Krebs. Bereits vor über 80 Jahren entdeckte Saul Hertz, dass radioaktives Jod zur Therapie von gutartigen und bösartigen Schilddrüsenerkrankungen genutzt werden kann. Zugrunde lag die Entdeckung, dass radioaktives Jod von Schilddrüsenzellen aufgenommen werden kann, andere gesunde Organe im Körper radioaktives Jod jedoch verschmähen. Alles überschüssige Jod wird unkompliziert über die Nieren und die Blase via Urin ausgeschieden. Diese Radiojodtherapie ist seither Teil der Standardbehandlung bei gutartigen und bösartigen Schilddrüsenerkrankungen.

Sehr ähnlich und doch anders funktioniert dieses Prinzip beim Prostatakarzinom mit der sogenannten PSMA-Therapie. Ziel ist es, therapeutische radioaktive Strahlung exklusiv bei den Tumorzellen zu deponieren und die anderen Organe davon (soweit wie irgend möglich) unberührt zu lassen. Da es sich bei dieser Methode sowohl um eine Möglichkeit für die Behandlung des Krebses (Therapie) als auch für seine Diagnose (Diagnostik) handelt, spricht man auch von PSMA-Theranostik.

Wie funktioniert die PSMA-Therapie?

Bei der PSMA-Therapie wird ganz selektiv radioaktive Strahlung an Prostatakrebszellen geliefert – und zwar nur an diese. Damit das funktioniert, muss die radioaktive Strahlung natürlich in der Lage sein, die Tumorzellen zu „erkennen“. Das kann sie anhand des Prostataspezifischen Membranantigens (PSMA), das (nicht nur, aber vor allem) an der Oberfläche von Prostatakrebszellen vorkommt.

Man kann es sich vorstellen wie bei der Post: Der eindeutig adressierte Brief (die Strahlung, die auf einem Träger daherkommt, der PSMA-Zellen erkennt und ausschließlich diese ansteuert) wird nur an den Adressaten (die PSMA-Zellen) ausgehändigt und sonst an niemanden. Die einzige Voraussetzung für den Erfolg der Theranostik ist, dass aus-

**Nuklearmediziner und Radiologe, Klinikdirektor, Klinik für Nuklearmedizin, Uniklinikum Essen*

reichend PSMA-Zellen auf den Tumorzellen vorhanden sind (was über ein PSMA-PET/CT festgestellt wird, s. S. 258).

Damit die radioaktive Strahlung hinkommt, wo sie hinkommen soll, benötigt man also sogenannte Zielstrukturen oder Rezeptoren, an welche sie „binden" kann; im Fall des Prostatakarzinoms sind das die PSMA. Die radioaktive Strahlung ist der sogenannte Ligand, der ganz fest an die PSMA binden kann. Welche Liganden an PSMA binden, wurde lange erforscht; am Ende hat die sogenannte Heidelberger Gruppe um Prof. Uwe Haberkorn und Prof. Michael Eisenhut die Heidelberger Liganden PSMA-11 und PSMA-617 als am besten geeignet identifiziert. Vor ihrem Einsatz müssen die beiden Proteinstrukturen radioaktiv „beladen" werden, indem man sie mit sogenannten Radionukliden (= Isotope, also bestimmte chemische Elemente) koppelt. Wenn die Liganden radioaktiv beladen sind, spricht man von Radioliganden. Wenn die Radioliganden an PSMA binden, hat das zweierlei Effekte:

- **Diagnostischer Effekt:** Man kann im PET-Scan erkennen, wo PSMA im Körper vorhanden ist - nämlich da, wo radioaktive Strahlung erkennbar ist –, und somit den Krebs lokalisieren.
- **Therapeutischer Effekt:** Die Strahlung zerstört die Zellen, auf denen sich das PSMA befindet – also die Tumorzellen.

Wie läuft die Therapie konkret ab?

In Deutschland wird die PSMA-Therapie stationär durchgeführt. Die Behandlung selbst dauert nur etwa 20 Minuten und erfolgt als Infusion in die Venen. Da die Radioaktivität, die nicht an die Krebszellen bindet, über den Urin ausgeschieden wird, muss dieser radioaktive Urin danach jedoch aufgefangen werden. Außerdem wird am gleichen oder am nächsten Tag noch ein Scan gemacht, um die Stellen zu identifizieren, an denen sich die Radioliganden gesammelt haben – dort befinden sich ja die Tumorzellen.

Welche Nebenwirkungen gibt es?

Die PSMA-Therapie ist insgesamt sehr gut verträglich. Prinzipiell aber kann sich die Radioaktivität zeitweilig in Leber, Nieren und Speicheldrüsen anlagern sowie im Knochenmark. Patienten berichten deshalb manchmal von Übelkeit, Ermüdung oder Schmerzen in den Bereichen, in denen sich Tumore befinden. Diese Nebenwirkungen bilden sich jedoch wieder zurück.

Wo kann ich diese Therapie bekommen?

Es gibt in Deutschland zahlreiche Zentren. Ein guter Überblick findet sich hier:

www.leben-mit-prostatakrebs.de/zentrumsfinder

Rainer Langhans

„Lerne zu sterben, damit du lernen kannst zu leben.“

Rainer Langhans, Jahrgang 1940, war schon vieles in seinem Leben: Fähnrich der Reserve bei der Bundeswehr, Jura- und Psychologiestudent, aber auch eine Ikone der Studentenbewegung der 68er mit Kontakten zur RAF und Mitgründer der Kommune 1, von der aus er u.a. mit Uschi Obermaier die freie Liebe propagierte. Mit seiner

weißen Kleidung, dem Wuschelkopf, der Nickelbrille und seiner offensichtlichen Gelassenheit wirkt er auch mit 84 Jahren noch wie der ewige Student. Und er lebt immer noch Kommune mit seinem „Harem“ aus mehreren Frauen in unmittelbarer Umgebung, auch wenn es schon lange nicht mehr um Sex geht, sondern um wahre Liebe in der Formel „Make Love Not War“. Mit 80 Jahren bekam er die Diagnose Prostatakrebs, metastasierend. Eine Hiobsbotschaft für viele, die er jedoch „jubelnd“ in Empfang nahm und als einen weiteren Baustein seines Weges nach innen und zur Spiritualität sieht. Wenn er das so sagt, flippen so manche Betroffene aus, wohl, weil es unseren anerzogenen Denkmustern nicht entspricht. Rainer Langhans hingegen hilft diese Perspektive, weil er weiß, dass unser „Tod“ eigentlich das Tor zum wahren Leben ist.

Als quasi öffentlicher Mensch, mit all den Vorurteilen, Mutmaßungen oder auch Projektionen bezüglich meines unkonventionellen Lebens und Lebensstils, werde ich oft auf meine Erkrankung angesprochen, auch von anderen betroffenen Männern. Wenn ich in Interviews sage, der Krebs tut mir gut, dann ist das für viele natürlich eine Provokation. Meist folgen ein paar böse Leserbriefe mit „Das müsste man verbieten!“-Reaktionen.

Selbst in der Bibel steht: „Liebet eure Feinde“, und der Krebs ist natürlich der größte Feind für viele. Wie man den lieben kann? Genau das ist es, was ich mit meiner Spiritualität, meinetwegen auch mit der Bibel, mit meinem Weg nach innen meine. Du musst das Fürchterlichste als deine größte Verbesserungsmöglichkeit ansehen. Solange du das nicht kannst oder willst, lebst du immer in dieser fürchterlichen Angst vor dem Feind. Und das ist kein gutes Leben.

Ich hatte dann die üblichen Symptome: in die Hose machen, nachts immer raus müssen. Das haben viele Männer ab 80. Ich dachte mir, da musst du als Mann jetzt wohl durch. Dann bekam ich aber einen Harnverschluss und musste sofort ins Krankenhaus. Es wurde ein Katheter gelegt und alle möglichen Untersuchungen angestellt. Der PSA-Wert lag bei 42, und da war klar, dass es Krebs ist. Er hatte gestreut, es gab schon einige Knochenmetastasen, wie man durch Kontrastmittel sofort sehen konnte. Diese Lichtpunkte wirkten fast wie ein impressionistisches Gemälde.

Die Diagnose erschreckte meine Freunde zu Tode, mich aber überhaupt nicht. Meine Begeisterung war vielmehr: Wow, danke, so eine Liebeswelle! Jetzt bekomme ich noch einmal einen richtigen Schub. Ich gehe diesen Weg nach innen ja schon sehr lange.

„Die Diagnose erschreckte meine Freunde zu Tode, mich aber überhaupt nicht.“

Die meisten können das nicht nachvollziehen und wahrscheinlich auch nicht umsetzen, weil ihre Konditionierung so stark ist, nur ihrer sexuellen Triebfeder zu glauben und dieser alles andere unterzuordnen. Sie kriegen es auch mit meiner Person nicht zusammen, nach dem früheren „Make Love Not War“-Verständnis der 68er-Zeit. Dabei wurde mir damals schon klar, dass Sexualität immer kriegerisch ist. Entsprechend produziert die Fokussierung auf Sexualität viele unglückliche Menschen. Wenn Männer dann „nicht mehr können“ und Kuscheln als neue große Liebesformel ihrer Beziehungen definieren, dann ist das letztlich für den Mann die Kastration. Also eine Art Tod. Von daher leite ich mein Mantra ab: Lerne zu sterben, damit du lernen kannst zu leben! Erst wenn du richtig Sterben übst, wirst du ein richtig gutes Leben leben können, weil du nicht mehr von Todesangst geprägt oder gejagt wirst.

Für viele ist das esoterisches Gelaber, ich weiß. Das ist generell das Schwierige an der Spiritualität: Du kannst nicht sagen, meditiere einfach mehr und es wird schon gehen. Spiritualität ist jenseits des Verstandes oder der materiellen Bewusstheit, daher nicht politisierbar, nicht mit dem Willen erreichbar. Du kannst es nur auf dich zukommen lassen, es dann zulassen und es üben. Das werden manche tun – wenn sie soweit sind.

Für Ärzte ist es sehr ungewöhnlich, wenn jemand von seinem Sterben begeistert ist. Ich habe manchmal den Eindruck, dass Ärzte im besten Fall Statistiken verfassen – eigentlich nichts Wesentliches können: das Heilen. Sie moderieren Symptome des Heilungsvorganges, den jeder nur selbst vornehmen kann. Wir wollen ja Götter in Weiß und brauchen diese allmächtige Hoffnung auf Hilfe von außen. Deshalb werden viele weiter unglücklich an diesen Krankheiten sterben: weil sie den Blick nach innen nicht wagen oder schaffen. Aber das ist wirklich nur meine persönliche Meinung.

Viele Menschen sterben am ewigen Krieg, in dem wir uns mit unserem materiellen Bewusstsein seit je befinden. 1968 sahen wir kurz, wie richtiges Leben, wie Liebe geht. Wir konnten es aber nicht halten. Heute sehen wir das wieder in den Me-Too- oder feministischen Genderdiskussionen, beim Krieg in der Ukraine und vor allem in dem Krieg gegen die Natur, der uns umbringen wird. Das beginnen wir zu begreifen.

Der Harem, vorn v.l.n.r: Brigitte Streubel, Christa Ritter, Rainer Langhans, hinten v.l.n.r. Anna Werner, Jutta Winkelmann, Gisela Getty, 2000

„Warum machen wir das? Weil wir immer noch nicht verstehen, worauf es ankommt, um ein wirklich gutes Leben zu führen."

Ich bin fest davon überzeugt, alle Kriege, auch Geschlechterkriege etc., sind Sterbeübungen oder sollten als solche verstanden werden. Warum machen wir das? Weil wir immer noch nicht verstehen, worauf es ankommt, um ein wirklich gutes Leben zu führen. Mein erster Gedanke bei der Konfrontation mit dem Krebs und den Metastasen war: Das ist geballte Liebe. Der Verstand der meisten schreit jetzt ganz laut auf, ich weiß.

Die Ärzte sagten mir, sie könnten nichts mehr machen, außer mir, meinem Körper palliativ beim Sterben zu helfen. Das habe ich begrüßt, denn ich wollte gar nicht, dass mir jemand diese wunderbare Lebenserfahrung nimmt, mich zu „heilen" versucht. Aber was habt ihr denn in eurem Werkzeugkasten für eine palliative Begleitung? Ich wollte von den Ärzten lediglich etwas, das den Prozess moderiert, und da gab es die am wenigsten heilen wollende Hormontherapie, also die chemische Kastration. Mir ist klar, dass sich viele Männer mit dieser chemischen Kastration sehr schwertun, weil sie ein Abschied von der Sexualität ist. Für mich hingegen ist sie perfekt, denn der Weg nach innen bedeutet auch, die Libido runterzufahren, die schon immer der Gegenpol zum inneren Weg war. (Übrigens sagen die Religionen das schon seit vielen Jahrhunderten.) Ich bin begeistert über diese Erhebung, ja, Erlösung von diesem Triebschicksal. Bei mir hat sich dadurch eine Leichtigkeit eingestellt, die noch mal mehr Liebe ermöglicht. Dafür habe ich nun das Problem, wie ich diese ganze Liebe zum Ausdruck bringen kann. Ich kann ja nicht jedem um den Hals fallen, in unserer Me-Too-Zeit würde das als übergriffig empfunden werden, weil mir keiner glaubt, dass es sie wirklich gibt, diese wahre Liebe. Mich aber macht sie glücklich.

Seit vier Jahren mache ich das nun und der Krebs hat sich zurückgezogen. Er ist noch da und passt auf mich auf.

Ein alter Freund aus den 68ern hat die gleiche Krankheit, die gleiche Therapie, und doch ist es anders, weil er sich anders dazu stellt. Ihm, und anderen wahrscheinlich auch, geht es mit dem „negativen" Weg nicht so gut. Bei der vierteljährlichen Untersuchung meiner Werte sagen die Ärzte, ich sei biologisch jünger und gesünder. Das freut mich. Trotzdem werde ich mich weiter im Sterben und im gelassenen Umgang damit üben. Den Sterbeprozess glaubt jeder bekämpfen zu müssen, aber nur der innere Weg hilft dir, deinen Frieden damit zu schließen. Das ist der einzig wahre Friede. Es gibt keinen Körper ohne Geist, also auch kein Leben ohne ihn. Ich habe diese „tödliche" Krankheit dankbar für mich als Sterbeübung angenommen, um richtig zu leben.

Claus Wolfschlag im Gespräch mit Rainer Langhans, 2022

Verfahren aus der Nuklearmedizin:

PSMA-PET/CT und PSMA-RGS

*Prof. Dr. Tobias Maurer**

Um die Diagnostik von Prostatakarzinomen zu verbessern, gibt es in der Nuklearmedizin neben der PSMA-Radioliganden-Therapie (s. S. 250) weitere Verfahren. Auch sie beruhen auf der Eigenschaft bestimmter chemischer Elemente, an PSMA zu binden. Man unterscheidet zwei Verfahren, die im Folgenden vorgestellt werden:

1. **PSMA-PET/CT**
2. **PSMA-RGS**

1. PSMA-PET/CT

Bei der sogenannten Positronen-Emissions-Tomographie mit Computertomografie (PET/CT) wird mittels radioaktiver Strahlung etwas im Körper sichtbar gemacht. Bei der auf Prostatakarzinome spezialisierten Untersuchungsform, der sogenannten PSMA-PET/CT, werden schwach radioaktiv markierte Moleküle über die Vene injiziert, die sich an PSMA anlagern (s. S. 250). Dieses Verfahren ist besonders empfindlich und kann bereits bei niedrigen PSA-Werten Streuherde von wenigen Millimetern Durchmesser aufspüren.

In einem Fallbeispiel wurde dieses Verfahren eingesetzt und zeigte vor der radikalen Prostatektomie, der der Patient im weiteren Verlauf unterzogen wurde, einen kleinen von Prostatakrebszellen befallenen Lymphknoten im Bereich der rechten Beckenwand (Abb. 1, seitenverkehrt zu betrachten). Obwohl die Bilder oft sehr eindrücklich sind und deutlich die befallenen Lymphknoten zeigen, kann eine Entfernung während einer Operation schwierig sein, wie leider auch in diesem Fall. Als der PSA-Wert nach der Prostatektomie nicht auf das erhoffte niedrige Niveau fiel (s. S. 159), wurde erneut eine PSMA-PET/CT vorgenommen und es zeigte sich, dass der befallene Lymphknoten nach wie vor vorhanden war (Abb. 2, seitenverkehrt zu betrachten).

**Urologe und Klinikdirektor, Martini-Klinik, Prostatakrebszentrum, Universitätsklinikum Hamburg-Eppendorf*

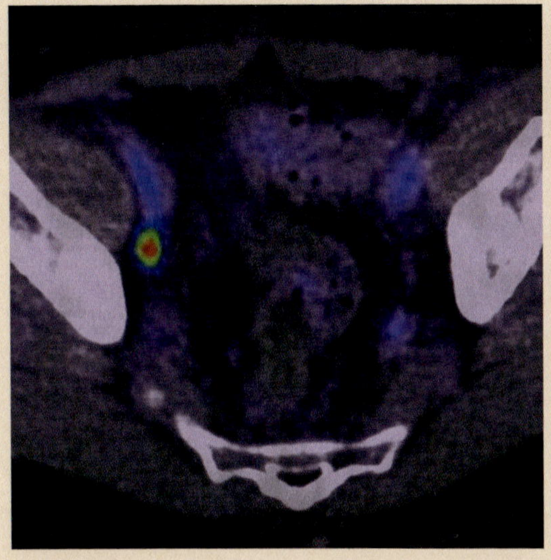

Abb. 1

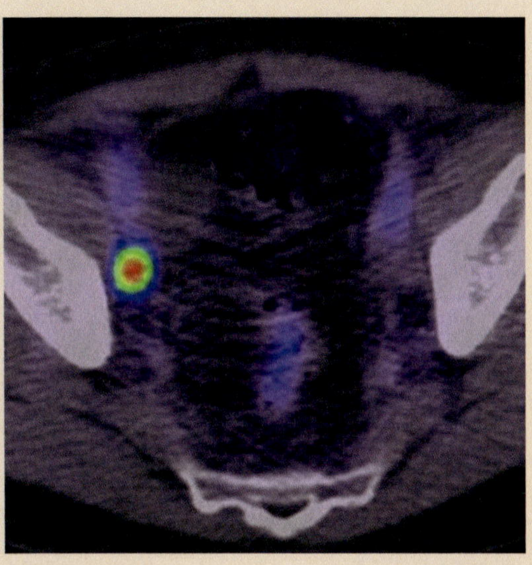

Abb. 2

2. PSMA-RGS

Um bei einem erneuten chirurgischen Eingriff, wie er auch im Fallbeispiel als Option im Raum stand, den Lymphknoten möglichst sicher zu finden, kann man dem Patienten erneut schwach-radioaktive Moleküle injizieren, die sich spezifisch an PSMA anlagern. Diesmal werden diese Moleküle aber anstelle von Positronenstrahlern (wie für das PET/CT) mit Gammastrahlern markiert, so dass sie bei der Operation mithilfe einer Gammasonde aufgespürt werden können, quasi nach dem Prinzip eines Geigerzählers. Dieses spezielle Verfahren wird PSMA-Radioguided Surgery (PSMA-RGS) genannt. Die PSMA-RGS kann also die Präzision der Operation verbessern, indem sie hilft, auch kleine Metastasen aufzuspüren und zu entfernen, die bei einer herkömmlichen Operation ohne Markierung möglicherweise nicht gefunden werden. Man erhofft sich, dadurch weitere Therapien zu verzögern oder in manchen Fällen sogar gänzlich zu vermeiden.

Im konkreten Fallbeispiel zeigten nach Entfernung des befallenen Lymphknotens mittels PSMA-RGS glücklicherweise keine weiteren Lymphknoten einen Befall.

Marion und Detlev Ballas

„Ich habe ja meine Frau."

Detlev Ballas, Jahrgang 1953, und seine Frau Marion ergänzen einander geradezu perfekt, wenngleich sie grundverschieden sind. Entsprechend muss diese Geschichte auch aus der Perspektive von beiden erzählt werden. Beide sind praktizierende Juristen, Detlev als Rechtsanwalt für Verkehrs- und Versicherungsrecht, Marion bearbeitet in seiner Kanzlei die Miet- und Medizinrechtfälle. Detlev bekam 2018 vom Bundesverband der Partnerwerkstätten den ersten Award für den besten „Schadensteuerer des Jahres" verliehen. Privat ist Detlev eher introvertiert. Marion ist das genaue Gegenteil, also extrovertiert und gesprächig, dabei akribisch und gewissenhaft. Als Detlev Ballas die Krebsdiagnose bekam und eher zögerlich reagierte, nahm seine Frau das Zepter in die Hand und hat damit vermutlich das Schlimmste verhindert.

Detlev: Ich hatte bis zu meinem 69. Lebensjahr nie etwas mit meiner Gesundheit. Ärzte haben mich nicht oft gesehen und meine Frau musste mich quasi antreiben, zur Vorsorge zu gehen. Trotzdem habe ich natürlich in meinen Körper reingehorcht und als mein PSA-Wert immer weiter anstieg, ahnte ich, dass etwas nicht stimmt. Schon vor der Diagnose war ich ziemlich sicher, dass ich Krebs habe.

Marion: Natürlich habe ich mir große Sorgen gemacht. Ich habe nach dem Jura-Studium fünf Semester Medizin studiert. Das macht mich nicht zur Medizinerin, aber ich weiß, wie Berichte und auch Studien zu lesen sind und welche Fragen gestellt werden müssen. Das haben wir dann auch vorbesprochen, als mein Mann zum Urologen in Osnabrück gegangen ist. Doch was er mir danach an Antworten mitbrachte, hat mich eher noch mehr verwirrt, als Licht ins Dunkel zu bringen.

„Meine Frau hat sich viel mehr eingelesen und Dinge hinterfragt.“

Ich bin dann immer mitgegangen zu Detlevs Terminen mit den Ärzten. Zu zweit hört man besser.

Detlev: Ich bin wohl zu passiv mit den Ärzten umgegangen. Für mich sind das die Fachleute, die mich wieder gesund machen sollten. Meine Frau hat sich viel mehr eingelesen und Dinge hinterfragt.

Marion: Das musste ich auch. Der Weg zu einer Lösung war lang und bisweilen unbefriedigend. Es war schwierig, überhaupt einen Termin bei einem Urologen zu bekommen, und der Arzt erschien mir weder kooperativ noch auf dem Stand der aktuellen medizinischen Entwicklungen. Aber auch der ganze Behandlungsverlauf ließ zu wünschen übrig. Nach der Biopsie und allen Voruntersuchungen, haben wir uns deshalb an die nahegelegene Uniklinik gewandt. Da war schon klar, dass eine OP durchgeführt werden sollte und dass auch ein Lymphknoten entfernt werden müsste, der befallen war. Auch hier vergingen wieder mehrere Monate, bis der Termin feststand. Es war eine nervenaufreibende Zeit.

Am Tag der OP fühlten wir uns ebenso wenig gut aufgehoben wie schon die Wochen vorher. Niemand sprach mit uns, wir wussten nicht, wer operieren würde, konnten mit niemandem darüber sprechen, dass Detlev aufgrund einer Herzgeschichte auch noch Blutverdünner nahm, was eine OP ja automatisch verkompliziert. Die OP selbst hat Detlev einigermaßen gut verkraftet, doch danach, bei uns zu Hause, bekam er starke Schmerzen und konnte fast nur noch liegen, rollte sich quasi von der Couch. An normales Sitzen war gar nicht zu denken.

Das war alles sehr ungewöhnlich und der Urologe, der die Nachsorge machen sollte, meinte nur vage, dass seine bisherigen Patienten derartige Beschwerden noch nie hatten. Also nahm ich mir die Befunde, die radiologischen Aufnahmen etc. einmal genauer vor. Irgendetwas stimmte da nicht. Und tatsächlich, der befallene Lymphknoten war nicht entfernt worden, das konnte ich aus dem Bericht herauslesen. Und das, obwohl man meinem Mann bei der Entlassung aus der Uniklinik gesagt hatte, es sei alles „in Ordnung". Damit ging alles nochmal von vorne los, wieder etliche Arztbesuche, die wenig Ergebnisse brachten. Erneut operieren wollte man nicht, es hieß, wir beobachten erst einmal.

Da machte ich mich auf die Suche nach Alternativen. Letztendlich sind wir bei Prof. Maurer an der Martini-Klinik in Hamburg gelandet, der unter anderem spezialisiert ist auf eine gammasondengesteuerte Lymphknotenentfernung. Mit Hilfe der PSMA-Radioguided Surgery können gezielt tumorbefallene Lymphknoten identifiziert werden, auch wenn sie noch sehr klein sind, und man kann sicherstellen, dass diese auch entfernt werden. Man kann den Befall sozusagen „hören", wie bei einem Geigerzähler.

Endlich hatten wir jemanden gefunden, mit dem wir wirklich reden und dem wir Fragen stellen konnten – und auf die wir auch Antworten bekamen, zu jeder Tageszeit. Einfach beruhigend, diese Kompetenz und die persönliche und professionelle Betreuung.

Prof. Maurer fand den Fall schließlich so spannend, dass er fragte, ob er meinen Mann vor Fachpublikum auf einer Ärztetagung, live per Stream übertragen, operieren dürfte. Da dachte ich zwar zuerst, das könnte auch Nachteile haben, je nachdem ob ihn diese Situation nervös macht oder besonders motiviert, aber ich fand das letztendlich gut. Und es ist auch hervorragend gelaufen.

Die zweite OP im November 2023 hat bei meinem Mann subjektiv und objektiv Wunder bewirkt. Insgesamt wurden 38 Lymphknoten entfernt und auch der befallene Lymphknoten sowie ein zweiter kleiner befallener Lymphknoten. Auch die Ursache für die Schmerzen – es hatte sich Urin im Becken angesammelt, weil die Naht aus der ersten OP nicht ganz dicht war – konnte gefunden und behoben werden.

Detlev: Nach der OP war ich nach drei Tagen wieder zu Hause und schmerzfrei. Damit war alles so, wie ich mir das ursprünglich vorgestellt hatte.

Marion: Man erreicht viel im Leben, wenn man sich dahinterklemmt. So bin ich eigentlich immer schon verfahren. Das war dann auch letztendlich das Glück für meinen Mann. Sonst wäre vielleicht alles ganz anders verlaufen, denn wenn wir uns nicht für eine erneute Operation entschieden hätten, wäre die Ursache für seine unklaren Beschwerden jedenfalls nicht behoben worden. Natürlich kann ich mit dieser Art auch komplett nervig sein. Aber ich habe festgestellt, dass auch die Ärzte einen kundigen Patienten bevorzugen.

„Ich bin der gleiche Mensch wie vorher und kann nach wie vor alles tun.“

Detlev: Für meine Frau war das der richtige Weg, mit meiner Krankheit umzugehen, handeln statt ohnmächtig und machtlos daneben zu stehen. Und mich hat es beruhigt, mich in guten Händen zu wissen. Ich hatte deshalb auch überhaupt keine Endzeitstimmung, habe keine Liste mit Dingen, die ich noch erleben möchte und die ich abarbeiten muss. Vor der OP habe ich nur gesagt, ich muss diese zwei Akten noch fertigkriegen.

Ich oder besser wir „genießen" jetzt noch ein bisschen mehr als vorher die Zeit zu zweit oder mit unseren Kindern und Enkeln. Man meint ja immer, mit Krebs müsse es einem schlecht gehen und man müsse entsprechend schlecht aussehen. Aber zumindest ich bin der gleiche Mensch wie vorher und kann nach wie vor alles tun.

Ich habe auch keine Selbsthilfegruppe besucht. Das brauche ich nicht, denn ich habe ja meine Frau.

Systemtherapie des metastasierten Prostatakrebses

*Prof. Dr. Gunhild von Amsberg**

Hat der Prostatakrebs metastasiert, also in andere Organe gestreut, ist er in der Regel nicht mehr heilbar. Ziel der Therapie des metastasierten Krebses ist es einerseits, das Leben zu verlängern, und andererseits, Schaden abzuwenden und Lebensqualität zu wahren. Bei einer Metastasierung des Prostatakrebses sind die meisten Metastasen in den Lymphdrüsen und in den Knochen zu finden. Seltener sind Lunge, Leber und Gehirn betroffen.

Je nach Lage können Metastasen lokale Beschwerden verursachen wie beispielweise Knochenschmerzen oder Schwellungen. Manche Betroffene leiden zudem unter Allgemeinsymptomen wie einer verminderten Leistungsfähigkeit, Gewichtsverlust oder Fieber. Die Therapie soll zu einem Rückgang dieser Beschwerden führen bzw. deren Auftreten verhindern oder hinauszögern.

Man kann zwei Phasen der Erkrankung unterscheiden:

1. Phase: Hormonsensitiver Prostatakrebs
2. Phase: Kastrationsresistenter Prostatakrebs

Ein wichtiger Faktor bei der Ausbreitung des Prostatakrebses und der Entstehung von Metastasen sind die Androgene (männliche Geschlechtshormone), zu denen auch das Testosteron zählt. Insbesondere in der ersten Phase der Krebserkrankung befeuern Androgene das Zellwachstum und die Streuung im Körper. In dieser Phase gilt der Tumor als hormonabhängig, wir sprechen vom sogenannten hormonsensitiven Prostatakrebs. Der Hormonentzug durch Medikamente oder ggf. auch eine Entfernung der Hoden (Kastration) ist das zentrale Element dieser ersten Behandlungsphase.

Im Therapieverlauf gewinnen dann andere Wachstumsfaktoren zunehmend Bedeutung und ermöglichen es dem Krebs in der zweiten Phase, auch ohne Androgene wie-

**Uroonkologin und Professur für Uroonkologie mit Schwerpunkt Systemtherapie des Prostatakarzinoms, Martini-Klinik, Prostatakrebszentrum, Universitätsklinikum Hamburg-Eppendorf*

der zu wachsen, also trotz Hormonentzug. Es kommt zum Übergang in das sogenannte kastrationsresistente Stadium. Untersuchungen der vergangenen Jahre zeigten jedoch, dass auch hier die Signalweitergabe der Androgenbindungsstelle (Androgenrezeptor) weiterhin für das Krebswachstum wichtig ist und mittels Androgenrezeptorsignalweg-Inhibitoren (ARPIs) therapeutisch erfolgreich angegriffen werden kann.

Wie läuft die Diagnosestellung ab?

Für die Diagnose eines metastasierten Prostatakrebses ist eine feingewebliche Untersuchung (Histologie) Voraussetzung. Die Gewebeentnahme kann entweder aus der Prostata selbst oder aus einer Metastase erfolgen. Die Metastasen werden mittels CT und Skelettszintigrafie nachgewiesen. Alternativ kann PSMA-PET/CT (s. S. 258) eingesetzt werden.

Wie sieht eine Therapie aus?

Für die Therapie des metastasierten Prostatakrebses stehen verschiedene Behandlungsoptionen zur Verfügung.

Hierzu zählen:

- Hormontherapie
- neue auf die Androgenbindungsstelle gerichtete Therapien (ARPI-Therapien)
- Chemotherapie
- PARP-Inhibitoren
- PSMA-Radioliganden-Therapie

Unabhängig von der eingesetzten Therapie ist es wichtig, den Behandlungserfolg regelmäßig zu überprüfen. Unmittelbar festgestellt werden kann natürlich der Rückgang von Beschwerden und Schmerzen sowie eine Besserung der Allgemeinsymptome. Insbesondere letztere können allerdings auch unter den oben beschriebenen Medikamenten neu auftreten oder zunehmen, so dass eine eindeutige Zuordnung zu Erkrankung oder Medikamenten nicht immer gelingt.

Die regelmäßige Bestimmung von Blutwerten (v.a. PSA-Wert) kann helfen, den Krankheitsverlauf einzuschätzen. Bildgebende Verfahren wie CT, Skelettszintigrafie und PSMA-PET/CT (s. S. 258) geben wichtige Informationen über die einzelnen Metastasen und sollten in regelmäßigen Abständen durchgeführt werden.

> Die im Folgenden dargestellten Ausführungen zu den Medikamenten geben einen Überblick über die wichtigsten Aspekte. Es besteht kein Anspruch auf Vollständigkeit. Das Kapitel ersetzt nicht eine ausführliche ärztliche Aufklärung. Bei der Wahl der optimalen Therapie spielen immer der jeweilige Patient und individuelle krankheitsspezifische Aspekte die ausschlaggebende Rolle.

Wie läuft eine Hormontherapie (ADT) ab?

Die Hormontherapie (Androgendeprivationstherapie; ADT) basiert auf dem Einsatz von GnRH-Analoga, also von Wirkstoffen, die von der Struktur und Funktion dem Gonadotropin Releasing Hormon (GnRH) ähneln, welches die Bildung von Sexualhormonen steuert. Vereinfacht gesagt beeinflussen die Analoga wie das GnRH selbst die Bildung von Sexualhormonen, allerdings unterdrücken sie diese, anstatt sie zu stimulieren. Sie haben also den Effekt einer Kastration, ohne dass die Hoden tatsächlich entfernt werden müssen. Man spricht daher von einer medikamentösen Kastration.

Anwendung: Die Gabe der GnRH-Analoga erfolgt meist mit einer Spritze unter die Haut in das Fettgewebe in monatlichen, dreimonatlichen oder sechsmonatlichen Abständen. Mittlerweile gibt es aber auch Tabletten.

Nebenwirkungen: Die Nebenwirkungen der GnRH-Analoga ähneln den Wechseljahrbeschwerden von Frauen. Häufig treten Hitzewallungen und Schweißausbrüche auf und es kann zu einer Gewichtszunahme sowie einem Verlust der Muskelmasse und Knochendichte kommen. Bei manchen Männern verändert sich die Körperbehaarung, zudem sind Erektionsstörungen und ein vermindertes sexuelles Verlangen zu verzeichnen. Von den Patienten eher unbemerkt bleiben meist Blutdruckerhöhungen und Veränderungen der Blutfettwerte. Auf psychischer Ebene treten gehäuft Depressionen auf.

Das braucht der Patient während und nach der Therapie:

- ausgewogene Ernährung und tägliche körperliche Aktivität
- regelmäßige Kontrolle des Blutdrucks und der Blutfettwerte
- kognitive Verhaltenstherapie und Entspannungstechniken, ggf. Psychopharmaka (falls ärztlich als indiziert eingestuft)
- Vitamin D3 sowie ggf. Kalzium zur Vorbeugung gegen Osteoporose
- professionelle ärztliche Unterstützung bei Depressionen, Erektionsstörungen und Libidoverlust

Wie läuft eine ARPI-Therapie ab?

Die Therapie mit Androgenrezeptorsignalweg-Inhibitoren (ARPI) macht sich ähnlich wie die ADT die Abhängigkeit der Prostatakrebszellen von den männlichen Geschlechtshormonen zunutze. Die Wirkung wird dabei aber – anders als bei der ADT – nicht nur über die Unterdrückung der Hormonproduktion im Hoden erzielt, sondern je nach eingesetzten Inhibitoren über eine Hemmung der Hormonproduktion in unterschiedlichen Geweben (z. B. mithilfe des Steroids Abirateron) oder über eine Blockade der Androgenbindungsstelle durch Androgenrezeptor-Inhibitoren.

- Abirateron hemmt die Bildung der sogenannten Steroidhormone, zu denen auch die männlichen Geschlechtshormone zählen, in Hoden, Nebenniere und im Tumor selbst. Es senkt damit den Wirkspiegel des Testosterons weiter ab, insbesondere auch in der direkten Umgebung der Krebszellen. Abirateron kann dadurch zusätzlich zur ADT Wirkung entfalten. Da auch das Steroidhormon Kortison davon beeinflusst wird, das u.a. für die Zusammensetzung der Blutsalze verantwortlich ist, muss dieses während der Einnahme von Abirateron ersetzt werden.

- Androgenrezeptor-Inhibitoren blockieren die Androgenbindungsstelle der männlichen Geschlechtshormone auf den Krebszellen und verhindern eine Signalweitergabe in den Zellkern. Hierdurch wird die Vermehrung der Krebszellen unterbunden. Aktuell sind in Europa die Inhibitoren Apalutamid, Darolutamid und Enzalutamid zugelassen.

Anwendung: Die ARPI werden in Tablettenform verabreicht und sind täglich einzunehmen, in der Regel bis zum erneuten Voranschreiten der Erkrankung oder bis zum Auftreten schwerwiegender Unverträglichkeiten.

Nebenwirkungen: Auftreten und Schwere der Nebenwirkungen variieren zwischen den verschiedenen Medikamenten und den Betroffenen teils erheblich. Insgesamt gelten die Substanzen jedoch als gut verträglich. ARPI weisen zudem unterschiedlich starke Wechselwirkungen mit anderen Medikamenten wie Blutdruckmedikamenten, Fettsenkern, aber auch manchen Schmerzmitteln oder Antibiotika auf. Außerdem werden die Wirkspiegel der Substanzen durch den Verzehr von Grapefruit verändert, der daher vermieden werden sollte. Viele Nebenwirkungen sind denen der ADT vergleichbar. Im Vordergrund stehen Hitzewallungen, Nachtschweiß, Veränderungen der Blutfettwerte und eine Bluthochdruckentwicklung. Häufig kämpfen die Männer mit einer Gewichtszunahme. Das Risiko für Herz-Kreislauferkrankungen ist erhöht. Emotional belastend können Stimmungsschwankungen, Schlafstörungen und Libidoverlust sein. Abirateron verursacht selten Leberwerterhöhungen. Bei Einnahme von ARPI können gelegentlich Hautausschläge auftreten. Apalutamid und Enzalutamid werden mit Müdigkeit und Konzentrationsstörungen in Verbindung gebracht.

Das braucht der Patient während und nach der Therapie:

- die für die ADT beschriebenen Maßnahmen (s. S. 269);
- bei Patienten mit bekannten Herz-Kreislauferkrankungen empfiehlt es sich, vor Beginn der Medikation einen Kardiologen hinzuzuziehen;
- Überwachung der Herzfunktion und engmaschige Kontrolle von Blutdruck, Blutfetten und -zucker

Wie läuft eine Chemotherapie ab?

Beim fortgeschrittenen Prostatakrebs kommen im wesentlich die Chemotherapeutika Docetaxel und Cabazitaxel zum Einsatz. Beide gehören zur Gruppe der Taxane. Taxane greifen in die Zellteilung ein und führen letztlich zum Zelltod. Sich schnell teilende Zellen wie Krebszellen sind besonders anfällig für ihre Wirkung.

Anwendung: Die Verabreichung von Docetaxel und Cabazitaxel erfolgt über die Vene in zwei- oder dreiwöchentlichen Abständen (je nach Protokoll). In der ersten Phase, also bei hormonsensitivem Prostatakrebs, kann Docetaxel in Kombination mit Darolutamid und ADT angewandt werden. Bei dieser sogenannten Triple-Therapie werden insgesamt sechs Zyklen alle drei Wochen angestrebt. In der zweiten Phase (kastrationsresistenter Prostatakrebs) ist Docetaxel in Kombination mit ADT zugelassen. Hier werden zwischen acht und zwölf Gaben angestrebt. Cabazitaxel ist nach Vorbehandlung mit Docetaxel in der zweiten Phase zugelassen, auch hier werden acht bis zwölf Gaben angestrebt.

Nebenwirkungen: Taxane führen zu einer Störung der Blutbildung. Hieraus resultiert eine gesteigerte Infektanfälligkeit aufgrund der verminderten Zahl weißer Blutzellen. Fieberhafte Infekte (Körpertemperatur >38,3 °C oder >38 °C an zwei aufeinanderfolgenden Messungen im Abstand von mindestens zwei Stunden) müssen besonders ernst genommen werden. Durch die Gabe von sogenannten Wachstumsfaktoren (z. B. das Peptidhormon G-CSF) kann eine schnellere Erholung der weißen Blutzellen erreicht bzw. ein tiefer und anhaltender Abfall der weißen Blutzellen verhindert werden. Bei einem Rückgang der roten Blutzellen (Anämie) oder der Blutplättchen (Thrombozytopenie) können Transfusionen erforderlich werden. Übelkeit und Erbrechen sind bei Docetaxel und Cabazitaxel häufig weniger stark ausgeprägt als bei anderen Chemotherapeutika. Durchfall und Verstopfung können gleichermaßen auftreten, außerdem Entzündungen der Mundschleimhaut, trockene Schleimhäute und tränende Augen, Geschmacksverlust und Verlust der Haare. Es kann auch zu Nagelveränderungen und -verfärbungen kommen. Zudem ergibt sich häufig das Bild einer peripheren Polyneuropathie, bei der typischerweise Gefühlsstörungen in Händen und Füßen sowie Brennschmerzen auftreten.

Das braucht der Patient während und nach der Therapie:

- Säuren in der Nahrung wie beispielweise die Fruchtsäuren reduzieren
- Mundspülungen und befeuchtende Pflegemittel für die Schleimhäute
- Nagellack zum Schutz der Nägel (v.a. bei Docetaxel)
- Physiotherapie
- Ergotherapie

Wie läuft eine PARP-Inhibitoren-Therapie ab?

Diese Therapie ist besonders wirksam bei Patienten mit einem Gendefekt im BRCA2-Gen (s. S. 66). Es ist also zunächst eine genetische Testung erforderlich.

Um nachvollziehen zu können, wie PARP-Inhibitoren wirken, muss man verstehen, was während der regelmäßig stattfindenden Zellerneuerung in unserem Körper passiert. Spezielle DNA-Reparatur-Gene, darunter die BRCA-Gene, bilden DNA-Reparatur-Proteine, die bei der Zellerneuerung beschädigte Zellen reparieren. Krebszellen und Metastasen sind solche beschädigten Zellen. Damit die Reparatur-Proteine an die DNA-Einzelstränge der beschädigten Zellen andocken können, benötigen sie einen „Türöffner“: Das sind die Poly(ADP-ribose)-Polymerasen-Enzyme (PARP-Enzyme). Diese binden an den beschädigten DNA-Strang an und ermöglichen so den Reparatur-Proteinen das Andocken. Wenn BRCA-Gene mutiert sind, kann es vorkommen, dass ihre Reparatur-Proteine nicht korrekt arbeiten und, statt DNA-Schäden zu reparieren, für Fehler in der Zellerneuerung sorgen – und im weiteren Verlauf für beschädigte Zellen, die immer weiterwachsen. Mit der Verabreichung eines PARP-Inhibitors wie Olaparib werden die PARP-Enzyme geblockt, sodass die falsch arbeitenden Reparatur-Proteine nicht mehr an beschädigte Zellen andocken können.

Anwendung: PARP-Inhibitoren werden in Tablettenform verabreicht und sind täglich einzunehmen, in der Regel bis zum erneuten Voranschreiten der Erkrankung oder bis zum Auftreten schwerwiegender Unverträglichkeiten. Olaparib wird nach einer ARPI-Therapie verabreicht. Auch eine Kombination aus Abirateron und dem PARP-Inhibitor Niraparib ist zugelassen.

Neuere Forschungsergebnisse zeigen, dass ARPI eine ähnliche Reparaturstörung in der Krebszelle auslösen wie die Genveränderung im BRCA2-Gen. Darum kann auch bei Patienten ohne Gendefekt eine Kombination von ARPI und PARP-Inhibitoren erfolgreich sein. Für diese Situation ist eine Kombination aus Abirateron und Olaparib oder Enzalutamid und Talezoparib (unabhängig vom BRCA-Status) zugelassen.

Nebenwirkungen: Die Nebenwirkungen der unterschiedlichen PARP-Inhibitoren sind ähnlich, können aber je nach Substanz unterschiedlich stark ausgeprägt sein. Übelkeit oder ein flaues Gefühl werden relativ häufig beobachtet. Eine wichtige Nebenwirkung ist außerdem ein Rückgang der roten Blutzellen (Anämie), die für die Versorgung des Körpers mit Sauerstoff notwendig sind. Dies kann zu Müdigkeit, Luftnot und verminderter Leistungsfähigkeit führen. Seltener sind die weißen Blutzellen oder die Blutplättchen vermindert. Schwierig zu behandeln kann eine allgemeine Müdigkeit und Abgeschlagenheit (Fatigue-Symptomatik) sein.

Das braucht der Patient während und nach der Therapie:

- Medikamente gegen Übelkeit
- ggf. Bluttransfusionen und Gabe von Wachstumsfaktoren (s. auch „Chemotherapie“)
- körperliche Aktivität und das Führen eines Tagebuchs
- Dosisreduktionen je nach Stärke der Beeinträchtigungen

Wie läuft eine PSMA-Radioliganden-Therapie ab?

Die PSMA-Radioligandentherapie ist eine Behandlungsoption aus der Nuklearmedizin; s. S. 250.

Michael Burghardt

„Ihr sollt es ja mal besser haben."

Michael Burghardt, Jahrgang 1964, war über 30 Jahre Briefträger aus Leidenschaft mit einem festen Zustellbereich in Köln und täglichem Pludere (Plaudern) mit vielen Menschen, bis er aufgrund seiner Prostataerkrankung 2017 pensioniert wurde. Die Krebsdiagnose brachte ein altes Trauma zurück: Seine Mutter wie sein Vater waren an Krebs gestorben. Seine Mutter litt schon während seiner Kindheit so schwer an Brustkrebs, dass die Krankheit das ganze Leben der Familie bestimmte. Seine eigene Erkrankung war wie ein Déjà-vu dieses Leidenswegs, nein, eigentlich schlimmer noch: Hinzu kam die Sorge einer möglichen Vererbung des Krebses an seinen Sohn. Doch seine Frau und eine psychoonkologische Therapie konnten ihm wieder eine positive Perspektive geben.

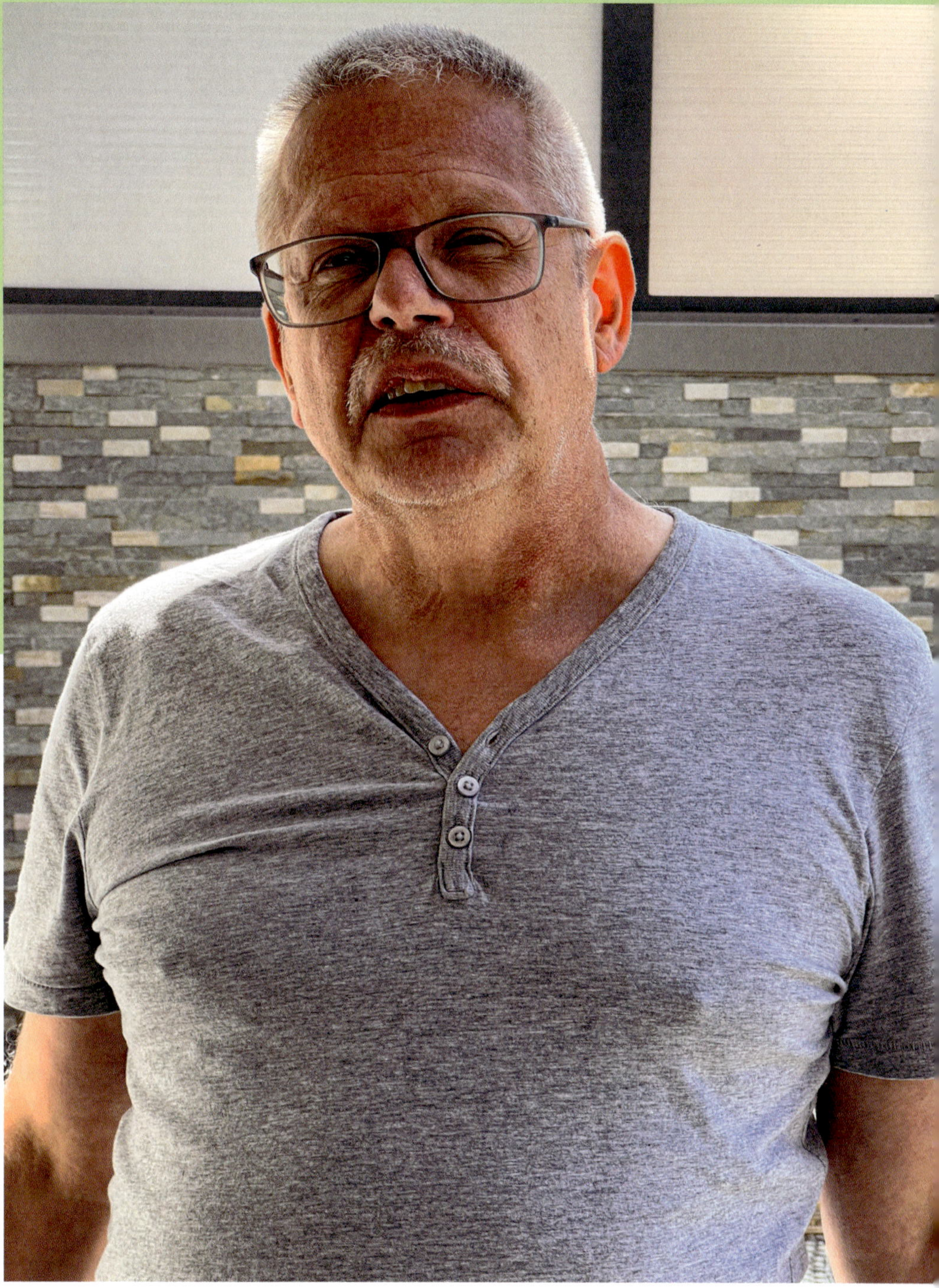

„Gut, dass meine Frau bei der Diagnose dabei war, wie eigentlich bei allen Terminen.“

Meine Mutter war gerade 18 Jahre alt, als ich geboren wurde. Ein Jahr später kam meine Schwester zur Welt und kurze Zeit danach wurde bei meiner Mutter Brustkrebs diagnostiziert. Bewusst mitbekommen habe ich den Krebs das erste Mal mit sieben oder acht Jahren. Das war aber eher abstrakt und ich habe es einfach hingenommen. Damals wusste ich noch nicht, was der Tod ist. Erst mit 12, 13 wurde es bedrohlicher, weil ich langsam die Konsequenzen verstand.

Ich nahm meine Mutter als willensstarke und kämpferische Frau wahr. Als ich 1989 heiratete, hatte sie gerade eine schwere OP überstanden, weil bei ihr im Rücken Metastasen gefunden worden waren, die ausgeschabt werden mussten. Wir überlegten damals sogar, die Hochzeit zu verschieben, was sie aber nicht wollte. Es folgte eine schwierige Zeit, bis schließlich mein Sohn geboren wurde und meine Mutter dadurch geradezu aufblühte. Ich ahnte immer, wie sehr sie ihre Schmerzen überspielte, um uns nicht zu belasten, und fand das sehr bewundernswert.

Mit 49 Jahren ist sie gestorben, ich war bei ihr. Meine Einstellung zu Krankheiten war zu der Zeit: Ich will es gar nicht wissen, ich will einfach tot umfallen, wenn bei mir etwas sein sollte. 2017, mit 53, bekam ich selbst die Diagnose Prostatakrebs, nachdem ich seit meinem 30. Lebensjahr regelmäßig zur Vorsorge gegangen war – ein Schock. Auf einmal kam das ganze Leid mit meiner Mutter und alles, was das damals mit unserer Familie gemacht hatte, wieder hoch.

Gut, dass meine Frau bei der Diagnose dabei war, wie eigentlich bei allen Terminen. Die ersten 30 Sekunden habe ich noch wahrgenommen, danach weiß ich absolut nichts mehr. Ich war vollkommen re-traumatisiert. Meine Mutter hatte versucht, ihrer Erkrankung mit positiver Energie zu begegnen, also auch mit esoterischen Methoden, was aber nicht wirklich funktionierte. Was sie mir allerdings über ihr Leid mit auf den Weg gab, war die Überzeugung: So schnell stirbt es sich nicht und wenn sie etwas finden, dann raus damit. Darum entschloss ich mich sofort zur OP.

Weil der Tumor an einer heiklen Stelle saß, direkt neben der Samenblase, wurde es eine komplizierte OP, die über fünf Stunden dauerte. Es musste mehrfach Narkosemittel nachgelegt werden, was mir in der Folge Gedächtnisverluste einbrachte. Bis heute habe ich ab und an noch kleine Aussetzer. Überhaupt war die Zeit nach der OP in der Klinik für mich alles andere als positiv. Ich bekam so viele Schmerzmittel, dass ich nicht auf Wolke 7 war, sondern eindeutig höher, und trotzdem hörte die Wirkung der Schmerzmittel an einem Tag auf einmal auf und ich bekam starke Schmerzen, gefühlt stundenlang. Meine Frau sowie ein paar Freunde, die zu Besuch waren, und mein Bettnachbar waren außer sich und fast verzweifelt, als sie mich so sahen. Die Krankenschwester brauchte in meiner Wahrnehmung eine Ewigkeit, um zu mir zu kommen; tatsächlich waren es wohl nur 5 Minuten. Ihr lapidarer Kommentar lautete: „Da hätte der Herr Burghardt ja mal ein bisschen früher klingeln können." Nach diesen Erlebnissen begann ich erneut zu hyperventilieren, eine Spätfolge nach dem Trauma wegen der Krankheit meiner Mutter, die sich bis dato eigentlich beruhigte hatte. Nun war es zurück und ich bin bis heute wieder in Behandlung deswegen.

Als ich dann auch noch bestrahlt werden musste, geriet ich vollends in Panik, weil ich meine Mutter wieder vor Augen hatte und das, was die damalige Bestrahlungstechnik bei ihr alles angerichtet hatte. In diesem Fall stellte sich meine Angst zum Glück als unbegründet heraus, denn heute kann so gezielt bestrahlt werden, dass kein umliegendes Gewebe mehr verbrannt wird.

„Ich bewerte meinen Lebensinhalt heute anders."

Trotzdem war ich nach OP, Reha und Bestrahlung auf das Wohlwollen und den Einsatz der Familie angewiesen, was mein Selbstwertgefühl komplett unterminierte. Ich kann mich meiner Erkrankung bis heute nur sehr schlecht stellen. Ich kann darüber reden, ja, kann in einer distanzierten Weise beschreiben, was da passiert. Aber die eigentliche Erkrankung, die Therapie, die Behandlungen und besonders die Hilflosigkeit kann ich nur sehr schlecht zulassen. Für mich war Krebs so viele Jahre immer gleichbedeutend mit einem Todesurteil, einem langen Leidensweg und dem Gefühl des totalen Ausgeliefertseins. Hilfe annehmen zu können, blieb für lange Zeit mein größtes Problem in dieser Situation, denn ich wurde dieses Minderwertigkeitsgefühl nicht los. Wenn ich auf der Couch lag und vor Schmerzen stöhnte und sofort jemand kam – das habe ich immer als Überbemutterung empfunden. Es war, als ob mir ständig mit dem Spiegel vorgehalten werde, wie bedürftig ich war. Die Folge war eine schwere Depression. Trotz einer Therapie eskalierte es sechs Monate später zwischen meiner Frau und mir, eigentlich wegen einer Nichtigkeit. Ich packte meine Koffer, zog zu einem Freund und ließ meine Familie, die vollkommen vor den Kopf gestoßen war, zurück, ohne Bescheid zu geben, wo ich war.

Meine Frau und ich näherten uns zum Glück wieder an. wenngleich das ein steiniger Weg war. Letztendlich haben mir das Reden – wir hatten eine Paartherapie gemacht – und eine psychoonkologische Therapie sehr geholfen. Dabei wurde mir klar, dass ich zeitweilig richtig ekelhaft werden konnte, weil ich meinte, dass alle besser ohne mich zurechtkommen, anstatt mich hier als Kranken durchziehen zu müssen.

Heute bin ich äußerst dankbar, dass sich alles zum Guten gewendet hat. Ich bin zwar nach der Erkrankung nicht mehr ganz der Mensch, der ich vorher war; ich bin schneller reizbar und weniger belastungsfähig, was mich triggert, weil ich mich über meine Belastungsfähigkeit identifiziere. Nicht umsonst hatte ich mich neben meinem Job bei der Post mit einer Heizungsablesefirma in Köln mit zwei Angestellten und einem Subunternehmer selbstständig gemacht. Mittlerweile habe ich mein Leben aber wandeln können und bin nach der OP 2017, der Bestrahlung 2018 und dem Ausscheiden aus dem

Berufsleben als Beamter sehr viel entspannter. Arbeit tut mir nach wie vor gut, aber ich bin heute nur noch in Maßen produktiv.

Ich bewerte meinen Lebensinhalt heute auch anders. Durch den Krebs und die Aufgabe des herkömmlichen Berufslebens gibt es längst nicht mehr so viele Spannungen in der Familie wie früher. Wir koordinieren unseren Alltag besser, kriegen alles stressfrei unter einen Hut und reisen sehr viel. Nur die regelmäßigen Kontrollen beunruhigen mich jedes Mal aufs Neue. Dann spüre ich die Angst, dass da irgendwo noch was schlummert oder wiederkommt. Meine Frau versucht immer, mir Mut zu machen, und meistens klappt das auch.

Mittlerweile lebe ich ohne Medikamente und bin schmerzfrei. Und so langsam fühle ich, dass die Traumen der Vergangenheit und auch das Erleben meiner eigenen Krankheit einer gewissen Erleichterung gewichen sind. Dabei hilft sicherlich auch mein stabiles soziales Netzwerk, auch wenn sich auch dort einige Beziehungen verändert haben, weil niemand wirklich wusste, wie sie mit der Krankheit und mir umgehen sollten. Doch mit denen, die noch da sind, fühle ich mich heute noch stärker verbunden.

Auch meine fast schon wahnhafte Vorstellung, dass ich den Prostatakrebs an meinen Sohn vererbt haben könnte, hat sich mittlerweile reguliert. Meine Mutter hatte früher immer gesagt: „Ihr sollt es ja mal besser haben." Diesen Satz verstehe ich mittlerweile als Motivation, um mit meinem Sohn über die Krankheit zu sprechen, und tatsächlich geht er regelmäßig zur Vorsorge. Langsam habe ich wieder das Gefühl, in meinem Leben das Zepter selbst in der Hand zu haben.

Die Vorteile Künstlicher Intelligenz im Umgang mit Prostatakrebs

*Prof. Dr. Hendrik Borgmann**

Der Einsatz von Künstlicher Intelligenz (KI) revolutioniert zunehmend die Medizin, insbesondere in der Diagnostik und Behandlung von Krebs. Prostatakrebs ist dabei keine Ausnahme. KI-basierte Technologien bieten neue Möglichkeiten, die Genauigkeit der Diagnose zu verbessern, personalisierte Behandlungspläne zu erstellen und die Nachsorge zu optimieren.

1. Vorteil: verbesserte Diagnostik

KI-Algorithmen, die auf maschinellem Lernen basieren, können helfen, die Ergebnisse aus Bildgebungsverfahren wie MRT und Ultraschall präziser zu analysieren. Diese Algorithmen lernen aus einer Vielzahl von Daten, Krebszellen von gesundem Gewebe zu unterscheiden, und können so frühzeitig Hinweise auf Veränderungen geben. Im Bezug auf Prostatakrebs werden beispielsweise aktuell KI-gestützte Systeme entwickelt, die MRT-Bilder der Prostata (s. S. 135) analysieren und dabei helfen, verdächtige Bereiche zu identifizieren, die einer weiteren Untersuchung bedürfen. Diese Technologien erhöhen nicht nur die Genauigkeit der Diagnosen, sondern reduzieren auch unnötige Biopsien.

2. Vorteil: personalisierte Behandlungspläne

Jeder von uns ist einzigartig, und „die optimale Therapie" kann sich von Patient zu Patient stark unterscheiden. KI kann dabei helfen, große Datenmengen zu analysieren und Muster zu erkennen, die für eine individuell optimierte Behandlung relevant sind.

**Urologe und Ärztlicher Direktor, Klinik für Urologie und Kinderurologie, Universitätsklinikum Brandenburg an der Havel*

KI-Anwendungen sind wichtige Entscheidungshilfen für Ärztinnen, Ärzte und Pflegekräfte und verbessern so die Versorgungsqualität.

Durch die Analyse von Patientendaten und klinischen Studien kann KI Vorhersagen darüber treffen, welche Behandlungsmethoden mit hoher Wahrscheinlichkeit am erfolgreichsten für den jeweiligen Patienten sein werden. Dies ermöglicht eine personalisierte Medizin, die auf die jeweiligen spezifischen Bedürfnisse und Merkmale zugeschnitten ist. Studien haben gezeigt, dass KI-gestützte Systeme dabei helfen können, die Überlebensraten zu erhöhen und die Nebenwirkungen von Behandlungen zu reduzieren. So existiert zum Beispiel ein KI-basierter personalisierter Biomarker-Test, der bei der Bestrahlung von Prostatakrebs den Patienten die begleitende Hormontherapie und deren Nebenwirkungen ersparen kann.

3. Vorteil: optimierte Nachsorge

Nach der initialen Behandlung ist die kontinuierliche Nachsorge entscheidend, um Rückfälle frühzeitig zu erkennen und die Lebensqualität der Patienten zu verbessern (s. S. 198). KI-basierte Überwachungssysteme können dabei kontinuierlich Gesundheitsdaten sammeln und analysieren, um Anzeichen eines Rückfalls oder andere gesundheitliche Probleme frühzeitig zu erkennen.

Hierbei können Wearables und andere tragbare Geräte eingesetzt werden, die mit KI-Technologie ausgestattet sind und Vitaldaten in Echtzeit kontrollieren, automatisch Alarme auslösen und ein medizinisches Team benachrichtigen, wenn ungewöhnliche Muster erkannt werden. Dadurch wird eine proaktive Betreuung und eine frühzeitige Intervention ermöglicht.

Marco Krau

„Auf ewige Zeit Ruhe zu haben, das wäre schön.“

Marco Krau, Jahrgang 1976, leitet eine Werkstatt für behinderte Menschen. Er weiß, was es bedeutet, mit Hindernissen im Alltag zurechtkommen zu müssen. Er ist sachlich, analysiert vieles, versucht immer lösungsorientiert zu denken und sagt von sich selbst, dass ihn nichts so schnell aus der Ruhe bringt. All diese Eigenschaften halfen ihm beim Umgang mit dem Krebs, nachdem er mit nur 46 Jahren die Diagnose bekam. Ein Rätsel bleibt für ihn, warum er im Vorfeld so vieles so lange ignoriert hatte: die Prostataerkrankung des Vaters, von der er lange wusste, oder die Mahnungen der Mutter, zur Vorsorge zu gehen.

Ich hatte nach einer Corona-Infektion im Jahr 2022 leichte Herz-Kreislauf-Probleme, die mich weniger belastbar machten, was mich als ansonsten gesunder Mensch ein wenig verunsicherte. Ich ließ mich von einem Kardiologen untersuchen, der im Zuge der Untersuchungen auch ohne mein Wissen die Bestimmung des PSA-Werts veranlasste. Das Ergebnis sorgte schlagartig für große Unruhe, denn der Wert war mit 12 stark erhöht. Mein Vater war mit Mitte 60 an Prostatakrebs erkrankt, was in unserer Familie öfter Gegenstand unserer Gespräche war. Aufgrund des hohen PSA-Werts suchte ich daraufhin schnellstmöglich einen Urologen auf, der trotz Abtasten, Ultraschall, Urinanalyse etc. vorerst keinen auffälligen Befund feststellen konnte.

Die Diagnose Prostatakrebs erhielt ich erst nach Abschluss weitergehender Untersuchungen einige Wochen danach. Hätte ich auf meine Mutter gehört, die mir schon mit Anfang 40 sagte, ich solle zur Vorsorge gehen, und mich auch danach immer wieder dazu aufforderte, wäre es vielleicht anders gekommen. Ich aber hatte die Warnungen verdrängt: Ich hatte ja keine Beschwerden. Schlimmer noch, ich hatte es als total unmöglich eingeschätzt, so jung diese Krankheit zu bekommen. Jetzt jedoch musste ich handeln.

Während ich mit meinen eigenen Untersuchungen zu tun hatte, lag mein Vater im Sterben, allerdings nicht wegen des Prostatakrebses – der wurde bei ihm vor gut 15 Jahren mit erheblichen Nebenwirkungen geheilt. Ich war davon überzeugt, dass sich Medizin und Technik in den Jahren seit der Diagnose und den Behandlungen bei meinem Vater enorm weiterentwickelt hätten. Ich habe viel recherchiert, mir verschiedene Meinungen eingeholt, diverse relevante Gesellschaften konsultiert etc. Letztendlich bin ich im Uni-Klinikum in Frankfurt gelandet. Hier wurde alles erneut untersucht und man schloss: Eine Verbindung zwischen Corona und dem erhöhten PSA-Wert gibt es nicht.

Es waren harte Wochen, obwohl ich sachlich und analysierend vorgegangen bin, ganz so, wie ich es in meinem Beruf gewohnt bin. Am Ende stand die Entscheidung fest und ich wurde sogar schneller als üblich operiert, weil ich mich dem Eingriff im Rahmen der in Frankfurt stattfindenden urologischen Pfingstakademie unterzog – einer von der Pharmabranche unterstützten Lehrveranstaltung mit insgesamt 50 teilnehmenden Ärzten, von denen wiederum sechs bei meiner OP hospitierten. Soviel ich weiß, wurde die OP auch per Videostream übertragen.

Videos spielten auch bei meiner Nachsorge eine gewisse Rolle, als es um das Thema Erektionsfähigkeit ging, was ja die meisten Erkrankten nach der OP betrifft. In der Reha lernte ich einen ziemlich coolen Typen Ende 60 kennen, der mir bei unserer zweiten Begegnung in einem Warteraum erzählte, dass er jeden Tag Pornos schauen und mit sich selbst üben würde. Ich konnte das zu diesem Zeitpunkt überhaupt noch nicht einordnen.

Mein Arzt hatte mir nach dem Eingriff Medikamente zur Potenzsteigerung verschrieben. Die Empfehlung ist, die Tabletten sofort nach der Operation und dann regelmäßig einzunehmen. Dazu konnte ich mich allerdings nicht gleich entscheiden. Erst während der Reha überzeugten mich eine Ärztin und ein cooler Mitpatient davon. Nach zwei, drei Monaten mit den Tabletten bewegte sich tatsächlich etwas und ich war zumindest wieder bei geschätzten 20–25% meiner vorherigen Erektionsfähigkeit. Nach einem Jahr war es sogar noch deutlich besser.

Meine Lebensgefährtin und ich haben uns natürlich auch zu diesem Thema ausgetauscht, wobei sie mir großes Verständnis entgegengebracht hat. Als Pflegepädagogin ist sie selbst medizinisch bewandert und hat außerdem viel recherchiert. Auch ihr Fazit war, dass im ersten Jahr nach der OP wenig möglich sein würde, es aber nicht aussichtslos wäre. Den Kinderwunsch hatten wir beide ohnehin bereits für uns abgehakt und so haben wir uns mit der Situation arrangiert. Trotzdem hatte ich vor der OP noch – in

Eigenregie, Empfehlungen von den Ärzten gab es dazu leider nicht – Sperma einfrieren lassen, das ich noch ein paar Jahre aufbewahren lasse. In meinem Fall werden die Kosten von rund 250,- Euro pro Jahr durch die Krankenkasse finanziert.

Es war für mich ganz wichtig, schnell wieder möglichst normal und uneingeschränkt zu leben und zu arbeiten. Dabei haben mir der Rückhalt und die Sicherheit durch meine Familie und meine Lebensgefährtin sehr geholfen. Ich war zum Glück nicht inkontinent, auch wenn es in stressigen Situationen mitunter Momente mit erhöhtem Harndrang gab. Diese Momente schürten in mir Bedenken, ich könnte möglicherweise nicht mehr so mobil sein wie vorher, doch zum Glück war das eine reine Kopfsache und es blieb bei drei oder vier Ereignissen dieser Art.

Erst im Rahmen der Nachsorge kamen dann weitere Bedenken und Sorgen dazu, wobei ich sagen muss, dass der mögliche Tod keine Rolle spielte. Für mich stand mehr die Sorge im Vordergrund, dass die Werte wieder steigen könnten. Was kann da noch kommen? Was passiert jetzt? – Das sind Fragen, die mich nach wie vor belasten. Schöner wäre es, wenn man nach so einer OP einen Schlussstrich ziehen könnte, quasi auf ewige Zeit Ruhe zu haben. Und am allerschönsten wäre es natürlich, wenn ich es gar nicht gehabt hätte.

Heinz Welz

„Mensch, erkenne dich selbst."

Heinz Welz, Jahrgang 1949, ist ein vielseitig interessierter und versierter Mann, der zuerst Germanistik und Sozialwissenschaften studierte, um nach dem Examen beim WDR als Redakteur zu arbeiten. Dann wurde er Reporter und Ressortleiter beim Kölner-Stadtanzeiger und Express, managte zeitweise die Kölner Karneval-Urgesteine „Höhner", um dann Psychologie zu studieren und als Coach Menschen mit Problemen in der Lebensgestaltung zu behandeln, vor allem mit einer speziellen pferdegestützten Therapie. Dazu schrieb er drei Bücher, betrieb aber auch eine PR- und Kommunikationsagentur, die klassisch Unternehmen beriet. Das alles schützte ihn nicht vor einer privaten Trennungstragödie, die gleichzeitig zu seiner Prostataerkrankung quasi über Nacht über ihn hereinbrach, aber eine jahrzehntelange Vorgeschichte hatte. Warnsignale gab es einige, doch die losen Enden bekam er erst nach seiner erfolgreichen OP zusammengeknüpft.

Ich bin von Haus aus Katholik und gerne gläubig gewesen. Meine Oma hatte mir das so vermittelt. Ich bin in der Salzgasse in Köln geboren und groß geworden. Meine Eltern betrieben später eine Klostergaststätte und ich wurde Messdiener, weil ich ursprünglich Schauspieler werden wollte und mein Messdienerdasein als ideales Training dafür ansah. Mit 29 kam dann allerdings mein behinderter Sohn zur Welt, was dazu führte, dass ich mit Gott gebrochen habe: „Wie kann der so etwas nur zulassen?" Vor lauter Frust demolierte ich eine Kirchenbank in der Krankenhauskapelle. Später ging ich doch wieder in die Kirche, allerdings nicht zum Beten, sondern um den Raum zu spüren. Ich habe mich also wieder ein bisschen an die Religion „rangemogelt".

Meine Diagnose und was diese bei mir und in meinem Leben auslöste, möchte ich als einen durchaus kuriosen Prozess beschreiben. Mir war lange nicht klar, dass mit dem Befund viele lose Enden von seelischen und körperlichen Herausforderungen bei mir

> ” **Der Krebs war das letzte körperliche Warnzeichen, das mich zur Aufarbeitung gezwungen hat.** “

und in meiner Familie verknüpft werden würden und es damit zu dramatischen Auswirkungen kommen sollte. Auf einmal ergaben viele Warnsignale Sinn, Familiengeschichten traten aus dem Nebel ans Licht und meine Prostata hatte auf den ersten Blick eigentlich so gar nichts damit zu tun.

Nachdem mein PSA-Wert gestiegen war, empfahl mir meine Ärztin, zum Urologen zu gehen, eigentlich mehr vom Bauchgefühl her, die Werte waren nicht besorgniserregend. Der Urologe, ein Russe, den ich manchmal nicht gut verstand, war sich auch nicht ganz sicher, schickte mich aber zum MRT. Im November 2021 hatte ich es dann offiziell: Prostatakrebs. Ich wollte nur weg vom Russen, dessen Erklärungen ich nicht verstand, sprachlich und inhaltlich nicht. Meine Reaktion glich einer Flucht. Ich wollte verdrängen und bin einfach losgefahren. Auf einem Waldparkplatz habe ich angehalten und losgeschrien im Auto und den Gott, den es seit der Geburt meines Sohnes für mich doch sowieso nicht mehr gab, laut beschimpft und verflucht. Was folgte, war geradezu ein spirituelles Erlebnis, ich bekam quasi eine Antwort, die mich vollkommen beruhigte. Ich „hörte" in mir ein tonloses „Ich bin das Licht." Und von diesem Moment an wusste ich: Es würde alles gut werden. Ich ging zurück in meinen Alltag.

Am 17. Mai 2022 sollte ich in der Martini-Klinik in Hamburg operiert werden. Ich hatte vorher zusammen mit meiner Frau alles Mögliche recherchiert und mich im Freundes- und Bekanntenkreis umgehört. Da Hamburg in der Nähe der Küste ist, wollte ich anschließend dort in die Reha gehen und dann auch Urlaub mit meiner Frau machen.

Was aber folgte, war eine siebenwöchige Odyssee durch insgesamt sieben Kliniken, an deren Ende eine weitere (Speiseröhren-)OP mit einem zweiten Krebsverdacht stand und mein Herz zu versagen drohte – und die alles auf den Kopf stellte.

Wegen Herzrasen während der Prostata-OP kam ich zunächst nicht auf die normale Aufwachstation, sondern in die Eppendorfer Klinik nebenan. Dort wurden weitere Herzprobleme diagnostiziert, was diverse andere Befunde und sechs weitere Klinikaufenthalte nach sich zog, endend auf der Intensivstation der Uniklinik Lübeck.

Als ich mit zehntägiger Verzögerung endlich Entwarnung bekam – der Tumor in der Speiseröhre hatte sich als gutartig entpuppt –, hatte meine private Tragödie jedoch bereits ihren Höhepunkt erreicht: Völlig unerwartet und wie aus heiterem Himmel ließ mir meine Ehefrau am Vorabend der zweiten OP ausrichten, dass sie mich verlassen werde. Dabei hatte sie mir bis zu diesem Zeitpunkt in jeder Hinsicht liebevolle Unterstützung zukommen lassen.

Da lag ich nun, mit 72 Jahren, im Krankenhaus und kam mir vor wie ein Kind, das in einer fremden Stadt ausgesetzt worden war. Den Krebs hatte ich zwar mit Hilfe der Medizin „besiegt", doch von jetzt auf gleich musste ich feststellen, dass sich der wichtigste Mensch in meinem Leben, die „Liebe meines Lebens", in dem Augenblick aus dem Staub gemacht hatte, wo ich sie am meisten gebraucht hätte.

Als Psycho-Coach kannte ich ja selbst krasse Fälle von Menschen, die nicht mal mehr zum Psychologen wollten, und die dann – von mir begleitet – doch wieder in die Spur gelangten. Gut also, dass ich Vorkenntnisse hatte, die ich in diesem Fall auf mich selbst

„Ich suchte psychologische Beratung, redete regelmäßig mit zwei befreundeten Coaches und schloss mich einer Selbsthilfegruppe an.“

anwenden konnte. Doch meine „Bordmittel“ reichten für das, was ich durchmachte, längst nicht aus, merkte ich schnell. Ich suchte deshalb zusätzlich psychologische Beratung, redete regelmäßig mit zwei befreundeten Coaches und schloss mich einer Selbsthilfegruppe für Narzissmus-Geschädigte an. Denn (verdeckter) Narzissmus passte, auch nach Ansicht meiner Berater, am ehesten als Erklärungsmuster für das (anscheinend) überraschende Verhalten meiner Frau, die aufgrund einiger schlimmer Erfahrungen in ihrer Kindheit und Jugend an diversen Trauma-Folgen litt.

Mir wurde klar, dass ich der Motor unserer Beziehung gewesen war und ihre sich selbst fast auflösende Anpassung an mein Leben offensichtlich eine Strategie der Bewältigung ihrer Traumata darstellte. Allerdings nur, solange ich „funktionierte“. Es gab über die 33 Jahre unserer Beziehung diverse Warnhinweise diesbezüglich, die ich aber ignorierte oder falsch interpretierte, weil ich die Ursachen eher bei mir sah, was wiederum mit meinen Kindheitserlebnissen zu tun hatte: As ich noch ein Kind war, kam meine Mutter wegen schwerer Lungenprobleme ins Krankenhaus; damals dachte ich, sie hätte mich verlassen.

Das war natürlich nicht der Fall, fühlte sich aber so an, weil ich deshalb sogar zeitweise im Kinderheim landete. Als das meine Mutter mitbekam, sagte sie ihre finale Lungen-OP ab und entließ sich selbst aus dem Krankenhaus, um mich zu sich zurückzuholen. Meine Mutter hat für mich quasi ihr Leben aufs Spiel gesetzt.

Heute weiß ich, dass das Problem nicht meine Mutter war, sondern die Frau neben mir. Im Nachhinein muss ich sagen, dass mein Körper 33 Jahre davon gewusst haben muss, aber meine Psyche sich stets dagegen gewehrt hat. Narzissten sind Manipulationskünstler, muss man wissen. Der Krebs war das letzte körperliche Warnzeichen, das mich zur Aufarbeitung gezwungen hat, natürlich verstärkt durch das Verlassenwerden von meiner Frau. Auch meine Herzprobleme waren eine Kompensationsreaktion. Ich glaube, dass alles, was wir auf der körperlichen Ebene erleben, eine seelische Ursache hat. Die Psychosomatik weiß und bestätigt das.

Die verdeckte Persönlichkeitsstörung meiner Frau kam an die Oberfläche, als sie merkte, dass sie mir nicht helfen kann. „Ich werde dich heilen", das war ihr Anspruch. Seltsamerweise nennt sie sich heute noch „Geistheilerin". Mittlerweile weiß ich, dass sie sich im Grunde selbst heilen wollte. Ihr (vermeintliches) Fremdheilenkönnen entsprang vermutlich ihrem Narzissmus. Sie verließ mich letztendlich auch so plötzlich, weil sie realisierte, dass, wenn sie mich nicht heilen kann, sie auch sich selbst nicht heilen kann.

So wurde aus meiner Prostataerkrankung eine späte Odyssee durch mein Leben. Der reine Wahnsinn eigentlich, dessen Höhepunkt der Krebs war. Zeitweise dachte ich, ich würde lieber sterben. Den Mut zum Weitermachen bekam ich durch meine Freunde. Regelmäßig schreibe ich Dinge auf, die mich in diesem Zusammenhang beschäftigen. Ich schreibe dabei wie in Trance. Und die Texte, die in Nullkommanix stehen, sagen mir, wo es für mich langgeht oder, besser noch, wo es langgehen sollte.

Die Prostata ist bei dem ganzen Prozess eigentlich zweitrangig gewesen oder geworden. Der Krebs berührt mich nicht mehr wirklich, er ist nach der OP ja auch irgendwie weg. Ich weiß aber auch, der Krebs hätte mich getötet, wenn das Herz es nicht zuerst getan hätte. Der Krebs war der Höhepunkt der Warnung von etwas, was ich nicht wahrhaben wollte.

Die größte Aufgabe im Leben bleibt einfach: Mensch, erkenne dich selbst. Und: Werde, der du bist. Und diesen Weg nach innen muss jeder gehen, um zu genesen. Wenn mich einer fragt, dann sage ich: Such dir Hilfe und nimm sie auch an. So habe ich es getan und so hat sich auch die Prophezeiung aus dem Auto erfüllt: „Ich bin das Licht." Es würde alles gut werden, ich bräuchte mir keine Sorgen machen. Meine Odyssee begann vor über zwei Jahren durch sieben Kliniken. Heute weiß ich: Was wie das Ende aussah, war der Anfang meines neuen Lebens.

Rehabilitation: Zurück ins Leben

*PD Dr. med. Burkhard Beyer**

Die Phase um die Diagnose, Operation und/oder Strahlentherapie ist für viele Betroffene geprägt von Unsicherheit, Ängsten und körperlichen Belastungen. Nicht selten fühlen sich Patienten in einem regelrechten „Behandlungsstrudel" gefangen: Arzttermine, Untersuchungen und Krankenhausaufenthalte bestimmen den Alltag. Moderne Behandlungsmethoden haben zwar dazu beigetragen, dass schwere Inkontinenz- und andere Komplikationsraten erheblich gesenkt wurden. Gleichzeitig hat die kürzere Verweildauer in Kliniken einen Nebeneffekt: Patienten haben immer weniger Zeit, das Erlebte zu verarbeiten und sich mit dem Genesungsprozess auseinanderzusetzen.

Die medizinische Rehabilitation bietet genau in dieser Situation einen geschützten Rahmen, in dem sowohl körperliche als auch seelische Aspekte gezielt aufgearbeitet werden können. Während früher zwei bis drei Wochen stationärer Krankenhausaufenthalt die Regel war, sind es heute oft nur noch wenige Tage. Die Reha gibt Betroffenen die Möglichkeit, sich nach der Akutbehandlung intensiv mit ihrer Erkrankung und ihrer Zukunft zu beschäftigen.

Fachspezialisierte urologische Rehabilitationskliniken weisen eine hohe Dichte an urologischen Fachärzten auf. Dies unterscheidet sie von anderen onkologischen Einrichtungen, in denen die Urologie nur ein Teilgebiet unter vielen ist. Für Patienten mit typischen Beschwerden nach Prostatakrebs, wie Inkontinenz oder erektile Dysfunktion (Impotenz), ist diese Expertise besonders wertvoll.

Nicht alle Patienten befinden sich nach einer Therapie auf demselben Leistungsniveau. Manche sind körperlich und seelisch bereits recht belastbar und können an intensiveren Programmen teilnehmen, andere benötigen schonendere oder angepasste Programme. Hier werden das Krankheitsstadium, die Begleiterkrankungen und die psychische Belastung ebenso berücksichtigt. Auf diese Weise entsteht ein maßgeschneidertes Konzept, das die individuellen Bedürfnisse optimal abdeckt und Über- wie Unterforderung vermeidet.

Den Patienten wird geraten, sich nicht unter Druck zu setzen und die eigene Genesung nicht mit der anderer zu vergleichen: Jeder Mensch hat einen individuellen Hei-

**Chefarzt der Urologie, Klinik Wildetal am UKR der Kliniken Hartenstein*

lungsweg und entscheidend ist, dass man Fortschritte macht, auch wenn sie einem selbst nur klein erscheinen mögen. Der Vergleich mit einem 100-Meter-Lauf verdeutlicht dies: Es ist egal, wie lange man braucht, Hauptsache, man erreicht das Ziel. Gute und schlechte Tage sind normal, und der Fokus sollte auf langfristiger Verbesserung von Woche zu Woche liegen.

Grundsätzlich besteht eine medizinische Rehabilitation aus drei Säulen:

Therapeutische Anwendungen: Hierzu zählen medizinische Maßnahmen, sport- und physiotherapeutische Übungen sowie ein gezieltes Schließmuskeltraining. Ziele dabei sind die körperliche Aktivierung, die Kräftigung der Muskulatur und die Wiederherstellung oder Verbesserung der Mobilität.

Schulung: Wissen schafft Selbstvertrauen. Je besser Patienten über ihre Erkrankung, den Umgang mit möglichen Nebenwirkungen und über eine gesunde Lebensführung informiert sind, desto aktiver und eigenverantwortlicher können sie ihren Heilungsweg gestalten. In Seminaren und Einzelgesprächen wird Grundlagenwissen zum Prostatakrebs, zu Lebensstilveränderungen und Strategien im Umgang mit Beschwerden vermittelt.

Rekonvaleszenz: Mindestens genauso wichtig wie das Training und die Schulung ist die Zeit für Ruhe. Der Stress der Akutbehandlung klingt langsam ab und viele Patienten spüren zum ersten Mal, was sie gerade durchgemacht haben. Diese Phase der Rekonvaleszenz bietet Raum für Gespräche und Reflexion, eine behutsame Vorbereitung auf die Rückkehr ins Berufs- und Privatleben und den Aufbau innerer Stärke.

In der Reha kommen viele Patienten erstmals zur Ruhe und stellen sich grundlegende Fragen:

- Was hat diese Diagnose mit mir gemacht?
- Wie beeinflusst sie meine Partnerschaft und mein Selbstwertgefühl?
- Welche Ängste habe ich vor einem möglichen Wiederkehren des Tumors?

In Gesprächen mit Psychologen und Therapeuten wird dieser Prozess professionell begleitet. Es gilt, Gefühle wie Angst, Trauer oder Wut anzunehmen, zu ordnen und damit umzugehen. Gerade Männer neigen dazu, über Emotionen und Ängste, aber auch über Beeinträchtigungen wie Inkontinenz oder Impotenz weniger offen zu sprechen.

Der Austausch mit Gleichgesinnten hilft, diese Scham abzubauen. Es entstehen geschützte Räume, in denen Männer lernen, offen über Ängste und Probleme zu sprechen. Manchmal entstehen sogar selbstorganisierte Gruppen, die wie kleine Selbsthilfegruppen funktionieren und in denen Patienten voneinander lernen und sich gegenseitig unterstützen.

Auch die Einbindung des Partners oder der Familie kann in der Rehabilitation ein wichtiger Bestandteil sein. Manche Patienten wünschen jedoch zunächst einen Rückzugsort, um sich ausschließlich auf sich selbst zu konzentrieren. Andere wiederum ziehen es vor, den Partner aktiv in den Genesungsprozess einzubeziehen. In beiden Fällen ist eine offene Kommunikation über Bedürfnisse und Grenzen wichtig.

Natürlich reicht die Reha allein oft nicht aus, um alle Probleme zu lösen, da der Alltag andere Anforderungen stellt: Im Alltag entfällt die Unterstützung und Struktur der Reha. Das kann anfangs zu Verunsicherungen führen, wenn sich nun beispielsweise beim Einkaufen oder beim Treppensteigen gewisse körperliche Defizite offenbaren. Hier ist es wichtig, dass Patienten Geduld bewahren und weiter trainieren, auch wenn es zu Rückschlägen kommen kann.

Oft reicht eine einmalige Reha nicht aus, um sämtliche Fragen und Herausforderungen zu klären. Dann kann es sinnvoller sein, zu einem späteren Zeitpunkt noch einmal eine Reha zu absolvieren oder eine spezielle Nachsorge in Anspruch zu nehmen.

Wer anfangs mit Vorbehalten anreist, erkennt oft während des Aufenthalts, dass die Rehabilitation nicht nur körperliche Fortschritte ermöglichen kann, sondern auch erheblich zum allgemeinen Wohlbefinden und zur psychischen Stabilität beiträgt. Die Reha wird so zu einem Meilenstein auf dem Weg zurück in ein eigenbestimmtes, erfülltes Leben nach einer Prostatakrebsbehandlung.

Es gilt, Gefühle wie Angst, Trauer oder Wut anzunehmen, zu ordnen und damit umzugehen.

Die Rolle von Selbsthilfe(gruppen)

*Ute Gräfen**

„Selbsthilfe bedeutet, die eigenen Probleme selbst in die Hand zu nehmen und gemeinsam mit anderen Betroffenen aktiv nach einer Lösung zu suchen. Hierzu gehört, sich gegenseitig zu unterstützen, zu informieren, zu motivieren sowie Angehörige und Freunde einzubeziehen." So lautet die offizielle Definition für Selbsthilfe des Bundesverbandes Prostatakrebs Selbsthilfe e.V. (BPS). Der gemeinnützige Verein hat sich im Jahr 2000 gegründet zur Unterstützung von Männern, die an Prostatakrebs erkrankt sind. Heute gehören dem BPS rund 180 Selbsthilfegruppen an, womit der Verein weltweit zu den größten Organisationen von und für Prostatakrebspatienten gehört.

Die Selbsthilfegruppen sind zugleich das „Herz" des BPS. Sie verteilen sich über die Bundesrepublik, sodass betroffene Männer in fast allen Regionen Deutschlands Ansprechpartner in unmittelbarer Nähe finden können. Darüber hinaus gibt es auch Online-Angebote. Im geschützten Raum der Selbsthilfe können Betroffene von ihren Erlebnissen und Erfahrungen rund um die eigene Prostatakrebserkrankung berichten. Fragen können gestellt und verständlich diskutiert werden. Manchmal reicht es aber auch, einfach nur zuzuhören ... Da Prostatakrebs oft mit Inkontinenz und/oder Impotenz verbunden ist, reden viele Männer nicht gerne über ihre Erkrankung. Um die „Privatsphäre" zu wahren und den Weg in eine Selbsthilfegruppe so anonym und unkompliziert wie möglich zu gestalten, sind lediglich die Leiter der Selbsthilfegruppen namentlich erfasst.

Welche positiven Auswirkungen kann die Teilnahme haben?

In schweren Phasen der Erkrankung oder auch bei wichtigen Untersuchungs- und Besprechungsterminen können eine beruhigende Begleitung, eine helfende Hand, ein verständnisvoller Blick oder auch ein aufmerksames Ohr von besonderer Bedeutung sein, denn Selbsthilfe trägt und wird getragen. Die Geselligkeit und das menschliche Miteinander der Gruppentreffen und -ausflüge stärken das seelische Wohl der Betroffenen. Viele Männer finden mit Unterstützung der Gruppe Zuversicht, Hoffnung und ihren eigenen Weg zurück ins Leben. Da Krebserkrankungen auch Partner, Familienangehörige und Freunde betreffen, haben auch sie Fragen, Ängste und Sorgen. Sie sind in den meisten Gruppen

**Presse- und Öffentlichkeitsarbeit, Bundesverband Prostatakrebs Selbsthilfe e.V.*

ebenfalls willkommen und können sich dort austauschen. Viele Gruppen haben auch lebendige Kooperationen mit zertifizierten Prostatakrebszentren, in denen medizinisches Fachpersonal und Experten bei den Gruppentreffen laienverständliche Vorträge auch zu komplementären Methoden wie Ernährung und Bewegung oder zu rechtlichen Themen halten und für die Beantwortung von Fragen – außerhalb der zeitlichen Begrenzung in Klinik und Praxis – zur Verfügung stehen. Darüber hinaus sind viele Gruppen mit Blick auf ihre Söhne und Enkel auch in der Früherkennung von Prostatakrebs besonders aktiv. Mit Informationsständen und Vorträgen holen sie den Prostatakrebs aus der Tabuzone, raten zur Früherkennung und zeigen, dass „Man(n) mit Prostatakrebs nicht allein sein muss".

Um möglichst viele der rund 68.000 Männer zu erreichen, die jährlich die Diagnose Prostatakrebs erhalten, informiert der BPS umfassend Betroffene, Angehörige und Interessierte auf der Internetseite des BPS *(www.prostatakrebs-bps.de)*, im BPS-Magazin (dreimal jährlich), in den Sozialen Medien (Facebook, X/Twitter, Instagram) oder am Telefon. Der Verein und seine Selbsthilfegruppen werden gefördert durch die Stiftung Deutsche Krebshilfe und Krankenkassen. Sie sind unabhängig, objektiv und wissenschaftlicher medizinischer Gewissheit verpflichtet. Der Verein vertritt Patienteninteressen im Gemeinsamen Bundesausschuss, in der Leitlinienkommission sowie in der Zertifizierungskommission der Prostatakrebszentren. Außerdem ist der Verein Mitglied in der europäischen Prostatakrebs-Selbsthilfevereinigung Europa UOMO. Nach dem Motto „Nur ein informierter Patient kann auf Augenhöhe mit seinen behandelnden Ärztinnen und Ärzten die für ihn richtigen Entscheidungen treffen" betreibt der BPS auch ein Informations- und Weiterbildungsprogramm mit Präsenzseminaren und Onlinevorträgen für die Betroffenen und informiert regelmäßig über neue Medikamente, Therapien, Verfahren, Studien und rechtliche Neuerungen. In der engen Zusammenarbeit mit Kliniken und medizinischen Institutionen stellt der BPS Studien in allen Phasen vor, informiert über Teilnahmebedingungen und bringt so Forschung und Mensch zueinander.

Gebührenfreie BPS-Beratungshotline

werktags Di–Do, 15–18 Uhr:

0800–70 80 123

kostenpflichtige Hotline aus dem Ausland:
+49(0)228-28645645

Geschäftsstelle Bundesverband Prostatakrebs Selbsthilfe e.V.

Thomas-Mann-Str. 40, 53111 Bonn

Tel. 0228-33889-500
Fax 0228-33889-510

info@prostatakrebs-bps.de
www.prostatakrebs-bps.de

Informationen und Beratung

Jeder Mensch hat ein unterschiedliches Bedürfnis nach Informationen – von „Ich möchte gar nicht alles so genau wissen“ bis hin zu „Ich möchte umfassend informiert sein und gemeinsam mit meinem Arzt die besten Entscheidungen treffen.“ Diese Spannbreite zeigt sich auch im Internet: Es gibt eine Fülle an Informationen, leicht verständliche Berichte, aber auch missverständliche oder schlicht falsche Inhalte. Um Ihnen eine verlässliche Orientierung zu bieten, haben wir einige empfehlenswerte Webseiten zusammengestellt. Diese bieten hilfreiche Informationen, teilweise mit weiterführenden Unterseiten. Bitte lassen Sie sich jedoch nicht von der Fülle an Informationen überwältigen. Die eigene Recherche kann ein Gespräch mit einem Arzt nicht ersetzen. Eine professionelle medizinische Beratung bleibt unerlässlich, um die bestmögliche Behandlung für Ihre individuelle Situation zu finden.

- Deutsche Gesellschaft für Urologie: *www.urologenportal.de*
- Entscheidungshilfe Prostatakrebs: *www.entscheidungshilfe-prostatakrebs.info*
- Urologische Stiftung Gesundheit: *www. urologische-stiftung-gesundheit.de*
- Deutsches Krebsforschungszentrum: *www.krebsinformationsdienst.de*
- DKG - Deutsche Krebsgesellschaft e. V.: *www.krebsgesellschaft.de*
- Prostata Hilfe Deutschland e.V.: *www.prostata-hilfe-deutschland.de*
- Stiftung Deutsche Krebshilfe: *www.krebshilfe.de*
- Standardwerk für medizinische Begriffe: *www.pschyrembel.de*
- Deutsche S3-Leitlinie Prostatakarzinom: *www.leitlinienprogramm-onkologie.de/leitlinien/prostatakarzinom*
- Netzwerk Onkologische Spitzenzentren: *www.ccc-netzwerk.de*
- Digitale Selbsthilfegruppe: *www. yeswecan-cer.org*
- Movember, Wohltätigkeitsorganisation: *de.movember.com*
- Europäische Gesellschaft für Urologie: *www.uroweb.org*
- Arztsuche: *www.betterdoc.org*
- Bundes-Klinik-Atlas, Bundesministerium für Gesundheit: *www.bundes-klinik-atlas.de*
- Rehakliniken: *www.rehakliniken.de*
- Erfahrungsberichte von Patienten: *www.myprostate.eu*

Glossar

- **Active Surveillance:** Aktive Überwachung, bezeichnet eine Therapieform bestehend aus einer Überwachungs- und einer aktiven Therapiephase für Niedrigrisiko-Prostatakrebs zur Vermeidung einer Übertherapie und von konsekutiven unerwünschten Nebenwirkungen
- **ADT:** Androgenprivationstherapie; Hormontherapie auf Basis von → *GnRH-Analoga*, welche die Bildung von Sexualhormonen unterdrücken
- **Anämie:** Rückgang der roten Blutkörperchen
- **Anastomose:** chirurgisch angelegte neue, genähte Verbindung zwischen Harnblase und Harnröhrenstumpf im Zuge einer → *radikalen Prostatektomie*
- **Androgene:** männliche Geschlechtshormone, u.a. → *Testosteron*
- **ARPI:** Androgenrezeptorsignalweg-Inhibitoren; werden therapeutisch eingesetzt, wenn der Prostatakrebs metastasiert, wofür man → Androgene verantwortlich macht. Durch die ARPI wird die Androgenbindungsstelle im Körper besetzt, sodass keine Signalweitergabe mehr stattfindet.
- **Biopsie:** bildgesteuerte Entnahme kleiner Gewebeproben, bei der das übrige Organ im Körper verbleibt
- **CT:** Computertomografie
- **daVinci-System:** chirurgisch → *minimal-invasives* Roboterassistenzsystem zur Durchführung der → *radikalen Prostatektomie*
- **DNA:** Desoxyribonukleinsäure, Speicherort der genetischen Information innerhalb einer Zelle
- **DRU:** digitale rektale Untersuchung, um knotige Veränderungen der Prostata zu ertasten
- **Erektion:** Versteifung des männlichen Glieds
- **ERSPC-Studie:** europäische, randomisierte Studie zum Prostatakrebs-Screening
- **Fatigue:** Erschöpfungszustand, häufige Nebenwirkung einer Krebstherapie
- **Früherkennung:** Untersuchungen, die darauf abzielen, Krankheiten zu entdecken, bevor Symptome auftreten
- **Gonadotropin Releasing Hormon (GnRH):** Hormon, das die Bildung von Sexualhormonen steuert
- **Graduierung:** Einteilung eines Tumors in unterschiedliche Risikogruppen, dabei entspricht ein hoher Differenzierungsgrad einem niedrigen Risiko, ein geringer Differenzierungsgrad einem hohen Risiko
- **Gleason Score:** patho-morphologisches Graduierungssystem für Prostatakrebs, benannt nach dem Pathologen Donald Gleason, University of Minnesota
- **Histologie:** pathologisch-feingewebliche Gewebeanalyse unter dem Mikroskop
- **IGRT:** Image Guided Radiotherapy, bildgestütztes Verfahren mittels CT; Standardtechnik bei der Strahlentherapie
- **IMRT:** intensitätsmodulierte Bestrahlung; Standardtechnik bei der Strahlentherapie, wird mit → *IGRT* kombiniert eingesetzt
- **In-Bore-Biopsie:** Biopsiemethode, bei der das Gewebe transrektal (durch den Enddarm), transperineal (durch den Damm) oder transgluteal (durch die Gesäßmuskulatur) aus der Prostata entnommen wird.
- **Katheter:** Schlauch zur Abführung von Urin
- **Metastase:** Tochtergeschwulst bzw. Tumorabsiedlungen an anderer Stelle, außerhalb des eigentlichen Ursprungsorgans
- **Lycopin:** auch Lycopen, Leukopin; natürliches Antioxidans, das z. B. in Tomaten vorkommt und mit einem verminderten Risiko für Prostatakrebs in Verbindung gebracht wird
- **Miktion:** Wasserlassen
- **Minimal-invasiv:** operative Zugangstechnik über kleine Schnitte („Schlüssellochoperation"), die so Operationen mit möglichst wenig Trauma ermöglichen
- **mpMRT:** multiparametrische Magnetresonanztomografie
- **MR Prostatografie:** siehe → *mpMRT*
- **MRT:** Magnetresonanztomografie, auch Kernspintomografie genannt
- **Nachsorge:** erfolgt in der Regel durch Urologen mittels regelmäßiger PSA-Wert-Bestimmung, körperlicher Untersuchung, Sonografie, Urinkontrolle und ggf. auch bildgebenden Untersuchungen (→ *mpMRT*, → *CT*, Szintigrafische Untersuchung, molekulare Bildgebung: → *PSMA-PET/CT*)
- **Neurovaskuläres Bündel:** parasympathisches Gefäß-Nervengeflecht, welches die Prostata umhüllt und jeweils seitlich auf der Rückseite der Prostata als Bündel bis zum Penis verläuft, um die Erektionsfähigkeit zu vermitteln. Eine Erhaltung dieser Sexualnerven ist die Voraussetzung für die spontane postoperative Geschlechtsverkehrfähigkeit. Die Orgasmusfähigkeit hingegen ist sympathisch vermittelt und bleibt auch nach einer Entfernung der Sexualnerven weiterhin gegeben; auch die Libido wird dadurch per se nicht beeinträchtigt.

- **Östrogen:** weibliches Sexualhormon, wird in Zusammenhang gebracht mit einem erhöhten Risiko für die Entstehung von Prostatakrebs
- **PARP-Inhibitoren:** Inhibitoren für PARP-Enzyme (Poly(ADP-ribose)-Polymerasen-Enzyme), die im Körper dafür sorgen, dass DNA-Reparatur-Proteine gebildet werden, um DNA-Schäden zu reparieren. Sind die DNA-Reparatur-Gene mutiert, produzieren sie falsch arbeitende Reparatur-Proteine, die das Wachstum von Krebszellen fördern. Um deren Wirken an den Krebszellen zu verhindern, werden PARP-Inhibitoren erfolgreich eingesetzt. PARP-Inhibitoren werden unter anderem bei Krebspatienten mit bestimmten genetischen Veränderungen (Mutationen) eingesetzt. Sie wirken gezielt auf Krebszellen ein und verhindern dort die Reparatur von Schäden im Erbgut der Zellen. Dies führt dazu, dass die betroffenen Zellen absterben.
- **Pathologie:** gewebe- und zellbasierte Diagnostik, bei der Lichtmikroskope, aber auch verschiedene molekulare Methoden zum Einsatz kommen
- **PROBASE-Studie:** die größte deutsche geordnete Prostatakrebs-Screening-Studie
- **Prognose/prognostisch:** Abschätzung des weiteren Krankheitsverlaufs in der Zukunft
- **Prostatitis:** Entzündung der Prostata
- **PSA-Wert:** Prostata-spezifisches Antigen, organspezifischer Tumormarker, der nur von Prostatazellen gebildet und im Blut bestimmt wird. Er kann unter anderem bei Vorliegen eines Prostatakrebses rascher und bis über gewisse Schwellenwerte ansteigen und somit eine weiterführende Abklärung der Prostata nach sich ziehen.
- **PSMA-PET/CT; PSMA-Radioliganden-Therapie:** Hochspezifisches, molekulares, bildgebendes Verfahren zur Darstellung von Krebszellen im Körper bzw. Nutzung als Therapieform, um die Krebszellen zu bekämpfen. Die Positronen-Emissions-Tomografie (PET/CT) wird bei Prostatakarzinom im Speziellen als PSMA-PET/CT durchgeführt, unter Verwendung der Zielstruktur des transmembranen Prostata-spezifischen Membranantigens (= PSMA), das an der Oberfläche von Prostatakrebszellen vorkommt. An dieses Zellwandprotein werden entweder diagnostische Radionuklide oder therapeutische Radioliganden „angehängt", um eine Visualisierung bzw. Zerstörung (Beta-/Alpha-Strahlen) der Krebszellen zu vermitteln.
- **PSMA-RGS:** PSMA-Radioguided Surgery: Diagnoseverfahren, bei dem dem Patienten schwach-radioaktive Moleküle injiziert werden, die sich spezifisch an das hochspezifische Zellwandprotein PSMA der Krebszelle anlagern und dieses mit Gammastrahlern markieren, sodass sie bei der Operation mithilfe einer Gammasonde aufgespürt werden können. So können befallene Strukturen (z. B. Lymphknoten) sicher gefunden werden.
- **Radikale Prostatektomie:** operative Entfernung von Prostata, Samenblasen und ggf. ortsständigen Lymphknoten im kleinen Becken, entweder durch ein → *minimal-invasives* roboterunterstütztes Verfahren (→ *daVinci-System)* oder per klassischer offener Schnittoperation über einen Bauchschnitt
- **Rezidiv:** Zurückkehren/Rückfall eines behandelten Krebses
- **S3-Leitlinie:** multidisziplinäre Behandlungsempfehlungen für Prostatakarzinome, herausgegeben von der Arbeitsgemeinschaft der Wissenschaftlichen Medizinischen Fachgesellschaften e. V. (AWMF)
- **Seeds:** radioaktive Stäbchen, die im Rahmen einer speziellen → *Strahlentherapieform* (LDR-Brachytherapie) permanent in die Prostata eingebracht werden
- **Sexualnerven:** siehe → *neurovaskuläres Bündel*
- **Sonografie:** Ultraschall
- **Strahlentherapie:** erfolgt entweder „perkutan" durch die Bauchdecke oder kombiniert über vorübergehende oder permanente Strahlenquellen, die in die Prostata eingebracht werden (Afterloading, → *Seeds*, HDR- (high dose rate)/LDR- (low dose rate) Brachytherapie).
- **Testosteron:** männliches Sexualhormon
- **Thrombozytopenie:** Rückgang der Blutplättchen
- **TNM-System:** System der Union Internationale contre le Cancer (UICC) zur Kategorisierung des Ausbreitungsstadiums von Tumoren
- **TRUS:** transrektaler Ultraschall, d.h. durch den Enddarm
- **Tumorkonferenz/Tumorboard:** wöchentliche medizinische multidisziplinäre Fallbesprechungen, bei denen Pathologen, Urologen, Strahlentherapeuten, Radiologen, Onkologen und Humanmediziner den Befund und das optimale Vorgehen für jeden einzelnen Patienten besprechen

Unsere Sponsoren und Unterstützer

Die Absicht des Verlags ist es, jedem der jährlich über 70.000 neuerkrankten Männer ein Exemplar von Früh genug! zu schenken – als eine Art Krafttankstelle für Mut, Kraft und Lebensenergie auf ihrem Heilungsweg. Im Buchhandel ist das Buch für 29.95 Euro erhältlich. Der Verkauf jedes einzelnen Exemplars trägt dazu bei, dass uns dieses Vorhaben gelingt.

Als Unternehmen können Sie als Tagespate zur Finanzierung der unengeltlichen Verteilung dieses Buches an die Patienten beitragen. Tagespaten des Früh Genug!-Buches kaufen auf Rechnung 200 Bücher, (die Anzahl mit Prostatakarzinom diagnostizierten Männern an einem Tag) im Wert von 3.000 Euro. Ein halber Tag kostet bei 100 Büchern 1.500 Euro. BESTELLLEN Sie unter info@bergundfeierabend.de

Für die Erstellung des Buches sind die Herausgeber und der Verlag dankbar für die Hilfe der Sponsoren, ohne die das ambitionierte Projekt nicht verwirklicht hätte werden können.

Das Projekt wird freundlich unterstützt von

- astellas
- Johnson&Johnson
- BAYER
- NOVARTIS
- AstraZeneca
- MSD
- RECORDATI
- OLYMPUS

wertvollER

Gut leben trotz fortschreitendem Prostatakrebs

Eine Kampagne für ein Bekenntnis zum Leben

Fortgeschrittener Prostatakrebs – eine herausfordernde, lebensverändernde Diagnose. Gerade wenn eine Erkrankung nicht mehr heilbar ist, wird die Suche nach verlässlichen Informationen umso wichtiger.

Die Aufklärungskampagne „wertvollER“ bietet Unterstützung im Alltag mit Prostatakrebs und gibt Infos über Therapien und Erkrankungsstadien. Auf verschiedenen Kanälen erfahren Betroffene Mutmachendes, Wissenswertes und Tipps zur Erkrankung. Immer im Fokus: Gut leben trotz fortschreitender Krebserkrankung – jeden Tag. Denn Wissen und Austausch sind wichtige Aspekte für ein erfülltes, aktiv gelebtes Leben, auch mit Prostatakrebs.

Lernen Sie jetzt wertvollER kennen!

Die wertvollER Website

Auf *www.wertvoll-er.de* finden Sie umfassende Informationen, Experteninterviews, Berichte von Patienten und Angehörigen und inspirierende Videos zu allen Lebensbereichen, die von Prostatakrebs betroffen sein können. Außerdem gibt es eine große Sammlung an nützlichen Downloadmaterialien: von kurzen Checklisten über PSA-Wert-Tabellen bis hin zu Schmerztagebüchern.

Das wertvollER TV Videomagazin

Wer kein Fan vom Lesen ist, für den ist das Videomagazin „wertvollER TV“ genau das Richtige. Jede Folge holt Fachleute und Betroffene ins Studio, die Ratschläge geben, ihr

Wissen und ihre Erfahrungen mit dem Publikum teilen. Das Format macht Mut und gibt Anregungen, um die Lebensqualität zu erhalten und möglichst lange ein beschwerdefreies Leben zu führen. Kurzweilig und verbunden mit guter Unterhaltung.

Das wertvollER Magazin

In regelmäßigen Ausgaben erscheint das „wertvollER Magazin“ mit spannenden Beiträgen und Interviewpartnern. Es kann kostenlos nach Hause bestellt oder direkt online geblättert werden. Das Redaktionsteam bietet gut recherchierte und verständliche Artikel zu einem breiten Themenspektrum – attraktiv aufbereitet, unterhaltsam und tiefgründig.

Der wertvollER Newsletter

Bleiben Sie auf dem neuesten Stand und abonnieren Sie unseren wertvollER Newsletter. Dieser wird alle zwei Monate versendet und informiert über die neuesten Entwicklungen im Bereich Prostatakrebs sowie saisonal relevante Tipps für ein gutes Leben mit der Diagnose. Melden Sie sich jetzt kostenlos an.

Deine Manndeckung Website

Auf unserer Website **www.deine-manndeckung.de** bieten wir Ihnen umfassende Informationen zur Prostatakrebsfrüherkennung. Erfahren Sie, wie eine Früherkennungsuntersuchung abläuft, was der PSA-Wert bedeutet und vieles mehr.

Mein Krebsratgeber – Wissensportal für Betroffene

www.meinkrebsratgeber.de

Mit der Diagnose „Krebs" gehen meist Ängste und Sorgen einher. Jede Krebserkrankung wie zum Beispiel Prostatakrebs und jede Therapie verläuft anders und auch jede Lebenssituation ist individuell. Mein Krebsratgeber ist ein digitales Informationsportal, auf dem wir Betroffenen und Angehörigen mit Rat und Tat zur Seite stehen, Mut machen und Sie bestmöglich in allen Phasen der Erkrankung unterstützen.

Unser Portal bietet zertifizierte, wissenschaftlich fundierte Informationen, wertvolle Alltagstipps, Videos mit praktischen Ratschlägen, Ernährungstipps, Kontakte zu Selbsthilfeorganisationen, Downloadmaterialien sowie Podcasts und Expertenantworten auf persönliche Fragen zu Krankheit und seelischen Themen.

Expertenrat – Unser Expertenrat beantwortet Ihre Fragen zum Thema Krebs

Sie oder eine Ihnen nahestehende Person sind von Krebs betroffen und haben nach dem ärztlichen Gespräch offene Fragen? Unser Team aus qualifizierten Expert:innen der Bereiche Onkologie, Psychoonkologie und Urologie steht bereit, um Ihnen bei allen ungeklärten Fragen zur Seite zu stehen. Nutzen Sie die Möglichkeit, Ihre Fragen anonym zu stellen und direkten Zugang zu spezialisierten Informationen und persönlicher Beratung zu erhalten.

Metastasierter Prostatakrebs
Und Sie?
Kennen Sie die Optionen?
Informieren Sie sich unter:
leben-mit-prostatakrebs.de/optionen
Nuklearmedizinische Bildgebungs- und Therapieoptionen können das Leben von Patienten mit metastasiertem Prostatakrebs verbessern.
NOVARTIS
Novartis Pharma GmbH, Nürnberg
FA-11330260/Stand 12/2024
LEBEN mit Prostatakrebs

SCHAU NACH VORNE

SIE SIND NICHT ALLEIN!

Ziel der Initiative „Schau nach vorne“ ist, Sie und Ihre Angehörigen mit wertvollen Informationen und Tipps rund um das Thema „Prostatakrebs“, mit dem Sie jetzt konfrontiert sind, zu unterstützen: von der Ernährung über rechtliche Fragestellungen, Physiotherapie, Sexualität, Medizin und Psychologie bis hin zu Erfahrungen anderer betroffener Patienten.

Ihnen stehen zu den verschiedenen Themenbereichen Broschüren, Videos und ein Podcast mit mehreren Folgen zur Verfügung.

HIER FINDEN SIE INFORMATIVE UND UNTERSTÜTZENDE VIDEOS UND PODCASTS

1 BROSCHÜREN UND POSTER

Medizin & Psychologie

Rechtliche & soziale Fragen

Ernährung

Physiotherapie

Broschüren und Poster

Ein Prostatakarzinom ist heute meist gut therapierbar. Dank des medizinischen Fortschritts können Betroffene auch mit der Erkrankung ein lebenswertes Leben führen. In den Broschüren erfahren Sie und Ihre Angehörigen unter anderem, wie ein Prostatakarzinom entsteht, wie es medizinisch behandelt wird und wie Sie die Behandlung aktiv mitgestalten können, wie eine gesunde Ernährung bewirkt dazu beitragen kann, das allgemeine Wohlbefinden und die Lebensqualität zu verbessern sowie hilfreiche Informationen und Tipps zu sozialrechtlichen Fragen.

2 VIDEOS

Videos

Expertinnen und Experten in den Bereichen Ernährung, Physiotherapie, Sexual-/Paartherapie und Recht erklären im Detail, zeigen Lösungswege auf und geben hilfreiche Tipps!

- **Ernährung bei Prostatakrebs**
- **Fitnessübungen bei Prostatakrebs**
- **Sexualität neu entdecken**
- **Rechtliche und soziale Fragen**

PODCASTS 3

Podcasts

Du bist nicht allein - Eine Psycho-Onkologin in Gesprächen mit Betroffenen und einer Ehefrau.

Impressum

1. Auflage 2025

Mommsenstraße 43, 10629 Berlin

info@bergundfeierabend.de
www.bergundfeierabend.de

Interviews und Text, Projektmanagement, Art Direction: Peter Feierabend

Transkription und Text: Matthias Grenda

Expertentexte: die jeweiligen Autoren

Lektorat: Stephanie Iber, Günter Berg

Gestaltung und Satz: Christian Schaarschmidt

Produziert von PrintMediaNetwork

ISBN: 978-3-948272-29-6

Designed in Germany, printed in the EU

FSC
www.fsc.org
MIX
Papier | Fördert gute Waldnutzung
FSC® C106600

Bildnachweis

Patientenbilder: Peter Feierabend und private Archive, außer: picture alliance: S.26, 60, 61, 62, 156, 158, 240, 241; Wikimedia Commons / S.28 Henry Vandyke Carter, S.29 l.o., Mikael Häggström M.D., S.122 Superbass / CC-BY-SA-4.0, S.125 Raimond Spekking, S.256 Alleswirdbesser / Charles01; S.29 r.o. GoSpring; S.30 Jens Rassweiler/Springer International Publishing Switzerland; S.120, 121 Till Budde; S.157 Christian Geisler / UKE Hamburg; S.159, 160 Axel Kirchhof / UKE Hamburg; S. 177 Rolf Poss, Bayerischer Landtag; S.194, 195 Jo Frisch / Ellenfeld-Verein e.V. / Archiv Borussia Neunkirchen; S. 214 re.o., 219 Nassim Rad / Tagesspiegel; S. 257 Claus Wolfschlag

Dank

Der Verlag dankt allen Expertinnen und Experten, die neben ihrer täglichen Arbeit Zeit gefunden haben, die Beiträge zu erstellen.

Den größten Dank schulden wir den Patienten, die sich bereit erklärt haben und den Mut hatten, ihre Geschichten zu erzählen, Fragen zu beantworten und Auskunft zu geben und dadurch Mut zu machen. Wir wünschen Euch und allen betroffenen Patienten, Familien, Freunden und Bekannten, die dieses Buch lesen, alles Gute und Gesundheit.

Wir danken Stefan Pappert für seine Expertise und Picture Alliance für ihr Engegenkommen.

Ein besonderer Dank gilt Silke E. Linsenmaier, Isabella Ladines und dem LebensHeldin! e.V., ohne deren unermüdliche Arbeit, Krebspatientinnen Mut zu machen, dieses Buch gewiss nicht entstanden wäre.

Disclaimer / Haftungsausschluss

Links

Urheberrechte